U0514485

基层治理创新与新时代文明实践中心建设

方堃 著

本书为湖北省高等学校哲学社会科学研究重大项目「湖北省新时代文明实践中心建设理论与实践研究」（项目编号：21ZD021）成果

本书出版受到国家民委重点学科「行政管理」专业建设项目、中南民族大学科研团队建设项目「民族地区公共政策与社会保障」资助

武汉大学出版社
WUHAN UNIVERSITY PRESS

图书在版编目(CIP)数据

基层治理创新与新时代文明实践中心建设/方堃著.—武汉：武汉大学出版社,2023.9(2024.10重印)

ISBN 978-7-307-23773-5

Ⅰ.基… Ⅱ.方… Ⅲ.社会管理—研究—中国 Ⅳ.D63

中国国家版本馆 CIP 数据核字(2023)第 096312 号

责任编辑:唐　伟　　　责任校对:李孟潇　　　版式设计:马　佳

出版发行:**武汉大学出版社** 　(430072　武昌　珞珈山)

（电子邮箱:cbs22@whu.edu.cn　网址:www.wdp.com.cn）

印刷:武汉邮科印务有限公司

开本:720×1000　1/16　　印张:15.5　　字数:252 千字　　插页:1

版次:2023 年 9 月第 1 版　　2024 年 10 月第 2 次印刷

ISBN 978-7-307-23773-5　　　定价:68.00 元

序

党的二十大对中国式现代化的丰富内涵和中国特色作了集中概括和深刻阐述。中国式现代化是物质文明和精神文明相协调的现代化，物质富足、精神富有是社会主义现代化的根本要求。建设新时代文明实践中心，是党中央就加强基层宣传思想文化工作作出的重要部署，对于助力基层治理创新具有重要的功能与价值。如何发挥新时代文明实践中心阵地平台作用，在党的领导下整体谋划文明实践高质量发展，健全完善中国特色志愿服务体系，推进基层治理体系和治理能力现代化，是当前一项值得深入研究的重大理论与实践课题。

2018年7月6日，中央深改委第三次会议审议通过《关于建设新时代文明实践中心试点工作的指导意见》。在中宣部、中央文明办持续推进下，截至2021年底，试点单位从50家扩大到500家，各地新时代文明实践中心逐渐成为宣传理论政策的讲台、丰富文化生活的舞台、倡导移风易俗的平台，真正打通了服务群众的"最后一公里"。近年来，湖北省立足实际，因地制宜推进文明实践场所、队伍、活动、项目、机制协同联动，实现中心、所、站三级阵地建设全覆盖。全省各地各部门围绕"下基层、察民情、解民忧、暖民心"实践活动和共同缔造，实施"亲情连线""五社联动·志愿加油站""圆梦工程·七彩假期"等志愿服务项目，开展"共享药箱""天天敲门""邻里守望"等志愿服务关爱行动，促进文明实践服务疫情防控大局、融入基层社会治理。

作为在湖北12个试点县（市、区）调研基础上形成的一部专著，方堃所著的《基层治理创新与新时代文明实践中心建设》一书，从基层治理现代化视角审视和探讨了新时代文明实践中心建设的理论、方法与路径。该书的正式出版，体现了一个青年学者对深化拓展新时代文明实践中心建设研究的重视和水平。

通观全书，以下三个方面的特点是非常显著的：

第一，具有较好的理论深度。作者在跨学科视域下，力求理论话语有新的创造、新的表达，进而丰富文明实践研究的话语体系。一方面，结合中国式现代化、人类文明新形态、中国模式、中国道路、中国精神、中国特色志愿服务体系等理论来分析新时代文明实践的类型与内涵、建设手段与方式、实现机制与策略；另一方面，注重定性研究的同时，以实证数据检验建设过程中具有可行性、推广性、原创性的经验。

第二，具有完整的结构体系。作者改变以往单一维度的研究套路，将新时代文明实践中心建设作为一项复杂系统工程，从"需要与资源""主体与结构""方法与手段""目标与结果"四个子系统层面，整体性考量新时代文明实践中心、所、站的构成、现状及改进，这有助于揭示文明实践推动基层善治的逻辑理路。

第三，具有鲜明的实践特色。该书的最大优点在于"接地气"，着力把基层治理创新与新时代文明实践中心建设的经验与做法、存在的问题与短板、亟待破解的难点与堵点、深化拓展的方法与路径搞清楚，并探索其中规律，凸显党的十八大以来湖北精神文明建设丰硕成果以及新时代文明实践在荆楚大地的文化特色、地域特色、民族特色，用鲜活的案例和真实的访谈，陈述观点、阐释理论、剖析问题、提出建议。

随着中国式现代化的不断推进，"文明实践+基层治理"的创新动能会愈发彰显，希望作者的研究能够与时俱进、再结硕果，使基层治理研究与新时代文明实践一样，更加丰富多彩、姹紫嫣红，如笔者撰作此序时的春天一般！

王永贵

2023 年 3 月 10 日于南京师范大学

目　　录

第一章　导　　论

第一节　新时代文明实践中心的思想渊源和价值意蕴

2018 年 8 月 21 日，习近平总书记在全国宣传思想工作会议上发表讲话时指出："要大力弘扬时代新风，加强思想道德建设，深入实施公民道德建设工程，加强和改进思想政治工作，推进新时代文明实践中心建设，不断提升人民思想觉悟、道德水准、文明素养和全社会文明程度。"① 习近平总书记的讲话为新时代精神文明建设工作指明了前进方向、提供了根本遵循。从理论上探寻新时代文明实践中心的思想渊源，分析其价值意蕴，并提出建设路径，对高质高效开展文明实践活动，创新基层治理，构建与社会主义现代化相匹配的精神文明，具有重要现实意义。②

一、新时代文明实践中心的思想渊源

新时代文明实践中心蕴含着悠久深厚的思想渊源和理论基础，与马克思恩格斯文明实践论一脉相承，是对社会主义精神文明建设理论的丰富发展，集中体现了中国古代哲学知行合一观的思想精华。

（一）马克思恩格斯文明实践论

1845 年，马克思同费尔巴哈唯物主义彻底决裂并肯定"社会生活在本质上

---

① 中华人民共和国中央人民政府网：《习近平出席全国宣传思想工作会议并发表讲话》，见 http：//www.gov.cn/xinwen/2018-08/22/content_5315723.htm。

② 方堃、张振昌：《新时代文明实践中心的思想渊源、价值意蕴与建设路径》，《中共南宁市委党校学报》2021 年第 4 期。

是实践的"。① 他基于实践革命能动的意旨，将文明置于"实践唯物主义"范畴，揭示文明发轫于人的"自由自觉"的有意识的实践，反过来也确证人的价值，塑造人的素质，指引实践发展的辩证统一性。恩格斯汲取马克思哲学"实践"的养分，站在历史唯物主义立场指出，"文明是实践的事情，是社会的素质"。文明实践获取了物质性、社会性和精神性的三元结构张力，成为理解人类文明形态演进的密匙。② 这种文明实践观是实践观与唯物史观的融合，不仅表现为依靠实践联结主体与客体，更重要的在于强调文明激发人们对精神生活的渴求和需要，对意义世界的重新阐释及理性建构。文明实践使动物性本能退隐到社会舞台幕后，带领人类蹿出野蛮的沼泽，迈进高品质的生活状态。一旦撇开实践将文明限制于一隅，就难以体会在取得自然力与对象性世界的支配权之后才有的自由和愉悦。③

马克思恩格斯文明实践论是从人类艰苦的劳动及实践成果意义上解读文明与实践互动关系的科学认知，开辟了通往自由全面发展的坦途。④ 作为"自由联合体"的社会也将成为良善与文明的联合体，超越了"市民社会"和"资本社会"对人的剥削与奴役，彰显了中国式现代化道路人学意义和价值。⑤ 新时代文明实践中心的提出，继承了马克思主义整体性世界观方法论，从中获得与时俱进的真理性，凸显了文明实践的思想政治性、群众主体性、科学实用性、社会参与性。随着社会结构的转型和社会主义市场经济的发展，由价值多元化导致的物质主义和虚无主义等负面因素改变了人的精神世界。通过新时代文明实践，将思想层次内容升华为相较统一的轨范和准则，抽象为共同意志，具象为一致行动，在可感知、可体验、可复制、可修正中自发性减退和自觉性增长，从而克服思想认识上的"散光""漂移""自抑"和"凌虚"，跳出概念冲突、价值碰撞、方法功能裂解的鸿沟，为重建精神家园提供了可能。

① 《马克思恩格斯全集》（第 1 卷），人民出版社 2009 年版，第 501-502 页。
② 陈冬生、王枫桥：《马克思主义意识形态建设的基础问题探幽》，人民出版社 2019 年版，第 104-105 页。
③ 孟宪平：《马克思主义文化动力思想及其实践研究》，北京师范大学出版社 2018 年版，第 192 页。
④ 郑琳琳：《马克思文明观的三个维度》，《理论探索》2019 年第 5 期。
⑤ 鲁明川：《中国式现代化道路的逻辑生成与文明叙事》，《浙江社会科学》2022 年第 4 期。

（二）社会主义精神文明建设理论

中华人民共和国成立伊始，面对社会主义建设的繁重任务，毛泽东领导人民在"站起来"之后荡涤旧中国的污泥浊水，确立了马克思主义在精神文明建设中的指导地位，适应整个国家生产力与生产关系的调整。要求人们通过改造主观与客观世界形塑正确的政治观念，并选树大众化的道德榜样，更加突出了文明实践的重要性。① 黄继光、王进喜、雷锋、焦裕禄等先进人物为社会主义、共产主义道德理想和信仰英勇奋斗的精神，不仅教育鼓舞了与他们同时代的人，也作为中国几代人精神文化的群体记忆影响至今。②

党的十一届三中全会以后，邓小平洞察改革开放新时期"一手比较硬，一手比较软"的情况，提出社会主义精神文明建设的基本方针是"两手抓，两手都要硬"。党的十四届六中全会通过的《中共中央关于加强社会主义精神文明建设若干问题的决定》指出，"社会主义精神文明是社会主义社会的重要特征，是现代化建设的重要目标和重要保证"③。我国坚持精神文明"重在建设"，充分发挥党的领导和人民群众这两个文明实践主体不可分割、紧密联系的作用，遏制了世纪之交新旧体制转型中的道德滑坡、风气恶化之势，为科学发展和构建社会主义和谐社会积蓄了强大动能。

党的十八大以来，以习近平同志为核心的党中央从战略全局出发，统筹推进"五大建设"，在全面加强党的理论创新、弘扬社会主义核心价值观和中华优秀传统文化、巩固主流思想舆论、彰显文化自信、提升国家文化软实力和中华文化影响力等诸方面深化了精神文明建设内涵。④ 党的十九届四中全会明确提出，要推进新时代文明实践中心建设。各地试点引路，点面结合，打通宣传思想文化工作的"最后一公里"，推动精神文明建设走深走实、见物见人、入脑入心。习近平

---

① 周成仓：《论毛泽东的精神文明建设思想》，《攀登》2006 年第 3 期。

② 方堃、张振昌：《新时代文明实践中心的思想渊源、价值意蕴与建设路径》，《中共南宁市委党校学报》2021 年第 4 期。

③ 刘琳：《党的第三代领导集体对邓小平社会主义精神文明建设理论的丰富和发展》，《南京社会科学》2002 年第 3 期。

④ 赵兴良：《习近平系列讲话对精神文明建设理论的新发展》，《求实》2015 年第 10 期。

在庆祝中国共产党 100 周年大会上指出："我们坚持和发展中国特色社会主义，推动物质文明、政治文明、精神文明、社会文明、生态文明的协调发展，创造了人类文明新形态。"① 建设新时代文明实践中心，是践行人类文明新形态的本质要求。新时代文明实践中心作为文明建设具体的、可感知的实践场域，增强了人们对文明新形态理念和价值观的亲近感、体验感、认同感，充分说明文明实践功能特性的客观性。

新时代文明实践中心建设的理论与实践，深刻回答了社会主义进入全面建设现代化新阶段，精神文明如何与不断增长的物质文明以及强国目标相协调，实现人的现代化的崭新命题，这是对中国特色社会主义精神文明建设理论的极大丰富与拓展。

（三）中国古代哲学的知行合一观

对"知行"关系的考辨是探赜中国古代哲学的重要理路。早在春秋战国时期，儒道先贤曾就"知先行后"抑或"先行后知"的话题展开过激烈论辩。南宋时朱熹博采各家所长提出"格物致知"的观点。"万事皆在穷理后，经不正，理不明，看他如何履践？也只是空！"格物致知本质上是一种实践，格物意在致知，致知贵明理，明理即体察天道，唯此方能笃行。直至明代，王阳明把道德认知与社会实践真正统合起来，阐述了"知行功夫本不可离"的知行合一观。"知之真切笃实处即是行，行之明觉精察处即是知。"② 他主张言行一致，通过身体力行的知行互动，抵近道德至善的价值彼岸，其反映了中国古人对人格理想乃至伦理修为不懈追求的人生境界。

中国传统文化是中国社会主义文化的母体，阳明心学正是其精华之一。习近平总书记多次强调"知行合一"对于实际工作中把思想转化为行动的必要性。他在党的群众路线教育实践活动部署会议上指出，"知是基础、是前提，行是重点、是关键，必须以知促行、以行促知，做到知行合一"。新时代文明实践中心建设理念不是无源之水、无根之木，它秉承中国哲学史上的知行观，萃取其中优秀因

---

① 习近平：《在庆祝中国共产成立 100 周年大会上的讲话》，《人民日报》2021 年 7 月 2 日。

② 方克立：《中国哲学史上的知行观》，人民出版社 1997 年版，第 201 页。

子，要求以文明指导实践、实践促进文明，突出人民的主体地位，自觉践履社会道德规范，让思想自觉引导行动自觉、让行动自觉促进思想自觉，使文明内化于心、实践外化于行，做到文明与实践高度契合。综而论之，新时代文明实践思想内蕴知行合一观，是植根于本土的理论创新，是对中华优秀传统文化的现代转化。

二、新时代文明实践中心的价值意蕴

中国特色社会主义进入新时代，文明建设被寄予了更高期待，其中，建设新时代文明实践中心就是一项重要的创新之举，应从国家、社会及个人层面深刻认识与准确把握其价值意蕴。

（一）政治愿景和国家意志在公共空间中的映射

对于有着几千年文明历史且从未间断的大国而言，国家治理现代化取决于精神文化进步状况，尤其是治理一个疆域辽阔、人口众多的多民族国家，必须将宏观的政治概念和政策诉求嵌于公共空间建构的全过程各环节。[1] 将基层治理创新与新时代文明实践中心建设相结合是载入人类文明发展史册的一种人类文明新形态的有力尝试，其政治属性是文明实践的本质属性，是国家意志在公共空间中的呈现。[2] 新时代文明实践中心的实质是体现国家的公共性意识形态方向性工程及其空间样态，其力图将建设具有强大凝聚力和引领力的社会主义意识形态作为重点内容，把大主题做成小切口，改变传统意识形态宣传自上而下、教条独白的模式，使理论变得鲜活生动，广大群众听得懂、可领会、能落实。这能更好地统一思想、凝聚力量，巩固党的执政地位和群众基础，适应治国理政能力现代化与国民生活现代化的同步发展。[3] 公共价值在文明实践中完整呈现，并通过符号再造、功能转换、氛围营造，推动着国家政治目标的达成，其是新时代文明实践中心首要的价值之所在。

---

①　陈德玺：《论中国现代国家治理能力建设中的文化精神》，《实事求是》2014 年第 6 期。

②　展伟：《新时代文明实践中心的时代价值》，《光明日报》2019 年 11 月 20 日。

③　彭继红、向汉庆：《国家治理与文化伦理》，湖南大学出版社 2018 年版，第 38 页。

（二）共建共治共享的基层社会治理创新界面

新时代文明实践中心在创造公共化意识形态叙事方式的同时，将精神文明建设的共建共治共享原则延伸到社会治理领域，建立起系统集成的社会关系界面。针对群众精神文化需求日益增长、城乡及区域之间公共服务供给不平衡不充分问题，新时代文明实践中心在党的领导下，以组织联建、项目联动、人员联手、实事联办，突破部门碎片化、资源分散化、项目割裂化的困境，广泛动员政府、社会组织、企业、群众参与文明实践活动，持续提升了社会共治能力。① 新时代文明实践中心作为传播新思想的新阵地、提供新服务的新场域，发挥贴近基层、反映诉求、服务百姓、化解矛盾的优势，以志愿服务为抓手，创新方式方法，提供多层次、差异化、个性化服务，能够推动中国特色社会志愿服务活跃城乡，使群众的获得感、幸福感和安全感更加充实。② 新时代文明实践中心与党政中心工作和城乡社会治理相结合，有助于完善党委领导、政府负责、民主协商、社会协同、公众参与、法治保障、科技支撑的社会治理体系。这一制度安排是整合时间与空间、国家与社会、集体与个人，寓宣传思想工作于为民服务之中的治理创新。

（三）公民思想政治教育的推进平台与有效载体

国民素质与社会文明是相互映衬、相互促进的关系，国民素质的提高体现社会文明程度的高度，有什么样的国民素质就有什么样的社会文明。③ 新时代文明实践中心的属性是公民性，要求将培育较高思想政治素质、道德修养意识、科学知识技能的建设者的任务融入新时代文明实践中心建设过程，促进人的全面发展。各地以习近平新时代中国特色社会主义思想为指导，把新时代文明实践中心打造成为学习传播党的创新理论的大众平台，提高人民思想觉悟。以弘扬社会主义核心价值观为干线，运用规训、教化、实践形式，依托文明实践所站、广播频

---

① 沈晓红：《构建新时代文明实践志愿服务工作新格局》，《思想政治工作研究》2019年第3期。

② 宋惠芳：《新时代文明实践中心建设的创新路径研究》，《马克思主义研究》2021年第8期。

③ 张明海：《新时代社会文明程度的理论意涵与提升路径》，《探索》2021年第5期。

道、微信公众号等，把理想信念、社风家风、公民道德送抵人的灵魂深处，在如沐春风的行动、净化心灵的活动、润物无声的情境中使群众受教育，接受思想洗礼，达到"以文化人、成风化俗"的效果。① 以移风易俗为重点树立绿色生活理念，丰富业余文化生活，普及科学知识，抵制迷信和腐朽落后文化，赓续创新乡土文化，使乡村文明新气象不断焕发。新时代文明实践中心建设，既是文明实践空间形态的实体化，更是公民思想政治教育的重要抓手与基本向度，提供了优质的思想内容、丰富的文化产品，涵养了新时代中国特色社会主义建设所需的现代观念和公共精神。

第二节　新时代文明实践中心研究检视及述评

一、国外相关研究的状况与态势

在国外，由于没有"新时代文明实践中心"这一具有中国本土化特色的概念，学术界尚未有对该题域直接的论述。然而，笔者通过对相关文献资料的梳理发现，国外关于文化空间及志愿服务的研究较为成熟，其中一些观点可为本课题提供借鉴。

（1）文化空间。

对于"文化空间"的研究肇始于法国，尔后引发国际学术界重视。有学者认为空间是社会发展的强劲驱动，并罗列出涵括文化空间在内的一些具体空间形态。至此，文化被赋予了空间的意涵，对这一议题的研究在各国如雨后春笋般出现。例如，有学者深入探讨和开掘了空间的文化意涵，指出"经济与政治精英通过公共空间来塑造文化"②。也有学者执着于文化空间的价值和意义，认为其存于人的聚居及社会关系，以此为条件，学者们开始进一步研究文化空间的形成与

---

① 王珺颖：《社会主义核心价值观情感认同的培育路径》，《思想教育研究》2019 年第 12 期。

② J. Allen Whitt, Sharon Zukin, The Cultures of Cities, *Contemporary Sociology* , 1996 （6）：728.

影响因素①。

（2）志愿服务。

从现代意义上说，志愿服务出现在 19 世纪初的西方宗教慈善机构，但直至 20 世纪 70 年代 "政府失灵"（Government Failure）理论提出后，作为对政府失灵的回应，志愿服务的相关研究才获得各界重视。如：公共选择学派（Public Choice Theory）从公共性出发，指出政府提供公共服务的公共政策与政治进程相符，大多数体现的是 "中间投票者" 爱好，因此蓄积了许多具有情绪的选民团体，这需要志愿组织成为政府外围的公益服务供给者。②

20 世纪 80 年代后，随着对志愿服务研究的深入，对其在提供社会化服务方面功能及效果的质疑之声越来越多。所谓 "志愿失灵"（Voluntary Failure）就是其中最具有 "破坏力" 的理论。纵使非营利组织在公共服务供给层面能够弥补政府与市场缺位，但其自身也不尽完美：不能单靠自身单薄的力量改进公共事业。这种局限性就是对 "志愿万能" 的否定。萨拉蒙（Salamon）则运用志愿失灵理论阐明社会组织存在缺陷的根本原因，并作进一步论证来解释志愿组织与政府组织构建伙伴关系的必要性。③

接近 20 世纪 90 年代，诸如文化资本理论、公民参与理论、治理理论等又开创了从社会层面探究志愿服务的新路径。支持这些理论的学者主张，经济大萧条情况下会产生诸多失业人群和低收入人群，当政府 "有形的手" 和市场 "无形的手" 不能有效调配资源时，宗教慈善等文化资源则可以激发个人志愿动机，通过爱心活动的形式提供公共产品补充了政府或市场不能供应的服务，这就提升了公共信任资本，有助于推动公民参与社会治理。④

21 世纪以来，国外学者们热衷于从市场及个人层面对志愿服务进行研究，

---

① Edward W. Soja, Third Space: Journeys to Los Angeles and Other Real-and-Imagined Places, *Capital & Class*, 1998（1）：54.

② James Buchanan, A Contractran Paradigm for Applying Economics, *The American Economist*, 1975（2）：225-300.

③ Lester M, Salamon, of Market Failure, Voluntary Failure, and Third-Party Government: Toward a Theory of Government-Nonprofit Relations in the Modern Welfare State, *Nonprofit and Voluntary Sector Quarterly*, 1987（1）：29-49.

④ ［法］布尔迪厄：《文化资本与社会炼金术：布尔迪厄访谈录》，包亚明译，上海人民出版社 1997 年版，第 191 页。

例如，需要理论、自我决定论、社会交换理论等都认同原子式的利己主义个人要实现自我需要，就须通过增值个人资本以及彼此交换服务才能获取利益和尊严。"邻人们交换同情心、孩子们交换玩物、朋友们交换襄助、熟人们交换客套、权力者们交换退让、交谈者们交换意见、主妇们交换下厨技巧，志愿服务也是作为一种交换形式用以满足个人发展所需。"①

二、国内相关研究的热点及趋向

（1）功能作用视角。

新时代文明实践中心为思政教育提供了阵地，思政教育又为新时代文明实践中心赋予了丰富的内涵，二者之间存在着天然的关联。学者们围绕良性互动关系构建、合作平台建设、共同目标设定进行了阐述。比如，浦菲深入探究文明实践在农村思想政治工作中的价值及实现方式，认为新时代文明实践中心建设的宗旨是向群众提供精神文化滋养，其目标是构建将主流意识形态延伸至基层乡村，即：发展以党员干部为主力、专家队伍和文明骨干为指导力量、基层党员干部为榜样的文明实践宣传教育体系。"这种贴近农民生产生活的文明实践有利于带动乡村文明意识提升，拉近党和群众的关系，保障思想政治工作落到实处。"②

有一些学者从引领学校思政教育的角度，对新时代文明实践中心建设的路径进行探索。例如王海鹏基于大学生思想教育的需要，指出构建高校新时代文明实践中心基本模式，需通过不同主体由"面"到"线"，再到"点"的工作方式，从文明实践中心的理论学习到宣讲渗透，再到活动阵地的指导，将思想引领贯穿育人始终。③ 高文龙、翟冉根据新时代文明实践助残志愿服务培训基地的思政教育功能研究，提炼出提高政治站位建基地、发挥专业优势建队伍、突出"助残共享"弘扬正能量、以线上线下相结合的中心建设经验。④

---

① ［美］布劳：《社会生活中的交换与权力》，李国武译，商务印书馆 2008 年版，第144 页。

② 浦菲：《新时代文明实践中心建设在农村思想政治工作中的价值与实现方式》，《改革与开放》2019 年第 12 期。

③ 王海鹏：《新时代文明实践中心引领大学生思想的路径初探》，《青年与社会》2020年第 27 期。

④ 高文龙、翟冉：《新时代文明实践中心建设的学校路径初探》，《现代职业教育》2020年第 15 期。

有学者对新时代文明实践志愿服务功能进行了深入研究。刘富珍对青岛1000多名村民进行问卷调查，得出养老志愿服务的需要程度最高、妇女及老人具有较高参与志愿服务的意愿、村级"两委"组织应成为文明实践志愿服务队伍建设和管理的重点等结论。① 胡元姣认为，在农村开展志愿服务，是一种新的治理行为，也是助推新时代文明实践深入人心的奠基性内容之一，也是助力实施乡村振兴战略的现实要求。"为发挥志愿服务作用，激发农村社会活力，应在目标锁定、体制优化、机制创新及技术赋能等多方面并举，以提升新时代文明实践中心凝聚村民、组织活动的能力。"②

有些学者侧重于探讨新时代文明实践中心志愿服务项目运行。他们对"志愿服务项目是推动文明实践提质增效、走深走实的重要手段"表示认同。在设计志愿服务项目前，一方面深入了解群众的困难与需求，把可用志愿服务形式满足的需求设计为具体项目；另一方面，充分利用本地资源开展服务。"项目应以党政所急、百姓所想、社会所需、志愿者能为为原则，建议把握党政大局和基层'三农'工作具体实际，开展以项目式志愿服务外包，承接上级政策、下连群众需求。紧扣新时代文明实践中心建设的宗旨，让群众喜闻乐见，愿意参与，且注重服务的实效性。"③

志愿服务与文明实践是密切相关的，其志愿者队伍是文明实践活动开展的有生力量，因此，提升志愿者队伍整体素质和服务水平是统筹运用专业人才和公共力量的体现，也是适应基层治理对社会资本需求的举措。对于目前文明实践志愿者队伍存在的数量不够、积极性不高、管理机制不完善等问题，学者们提出采取广泛动员以壮大志愿者队伍规模、制定选拔标准以严把志愿者队伍入口、科学培训以增强志愿者服务能力、构建严密的活动管理体制以确保志愿者服务质量、丰富与落实激励机制以切实增强志愿者服务动力等④建议措施。

---

① 刘富珍、万佩佩等：《农村、农民志愿服务队伍构建的必要性和可行性的调研——以新时代文明实践中心建设为视角》，《广西青年干部学院学报》2020年第30期。

② 胡元姣：《新时代文明实践中心建设背景下乡村志愿服务长效机制研究》，《改革与开放》2019年第14期。

③ 张祖平：《志愿服务如何服务于新时代文明实践中心建设》，《中国社会工作》2019年第24期。

④ 邓帅：《加强志愿者队伍建设 推进新时代文明实践中心有效运行》，《中共青岛市委党校.青岛行政学院学报》2020年第3期。

（2）典型案例视角。

由于不同地区、不同部门的新时代文明实践中心组织形态各异，新时代文明实践中心的运作模式不同，难以建立整体规范标准，也不宜用统一的评估标准对其评价。那么，新时代文明实践中心的案例研究就显得十分重要。从单个中心（所、站）入手分析其外部环境、组织特征、行为规律、面临困境及发展趋势等，对新时代文明实践中心建设研究具有参考和指导意义。紧跟社会热点，国内学者们对此都直接或间接地做过不少研究，笔者列举如下。

贵州省黔南州龙里县将脱贫攻坚作战指挥体系切换为新时代文明实践工作推进体系，形成县、镇、村三级书记带头抓、多部门齐落实的模式，构筑"全县一盘棋"的文明实践格局。在县建中心、乡镇（街道）建所、村建站的三级设置基础之上，考虑山区山高路远，在较大自然寨（组）特别设置新时代文明实践点，形成延伸到"点"的四级联动体系。在具体职责方面，县新时代文明实践中心负责统筹调配、组织引导和督查考核；乡镇（街道）文明实践所发挥上下衔接功能，落实本地区文明实践活动的开展、人员的培训、项目的对接、群众意见的收集；村（社区）文明实践站和组（寨）文明实践点则因地制宜开展丰富多样的文明实践活动。①

内蒙古赤峰市林西县在体系建构方面，横向上通过统筹整合、优化配置、盘活资源，打通现有场所之间的壁垒，形成全域性覆盖、多功能并存的文明实践阵地体系。纵向上，制定阵地建设"六有"标准（有场所、有牌匾、有组织、有规章、有团队、有内容），设立县、乡镇（街道）、村（社区）三级工作体系；在队伍建设方面，县文明实践中心在用好"8+N"志愿服务队，组织协调多部门及社会力量，与文明城市创建、文明单位创建等工作结合起来，拓宽志愿者选用渠道，有效增强志愿服务组织力量。该县还建立健全常态化精准收集群众需求的机制。在线上，通过微信群、电子邮箱、县文明实践志愿活动平台、各级公众号和"智慧林西"App等收集群众需求信息；在线下，创设文明实践志愿服务活动菜单，并交由给基层干部、乡村振兴工作队、网格管理员发放汇总信息。同时，还需健全服务需求分配机制。设立专岗专人对口落实该项任务，重塑工作流程，

---

① 　杨达：《建设新时代文明实践中心的有益探索》，《红旗文稿》2021年第4期。

分级负责协调，无缝对接群众需要，以此作为文明实践志愿服务项目库数据来源。①

辽宁省沈阳市康平县坚持"一盘棋"思维，将县新时代文明实践中心和融媒体平台和在线学习系统结合起来，一并统筹建设与管理，已初步实现人员、办公、平台、宣传四方面的一体化发展，让宣传工作更好地服务于新时代文明实践工作。为达到网上网下共振、各类资源汇聚整合，志愿服务精准有效的目标，康平县制定集建组织、召人员、设基地、筹规划、整资料、见成效于一体的文明实践一整套工作体系。通过搭建政策解读、全民学习、知识直达、科普宣传、强体健身、为民代理等平台来组织开展志愿服务活动。特别是创建"志愿服务为民代理"平台，将民生事项进一步划分种类，有针对性地提出一站式、精准式、管家式"三式代理法"，实现以百姓点单、中心派单、志愿者接单、群众评单相互贯通、有序承接的"闭环"的工作模式。②

（3）技术工具视角。

建设新时代文明实践中心，是信息技术应用于政治思想宣传工作和精神文明创建的一次重大创新，对于满足人民群众日益增长的精神需求具有重要意义。学者们从技术工具的角度对新时代文明实践中心进行了研究，概括而言其涵盖两大主题。

其一，新时代文明实践中心与县融媒体中心的关系。薛来、王晓博认为，"两个中心"不是割裂无关的，而是可相互支持和资源共享的。要把融媒体中心打造成文明实践活动的宣传窗口，扩大文明实践活动的影响力，实现网上网下互促互动，打通把党的声音传递到群众中去的"最后一米"。③ 雷旭斌等人认为两者应当合理分工，可由融媒体中心将宣讲资料制作成"微宣讲""微视频""微动漫"，推动优质课件、视听资源上网。新时代文明实践中心（所、站）则在线

---

① 张晓慧、刘兴宇等：《新时代文明实践中心建设的"林西模式"》，《实践》2021年第2期。

② 韩红梅：《关于康平县新时代文明实践中心建设的思考》，《沈阳干部学刊》2021年第3期。

③ 薛来、王晓博：《新时代文明实践中心与融媒体中心融合发展研究》，《新闻论坛》2021年第1期。

下进村入户服务，为基层开展文明实践提供支持。①

其二，新技术在新时代文明实践中心建设中的应用。章寿荣、程俊杰提出要充分运用大数据等先进技术手段推进"五大平台"构建。在信息化、融媒体时代，运用大数据打造智慧云平台，是新时代文明实践中心建设科学而卓有成效的方法。② 师毅等还用实例方式证明技术应用的可行性。例如海淀区新时代文明实践中心服务管理平台通过将虚拟服务器、实时定位服务、智能终端以及 AI、区块链等数字技术，加载"点单派单"、活动超市、服务地图、VR 展厅、慕课中心、精准推送等功能，提供菜单式、订单式、一站式文明实践服务，打造文明实践的"大本营"。③

三、简要评述

国外在文化空间、志愿服务等与新时代文明实践中心密切相关领域的研究起步较早，探讨了文化空间转向、公共文化塑造、志愿失灵、社会资本、社会交换等重要议题，形成了一些可资借鉴的成果。然而，新时代文明实践中心并非纯粹的文化场馆或志愿组织，其产生根源于我国政治、经济、社会和文化等多方面需要，是一个涉及宣传思想、文化传播、公共服务、社会治理等的复杂的综合体。我们绝不能脱离中国具体实际而盲目照抄照搬西方的经验，须立足我国国情来研究新时代文明实践中心的建设问题。综观国内研究，总体呈现以下趋势：一是在内容上，围绕新时代文明实践中心建设这个主题研究如何完善阵地资源整合机制、推广地方成功经验、加快各类新兴技术在中心建设中的应用，构建系统完善的新时代文明实践"三级体系"；二是在学科方向上，从传统的马克思主义向以公共管理为代表的诸多社会科学综合研究演进；三是在目标上，由单纯的"问题-对策"式的质性研究向定性与量化相结合的全面性研究靠拢。

学术界现有的成果为本项研究奠定了基础，开阔了视野，但同时也存在些许

---

① 雷旭斌：《新时代文明实践中心理论宣讲平台建设的现状、问题与对策研究》，《青年与社会》2020 年第 20 期。

② 章寿荣、程俊杰：《推动新时代文明实践中心标准化建设：理论本质与实现路径》，《现代经济探讨》2020 年第 3 期。

③ 师毅：《科技助力新时代文明实践中心建设——海淀区新时代文明实践中心服务管理平台正式上线》，《中关村》2019 年第 11 期。

不足：在研究内容上，国内学者将新时代文明实践中心的功能定位为理论宣讲、志愿服务和思政教育，这在一定程度上对其在基层治理方面扮演的关键性角色缺乏重视；在研究方法上，学者们倾向于从单案例的"小切口"剖析，探索建设方法，总结经验，提出宏观建议，而对新时代文明中心建设的理论基础、运行机制以及操作策略等方面的"大问题"研究薄弱；在研究范式上，国内研究多属于"手段-目标"范式，将新时代文明实践作为思政教育或文化宣传工具，没有将其作为一个复杂系统的行动主体。总之，对于如何发挥新时代文明实践中心密切联系群众的优势，最大限度调动群众参与基层治理的积极性、主动性；如何以整体思维对新时代文明实践中心建设的维度、体系及学理内蕴予以诠释；如何从构建文明实践共同体的角度，建立资源共享、能力互补、责任共担机制等，这些问题都有待进一步研究与探索。

第三节　新时代文明实践中心建设的研究视角、方法与框架

一、新时代文明实践中心建设的研究视角：系统论

新形态的人类文明是一种整体文明，这种整体文明是推动物质文明、政治文明、精神文明、社会文明、生态文明协调发展的结果。① 奥地利生物学家贝塔朗菲（L. Von. Bertalanffy）在 20 世纪 20 年代提出著名的系统论。"世界表现为一个统一的体系，即一个有联系的整体，这是显而易见的。"② 系统是由若干相互联系的要素构成的有机整体，通过要素的相互作用而具备开放化、多层次、非线性、结构化的特征。"意识形态制度化、设施化是中国特色社会主义制度文明、政治文明系统的整体反映，构成了精神文明大系统。"③ 从文明实践有效性的整体性出发，新时代文明实践中心建设可视作一项复杂系统工程，应围绕"在哪做""谁来做""怎么做""做多久"的问题，从"需要与资源""主体与结构""方法与手段""目标与结果"四个子系统协同进化，推动文明实践共同体的形塑及有效运行（见图 1-1）。

---

① 邱耕田：《系统观视阈中的人类文明新形态》，《当代世界与社会主义》2022 年第 2 期。
② 《马克思恩格斯全集》（第 9 卷），人民出版社 2009 年版，第 346 页。
③ 吴元梁：《精神系统和精神文明建设》，人民出版社 2004 年版，第 435 页。

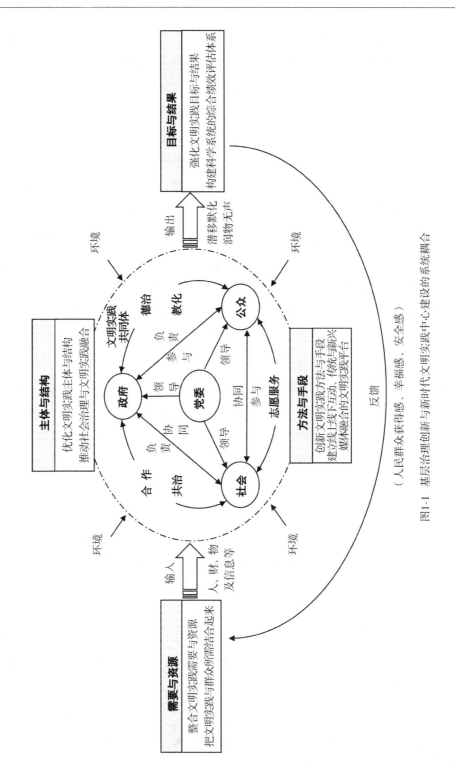

图1-1　基层治理创新与新时代文明实践中心建设的系统耦合

1. 子系统之一：整合文明实践需要与资源

新时代文明实践中心要聚焦群众所需所想所求，突出效果导向，把文明实践与城乡居民所需紧密结合起来；基层所站要面向需求设计"群众点单、部门派单"的流程，提供理论政策宣讲、普法教育、职业培训、文艺演出、健康养老等服务。同时增设自选文明实践项目，采取"线上＋线下、公共＋特色"的模式，满足群众多样化个性化需求。新时代文明实践不能另起炉灶，而是要打破部门利益和条块分割，协调各类资源，构建"大实践"平台。以县域为整体，对接市级资源，甄选乡镇资源，联合宣传、组织、文旅、科教、卫生等部门，建立跨地域跨部门协作机制，共建"县（区）实践中心—乡镇（街道）实践所—村（社区）实践站"三级组织体系。统筹规划党群中心、文化场馆等设施，汇集爱国主义教育基地、名人故居、烈士陵园等红色资源，激发机关党员、基层干部、先进人物、新乡贤、"五老"人员的最大潜能，建设多功能文明实践综合体。①

2. 子系统之二：优化文明实践主体与结构

让人动起来、使志愿服务活起来，弥补枢纽型志愿服务组织阙如，是新时代文明实践中心主体性建构的逻辑基础。要将志愿服务资源下沉到户到人，不断吸引公众参与。搭建有人员、有项目、有规划、便捷高效的志愿服务平台，加强专业化培训，科学开展积分认定，建立健全时间储蓄制度，提高志愿服务效能和管理水平。着眼社会治理与文明实践深度融合，优化文化治理结构，构建"党委统一领导、部门通力配合、社会共同参与"的文明实践共同体。发挥党组织牵头抓总和核心领导作用，统筹文明实践活动与党建工作，使二者同频共振。推动新时代文明实践中心与县级融媒体中心一体建设，完善"基层党建＋新时代文明实践站＋社会治理"机制，吸纳社会组织、企业、社区、公众等多元参与，形成"一核多元、合作共治"的社会治理文明实践新格局。

3. 子系统之三：创新文明实践方法与手段

经由政治符号嵌入的公共空间，无疑是表意政治和聚合认同的承载场，对强化意识形态属性大有助益。要巧妙借用政治话语策略性装饰新时代文明实践中

---

① 方堃、张振昌：《新时代文明实践中心的思想渊源、价值意蕴与建设路径》，《中共南宁市委党校学报》2021 年第 4 期。

心，在意义编织中重构空间存续的正当性，再生产思想政治教育的权威性。① 将党的方针政策、社会主义核心价值观、时代楷模先进事迹等内容转化为视觉化、立体式符号，以艺术元素点缀雕像、展板、图徽等标识，赋予中心、站所更强的亲和力与感染力。建设新时代文明实践中心切忌"一刀切"，须立足实际，结合文化"六进"活动，以"主题党日""微型党课"等多样化方式，开展生动活泼的教育活动，让党的创新理论"飞入寻常百姓家"。借助大数据、人工智能等新一代信息技术，搭建"新时代文明实践+大数据"云平台，推动实体空间网络化。运用微信、微博、短视频等新媒体，以个性化制作、可视化展示、多终端传播方式引导群众践行文明理念，实现精神文明建设网上网下交相辉映。②

4. 子系统之四：强化文明实践目标与结果

新时代文明实践中心建设是一项基础性、战略性和长期性的政治工程，肩负着"举旗帜、聚民心、育新人、兴文化、展形象"的使命任务。因此，要以目标为导向，通过文明实践活动，传思想、传道德、传文化、传政策、传科技，促进满足人民文化需求和增强人民精神力量相统一。融合科学文化系统、思想观念系统、价值观念系统、理想信念信仰系统、道德规范系统、精神风貌和行为作风系统，构筑集中反映新时代特征的制度化、设施化的精神文明创建系统。③ 把新时代文明实践中心建设试点工作纳入地方党委政府绩效考核指标体系，以及精神文明创建工作责任督查范围。构建效果评价与监督机制，建立科学化、标准化的文明实践工作测评体系，完善月查、季评、年度考核制度，确保文明实践落地生根，实现宣传思想教育工作制度化管理。采取明察暗访、专项督查、公开通报、媒体曝光等方式强化考核监督。健全"试点—督查—改善"长效机制，保障在定期考核评估下新时代文明实践中心建设靶向精准、过程规范、成果显著④。

---

① 张攀余：《位置媒体、城市空间的再生产与国家认同研究》，2020 年北京交通大学学位论文。

② 方堃、张振昌：《新时代文明实践中心的思想渊源、价值意蕴与建设路径》，《中共南宁市委党校学报》2021 年第 4 期。

③ 周向军：《试论精神文明建设规律的系统结构》，《中共济南市委党校学报》2004 年第 3 期。

④ 方堃、张振昌：《新时代文明实践中心的思想渊源、价值意蕴与建设路径》，《中共南宁市委党校学报》2021 年第 4 期。

二、方法选择：规范分析与实证分析相结合

规范分析是以某种价值判断为基础，解决和客观回答"应该是什么"的问题；实证分析则强调对象本身"是什么"的问题，所得出的结论不以人的主观意志为转移。本项研究的内容是基层治理创新与新时代文明实践中心建设问题，坚持把群众所急所需作为出发点与落脚点的基本价值判断须蕴含其中，这规定了规范研究方法的重要性。当然，在我国新时代文明实践中心建设现状及瓶颈的考察中，实证分析方法的基础性作用也不容小觑。

为此，本书坚持规范分析与实证分析相结合，在资料、数据的处理中定量与定性研究并重，具体采取以下几种分析方法。

（1）文献分析法。

新时代文明实践中心建设中出现的阵地资源整合不足、活动内容创新性不够、群众活动参与积极性不高等相关问题已经引起学界关注。新时代文明实践中心建设研究课题组将回顾学术文献，从多学科交叉的视角对该问题进行前置性分析。本项研究还将引入科学的系统论作为考察"利器"，挖掘精神文明建设系统的优势，为研究提供分析框架。

（2）实地调查法。

唯有通过实地调查，方能实态地考察新时代文明实践中心建设的现状、影响因素及其主要问题。课题组成员赴湖北省武汉市、宜昌市、襄阳市、恩施州等地进行实地考察。选取大冶市、竹山县、保康县、随县、黄州区、赤壁市、松滋市、秭归县、宜都市、房县、鹤峰县等12个试点县（市、区）新时代文明实践中心开展问卷调查，及时掌握全面的资料，并通过计量统计方法（如SPSS24.0、EXCEL2019等分析软件）的处理得出相应结论。

（3）案例剖析法。

案例分析的要义在于对已列为试点的新时代文明实践中心，分析者秉持客观角度进行呈现或叙述，以解剖麻雀的方式阐明其建设的状况，以供读者研究与判断。目前许多地方已意识到在开展文明实践活动过程中存在着薄弱环节，推出了一些具有针对性的新做法和新举措。本书选取其中的典型案例作为对象，通过文本分析法、访谈法等，把新时代文明实践中心建设的经验与做法、存在的问题与

短板、亟待破解的难点与堵点、深化拓展的方法与路径等搞清楚，探索其中的运行规律。

三、研究脉络及重点：一根主线、四个维度、四大模块

如图 1-2 所示，本书的研究脉络及重点可以概括为"143"，即"一根主线、四个维度、三大模块"。

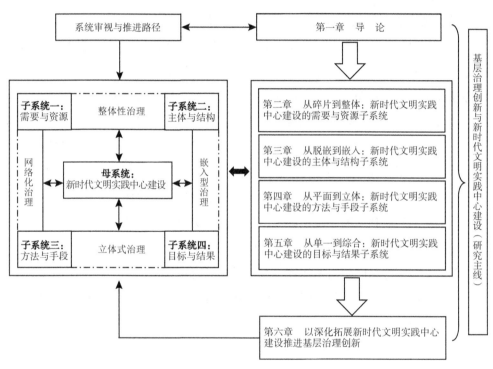

图 1-2 本书的研究思路与篇章结构图

（1）"一根主线"。本项研究以习近平总书记在全国宣传思想工作会议重要讲话精神为指导，在党的二十大精神的指引下，根据"统筹推动文明培育、文明实践、文明创建，推进城乡精神文明建设融合发展，在全社会弘扬劳动精神、奋斗精神、奉献精神、创造精神、勤俭节约精神，培育时代新风新貌"的要求，紧密围绕"深化拓展新时代文明实践中心建设理论、方法与路径"这根主线展开研究，并贯穿始终。

（2）"四个维度"。新时代文明实践中心建设母系统包括四个子系统：一是从需要与资源的维度研究新时代文明实践中心建设"在哪做"的问题；二是从主体与结构的维度研究新时代文明实践中心建设"谁来做"的问题；三是从方法与手段的维度研究新时代文明实践中心建设"怎么做"的问题；四是从目标与结果的维度研究新时代文明实践中心建设"做多久"的问题。

（3）"三大模块"。本课题研究的重点领域将按照逻辑顺序涉及全书的三个部分。

模块之一是"研究准备"，即本书第一章导论。阐述新时代文明实践中心建设的思想渊源与价值意蕴，深入探讨新时代文明的基本内涵、制度安排、文明的多样性、文明的实践性等问题。在此基础上引入基层治理创新与新时代文明实践中心建设系统耦合视角，勾勒本项研究的思路，展示篇章结构及主要研究方法。

模块之二是"方法与路径研究"，即本书第二、三、四、五章。基于系统论视角，分别从新时代文明实践中心建设的四个子系统维度，结合中国式现代化、中国特色志愿服务体系、中国模式、中国道路、中国精神，探讨整体性文明实践模式构建、新时代文明实践中心嵌入基层社会治理格局、立体式文明实践平台搭建、标准化的新时代文明实践中心建设尺度及其综合绩效评估等问题。

模块之三是"结论与对策研究"，即本书第六章。在归纳课题全部研究结果的基础之上，凝练新时代文明实践中心建设中具有可行性、推广性、原创性的经验，提出以深化拓展新时代文明实践中心建设推进基层治理创新的政策建议，凸显本课题研究的应用价值。

第二章　从碎片到整体：新时代文明实践中心建设的需要与资源子系统

深化拓展新时代文明实践，要着眼深信笃行、知行合一，紧密结合人民群众对美好生活的新期待，在关心群众、服务群众中教育群众、凝聚群众。[①] 以满足公共服务需要为出发点和落脚点，以资源整合为着力点，形成文明实践志愿服务供需闭环，是新时代文明实践中心子系统建设的应有主题，更是推动基层治理精细化的应然选择。分散化的管理模式弊端、零散式的部门资源配置、非对称性的供需结构体系等，可能妨碍纵向层级、横向部门、深向功能之间协同治理，[②] 影响新时代文明实践中心建设的效率及效果。本章借鉴整体智治理论，从跨层级、跨部门、跨功能三个维度，探究文明实践需要与资源无缝对接的实现机制，认为变革碎片化公共服务供给策略，以协调与整合为重点构建"大实践"模式，有助于答好整体性文明实践何以可能的现实命题，绘好新时代社会治理的共同体愿景。

第一节　整体性文明实践何以可能："大实践"模式构建的学理逻辑

一、碎片化：新时代文明实践中心运行体制机制困境

（一）纵向层级条块分割

如图 2-1 所示，新时代文明实践中心组织架构建立在行政层级划分的基础

---

① 中央文明办一局：《建设新时代文明实践中心指导手册》，学习出版社 2020 年版，第 1 页。

② 丁元竹：《社会治理现代化的探索》，国家行政学院出版社 2016 年版，第 109-111 页。

上，可分为县（区）级文明实践中心、乡镇（街道）级实践所、村（社区）级实践站三级组织体系："中心"统筹部署文明实践工作；"所"负责辖区文明实践规划及对站的指导；"站"侧重开展形式多样的文明实践活动。所谓"条块"，"条"指的是，从上至下各级业务性质相近的政府职能部门；"块"指的是，由差异化的职能部门构建起来的各层级政府体系。文明实践组织体系处于条块分割的框架之内，毫无疑问，"集中统一"的特点能得以体现，但"整体联动"的理念未能落实，且存在不同程度的裂解性。事实上，新时代文明实践中心运行过程中三级体系呈"蜂窝煤"式上下对口，其协同联动不足、资源共享度较低、人财物短缺、各自为政、隶属不清、交流不畅的问题尤为突出，基层群众公共服务需求在碎片化体制中很难及时得到满足。

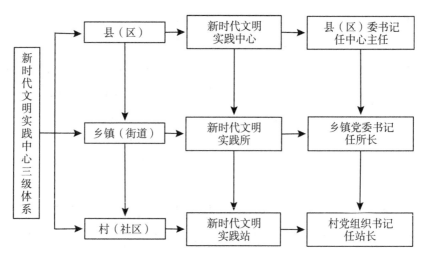

图 2-1　新时代文明实践中心三级体系架构

"职责同构"现象①在新时代文明实践运行中相当普遍，即中心、所、站对应不同层级的政府及职责，使文明实践机构同行政机构在设置功能上高度吻合，这种类似"两块牌子、一班人马"的模式在实际工作中存在虚设的可能。新时代文明实践中心"职责同构"的具体问题有：组织机构设置重复，责任层层转移，

---

① 朱光磊、张志红：《"职责同构"批判》，《北京大学学报》（哲学社会科学版）2005年第1期。

所、站承受的负担过重，容易产生文明实践"带着做""想做就做，不想做就不做""为应付上级检查突击做"等敷衍应付的心理，不利于横向组织之间的跨域协作，极可能滋长新的基层治理壁垒。"因为三级体系之间延续了领导与被领导的传统，它们缺乏一定自主开展活动的动力，以致各地文明实践活动频次不一，大量志愿服务项目在不同层级机构中反复循环，呈现非均衡化态势。"① 其不仅增加了工作难度和成本，而且耗费了不少资源，对新时代文明实践中心建设而言弊大于利。

（二）横向部门协同乏力

现代劳动分工无疑是增进专业技能、改善工艺技巧，从而节省人类必要劳动时间，以提高工作效能的途径。② 如马克斯·韦伯所说："科层制模型运作，需要组织依托职务或职位而并非由自我或世袭的权力来掌握，组织中人员的专业化分工是必不可少的。"③ 从"小部门"角度看，主要是狭义政府内部各职能部门的分工；从"大部门"角度看，它包括广义上政府、市场和社会等不同主体的分工。专业分工一定离不开合作，因为在互补与协同中势必提高效率。新时代文明实践中心的设置是为了整合现有分布在各部门中的公共资源，但由于专业分化、机构林立等原因，中心、所、站难以从分散的各级各类部门中汲取力量。新时代文明实践中心的工作涉及宣传、组织、民政、科教、文化、卫生、农业、工青妇等政府部门及群团组织，每个部门和组织几乎都有自己的文明实践队伍。凡协会、社团都需民政部门登记备案，而宣传部门并没有管理社会组织的经验，不同部门以及各参与主体存在职责交叉的问题。

（三）深向功能整合羸弱

随着"文化礼堂"逐渐过渡为"文明实践中心"，再到现如今文明实践从乡

---

① 李康：《乡村振兴背景下新时代文明实践中心建设面临问题及对策研究——以 W 市为例》，2020 年河南大学学位论文。

② A. Smith, *Wealth of Nations* (1776), Chicago: University of Chicago Book store, 1976: 391.

③ ［德］马克斯·韦伯：《社会组织和经济组织理论》，康乐等译，广西师范大学出版社2014 年版，第 14 页。

村田野向城镇社区拓展，各地竭尽所能开展特色鲜明的活动。但从功能整合的维度看，新时代文明实践仍停留在单纯的宣传、简单的数据分析与展示以及电视端、移动端模块的应用上。其一，受基础条件和物质状况影响，尤其是领导重视程度的不同，有的地方技术、资金投入多，效果明显，有的地方却技术匮乏、经费紧张，效果一般，各方推动力度不一，信息化、智能化水平差异悬殊。其二，政府部门与社会组织、社区、新时代文明实践中心之间跨界沟通面临技术标准不同、端口门户各异、管理人员参差不齐的问题。政府各部门有条件有能力通过门户网站及政务大数据系统实现互联，而新时代文明实践中心则因为刚起步，建设条件较薄弱。其三，系统谋划及整体推进不够，常态化协调机制不健全，区域及城乡网络资源调配力度需进一步增强。新时代文明实践云网融合推进异常缓慢，更多依赖人工操作与信息逐级上报，散落于各地的云平台对接困难，若不能使县级融媒体中心纳入一体化建设，文明实践活动只能陷入"信息孤岛"。①

二、整体智治理论与新时代文明实践的契合

（一）从"整体性治理"到"整体智治"

1. 整体性治理

整体性治理是在全球风靡一时的新公共管理运动趋于没落（Weakness），以合作为导向的整体政府改革兴起之后出现的公共治理理论。随着新公共管理范式难以为继，许多国家开始尝试治理领域的改革方案，这些努力有些许相通之处：推崇法治化、机制化及深度的"跨界"联合来赋能公共治理，提升公共服务的质量。从图 2-2 可见，整体性治理理论是由诸多学术话语结合而成，笔者将其进行整理后，归纳出万物互联时代公共治理与管理模式变革的学理化脉络，即跨界治理的整体性理论系谱。

20 世纪末以来，作为新型公共治理模式的整体政府改革在以英国为代表的益格鲁-撒克逊国家方兴未艾。其不仅谓之"整体性政府"，学界还大量使用其他称谓，如"整体性治理""协作治理""协同型政府""网络化治理""水平化管

---

① 陈锡喜：《意识形态：当代中国的理论和实践》，中国人民大学出版社 2018 年版，第280-281 页。

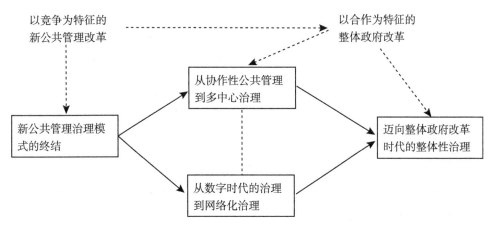

图 2-2 跨界治理的整体性理论系谱

理""跨界治理"等。这些提法有共同的地方，即通过有效的跨部门合作解决官方机构与公共服务中凸显的碎片化难题，并着重强调突破部门阻隔以及实现部门之间的整全。[①] 整体性治理的重点在于达至合作的无缝隙，其包含多种形式，如相同层级部门之间、不同层级政府之间、差异性政策之间、公私机构之间等。

正因公共事务日益繁芜，跨部门协作诉求逐步攀升，协调与整合作为整体性治理核心要素再次被提上议事日程。"协调"侧重于在信息、理解和作出决定方面探索相互嵌入及参与的必要，而不是定义非精准化的具体行动，[②] 其目标旨在有效处置组织外认知缺陷，扫除组织间的障碍与冲突。整体性治理不仅提倡调节个体与个体利益方面的关系，还主张整合群体与群体同整个治理系统的关系，比如理念协调、信息互动、激励与策动同步。[③] 在趋向整体的治理全景系统中，个体之间的目标调适与方案遴选有时是关联的，但有时也是有矛盾的。协调可服务于矛盾化解，通过协作观念的深化与形塑，提升整个行为系统的聚合力，最终实现"1+1+1>3"的集成效应。

---

① 吴月：《从分离迈向整合：对政府机构治理形态的反思》，《中共福建省委党校学报》2014 年第 7 期。

② Perri 6, Diana Leat, Kimberly Seltzer & Gerry Stoker, *Towards Holistic Governance：The New Reform Agenda*, New York：Palgrave, 2002, p. 34.

③ 竺乾威：《从新公共管理到整体性治理》，《中国行政管理》2008 年第 10 期。

2. 整体智治

整体智治包含两个关键词："整体"即"整体治理"，强调治理主体间的有效协调；"智治"即"智慧治理"，强调治理主体对数字技术的广泛运用。① "整体智治"不是"整体治理"与"智慧治理"的简单叠加，而是两者的有机结合："智慧治理"为"整体治理"提供技术支持，助力治理主体的有效协调，而以提升治理有效性、创造公共价值为目标的"整体治理"为"智慧治理"提供了方向。

整体智治内涵首先表现为以数据为驱动的内部整合与外部协同，通过"数据化"指向清晰的治理，强调从"管人""管物"到"管数"的转型。整体智治虽然是一种运用技术的治理，但是其价值取向却是通过"全社会的数据互通、数字化的全面协同与跨部门的流程再造，进而形成'用数据说话、用数据决策、用数据管理、用数据创新'的治理体系"②。其次体现为运用数字技术进行治理，通过如前所述的数字生态系统提升政府的信息汲取、数字治理、数字规制、回应服务和濡化能力，从技术上改进治理方式、治理手段和治理机制，提升政府治理能力进而提升政府治理效能，为政府治理技术赋能，实现技术治理与体制的协同增效。此外，体现为对除政府外的其他治理主体进行赋权。整体智治不仅为政府自身增能提效，同时也为市场和社会主体赋权，让其成为推动数字化转型的关键行动者。③ 政府通过数字基础设施建设、制度环境支撑、要素保障措施为其他主体参与数字治理提供支持，为市场和社会主体参与数字治理赋权。

整体智治是在现代政府的主导下，多元化公共治理主体通过广泛的数字技术运用，形成整体性、系统性、协调性的治理体系，实现精准性、高效性的公共事务治理。该理论内含三个关键元素，即政府的数字化转型、整体化的治理实践、精准高效的需求回应。④ 在我国，整体智治的现代政府应秉承全心全意为人民服

① 郁建兴、黄飚：《"整体智治"：公共治理创新与信息技术革命互动融合》，《人民周刊》2020 年第 12 期。

② 孟广天：《政府数字化转型的要素、机制与路径——兼论"技术赋能"与"技术赋权"的双向驱动》，《治理研究》2021 年第 1 期。

③ 张国芳、季瑾：《整体智治导向的基层社会治理创新——基于嘉兴市"微嘉园"平台建设的考察》，《公共治理研究》2021 年第 6 期。

④ 郁建兴、黄飚：《"整体智治"——公共治理创新与信息技术革命互动融合》，《光明日报》2020 年 6 月 12 日。

务理念，坚持人民至上原则，以实现中国特色社会主义为目标。在治理技术上，遵循科学方法并整体协同推进政府数字化转型，构建现代政府治理体系，以数字赋能增进政府公共治理能力。在治理绩效上，强调"去碎片化"，以弥补传统科层制组织结构弊端，在"五位一体"（经济调节、市场监管、社会管理、公共服务、生态环境保护）公共治理框架下，寻求治理系统的供给侧与需求侧平衡。

（二）整体智治的中国语境

对现代化进程中的中国而言，经历很长一段时期的高速发展之后，政治、经济、文化、社会、生态等领域都出现了诸多新挑战，需要党和政府尽快调整和破解。一方面，国家治理体系和治理能力现代化是党和政府应对新挑战的总体方案。"推进国家治理体系和治理能力现代化，就是要适应时代变化，既完善和改革落后于实践发展要求的体制机制、法律法规，又不断构建新的体制机制、法律法规，使各方面制度更加科学、更加完善，实现党、国家、社会各项事务治理制度化、规范化、程序化。"[1] 另一方面，新挑战也赋予了国家治理现代化和全面深化改革新的时代特征。

整体性是新时代语境下探讨国家治理体系和治理能力现代化以及基层治理创新的必有之义。"整体智治"着眼"整体"，通过跨部门的数据共享、流程再造和业务协同，打通和整合党政机关各项职能，使群众和企业办事从"找部门"转变为"找政府"，使党政机关服务方式从"碎片化"转变为"一体化"，实现各机关部门协同高效运作；力求"智治"，基于数字化的智慧治理，更好地运用云计算、大数据、物联网、人工智能等数字技术，加快形成即时感知、科学决策、主动服务、高效运行、智能监管的新型治理形态，推动决策更加科学、治理更加精准、服务更加高效。

从实践层面看，整体智治是浙江在行政审批制度改革、权力清单和责任清单建设、"最多跑一次"改革基础上的又一次政府自我提升和治理创新。行政审批制度改革主要解决的是简政放权问题，权力清单和责任清单建设主要解决的是权力的规范化透明化问题，"最多跑一次"改革解决的主要是办事效率和服务质量问题，"整体智治"解决的主要是监管和服务的一体化、整体性、智慧化问题。

---

[1]　习近平：《论坚持全面深化改革》，中央文献出版社 2018 年版，第 47 页。

在全国各地数字化改革风起云涌之时，浙江紧密结合实际，在原有改革成果的基础上，创造性地提出了整体智治的新目标、新定位，这是具有时代特征、中国特色的重大战略部署。① 目前，整体智治的制度框架也随之基本形成：党委统领与专班运作的集中统一领导体制、跨层级协作构建省市县乡一体的整体治理格局、跨部门合作凝聚部门共治的系统合力、跨地区协同探索一体化的高质量发展新路、跨领域联动促进政银企社的协同共进。

（三）　理论契合

整体智治理论的核心要义、主要观点以及目标价值对聚焦"中国语境"、探究"中国问题"、讲好"中国故事"，具有重要引介及借鉴意义。因此，整体智治理论与新时代文明实践中心建设的契合性分述如下。

1. 目标导向趋同

审视新时代文明实践中心组织结构，其三级体系与行政条块分割交织而成为棘手性难题。受体制、机制、方法和技术方面原因制约，客观存在于文明实践中的碎片化局面难以被打破，传统分层级、分职能、低数字化模式由于外部结构的不稳定而面临挑战。新时代文明实践中心有必要改变此种现状，构建能够突破行政层级、部门分割的约束，基于集成化、整合性和超链接的"大实践"模式。整体智治理论自其初创便持有以解决碎片化为己任的特性，这也是该理论的生命力所在以及持续发展的内在驱动，与整体性文明实践在目标导向上有着趋同性。

2. 价值理念通融

新时代文明实践中心建设的整体性，本质上要打破行政层级、部门壁垒和功能紊乱的强制性束缚，更高效地开展跨层级、跨部门和跨功能文明实践志愿服务活动，协同提供优质公共服务，在资源合理配置及利用的层面上，使群众的服务需求得以精准化实现。整体智治秉持"以人民为中心"、以满足人民的整体性需求为主导的理念，将解决人民的现实问题视为政府运作的基本目标，将全体人民置于政府治理和公共服务的首要位置，实现全体人民需求的高质量供给。② 这些

---

① 中共浙江省委党校：《数字化改革与整体智治：浙江治理现代化转型》，中共中央党校出版社 2021 年版，第 142 页。

② 曾凡军、梁霞、黎雅婷：《整体性智治的现实困境与实现路径》，《中国行政管理》2021 年第 12 期。

价值理念层面的交汇互通，疏浚了整体智治与新时代文明实践的话语阻滞。

3. 现实问题关联

新时代文明实践中心建设的理想境界是实现三级组织联动、多部门协同、融媒体中心深度融合，同时其他社会组织及个人积极参与文明实践，并逐步形成多元主体垂直、水平和交叉向度的文明实践网络，这种具有聚合力、灵活性和回应性的文明实践网络是"大实践"模式的网底。整体智治的现实关切与新时代文明实践中心一样，都聚焦公共服务在纵向层级、横向职能或公私部门以及技术功能中被肢解的困局，通过功能性互补、整体性整合和系统性协同充分吸纳多元主体参与公共服务供给中，试图在全域全员运作中重构网络化治理系统，① 对此，新时代文明实践中心建设可有选择性地镜鉴。

4. 运作机制匹配

良性的、可持续的运行机制是整体性文明实践有效实施的条件，也是"大实践"模式构建与运行的基础，其要领是首先需承认各实践主体之间是跨层级、跨部门、跨功能的三维立体关系，开发蕴含于人与人之间相互信任的理性以及得到社会认可的志愿实践行为。② 它建立在需要与资源精准对接上，通过全社会全过程的合作、联合、数字赋能等，可以将文明实践的时代内涵彰显得淋漓尽致。整体视域中的志愿服务协同供给，必须依托"协调"与"整合"两大机制，"协调"侧重于破除认知疑难，"整合"是强调治理行动的一致性，它们被视为是在整体智治过程中的必经之径。从这个意义上看，深化拓展新时代文明实践中心建设应在整体性机制构建上着力。

---

① 苏曦凌、杜富海：《走向协同：社会管理中政府与社会组织关系形态的理性建构》，《广西师范大学学报》（哲学社会科学版）2015 年第 4 期。

② 为合作意图构建高效的运作机制需要一系列前提条件，包括以信任和务实为特征的人际文化，一套能促使决策层形成并保持共识的有效制度。但是，信任（解决问题的精神要件）和共识达成过程并不会自发产生，这需要时间、努力和技能，还需要一个"建设性人格"（Constructive Personalities）的聚合体，即"通过长期磨合，人们能建立有效的人际关系"。文明实践志愿服务除了具有一般志愿服务"奉献、友爱、互助、进步"的精神内涵外，更重要的是将所谓各级党员干部、专家、业界精英乃至普通至极的人，以"文明实践不分你我"的无差别方式有机联系起来，并生发出高度互信且富有建设性的集体人格，这有利于社会化合作关系的形成。参见［美］尤金·巴达赫：《跨部门合作——管理"巧匠"的理论与实践》，周志忍、张弦译，北京大学出版社 2011 年版，第 3 页。

三、"大实践"模式的内涵特征及现实意义

（一）内涵特征

"大实践"是新时代文明实践理念创新的体现，是分散化志愿服务迈向整体性文明实践的一个重大契机。借鉴整体智治理论，笔者将"大实践"模式的内涵界定为：从跨层级、跨部门、跨功能的维度整合县（区）、乡镇（街道）、村（社区）三级资源，促进公共部门、非政府组织、专业机构、公众等多元主体协同互动，全方位、多层次、立体化开展文明实践志愿服务活动。通过引入大数据、人工智能等信息技术，破除部门利益及职能分割，协调各方资源，深度融合融媒体中心与新时代文明实践中心，从而建立整合型基层公共服务无缝对接机制（见图2-3）。

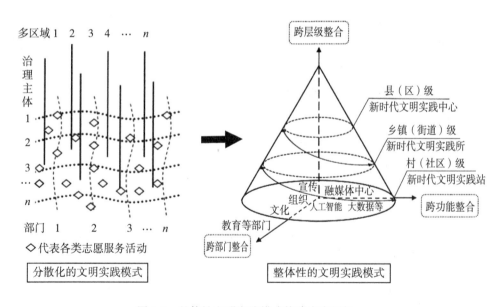

图 2-3　整体性文明实践模式构建内在逻辑

"大实践"模式有如下三个特征：其一，跨层级性旨在推动新时代文明实践中心的组织体系形成紧密联结、分工明晰、协同高效的运行机制。完善工作制度，把准新时代文明实践中心、所、站的功能定位，将"三级架构"串联起来，

上下协作、瞄准同一方向精准发力，做到文明实践工作"一盘棋"。① 其二，跨部门性是指新时代文明实践中心建设不能将原有行之有效的工作体系推倒重建，而是定点突破、集中攻坚，以县（区）范围为整体，对接中央、省市各级各类资源，甄选乡镇资源，构建宣传、组织、文化、教育、公安、卫健等多部门联动机制，深入开展接地气、聚人气、树正气的文明实践活动。"大实践"模式要求发挥条块部门的协同力量，建立党建引领、多元共治的基层治理格局，② 固牢新时代文明实践中心建设的主体架构。其三，跨功能性强调适应数字时代新变化，运用智能化手段，推动县级融媒体中心与新时代文明实践中心融合发展。在各级新时代文明实践物理空间内，对"两个中心"进行集约化打造，实现文明实践活动线上与线下同频共振，消弭宣传、教育、引导和服务基层广大群众的最后一道"沟坎"，使之成为新时代政府与群众零距离交流互动的主阵地。③

（二）现实意义

马克思主义大实践观认为，在人与社会的关系上，要实现当代大实践的合理化发展，则必须透析在当代历史向世界历史转变过程中人类社会不断出现的一系列错综复杂的关系和矛盾，有效地处置当代世界各种突出的社会问题，促进人类社会的持续协调发展。④ "大实践"模式对以"地域"为界、以行政为驱动的传统碎片化治理框架进行了有效创新。我们从"时间—空间—技术"的维度观之，其致力于克服条块分割的职能性弊端，释放社会活力，重组信息集成，是促进新时代文明实践整体性变革的应然要求与实然选择。该模式能够提升基层治理的整体性、协同性与精准性，对构建高位推动、部门联动、多元互动的新时代文明实践格局，实现思想政治工作与精神文明建设守正创新具有重要的意义。

1. 三级体系协同

"大实践"模式有助于推动新时代文明实践中心长效运转，实现顶层设计落

---

① 中共中央组织部：《贯彻落实习近平新时代中国特色社会主义思想在改革发展稳定中攻坚克难案例（文化建设）》，党建读物出版社 2019 年版，第 117 页。

② 魏礼群：《中国社会治理通论》，北京师范大学出版社 2019 年版，第 353 页。

③ 中央文明办一局：《建设新时代文明实践中心工作方法 100 例》，学习出版社 2021 年版，第 206 页。

④ 汪信砚：《论当代马克思主义大实践观的基本规定》，《中州学刊》1999 年第 2 期。

地落实，系统提升运作的开放性与联动度以及中心、所、站的协同度。新时代文明实践三级体系的整体建设，能完善以县域为中枢、乡镇文明实践所为分支、村级文明实践站为基点的实践机构服务网络，推进县（市）新时代文明实践统一规划布局、统一服务规范、统一信息平台管理，实现城乡文明实践中心（所、站）建设一体化、协同化。其中，"中心"的重点是放在统筹规划、总体设计、资源调配、骨干培养等方面，为所站开展文明实践活动提供系统化的指导、支持和服务；"所"的重点是发挥承上启下、内联外引的协调作用，做好问需问计问效于民，做好本级文明实践活动和对站指导的工作；"站"的重点是通过向群众提供面对面的贴心服务，增强文明实践的凝聚力、吸引力和影响力，形成任务分工细化、各司其职又相互配合的局面。

2. 部门资源整合

"大实践"模式有助于推动新时代文明实践中心协调配合，实现资源有效共享及有力牵引。新时代文明实践不应由宣传部门唱"独角戏"，而要整合政府各部门、人民团体、企事业单位等力量，对文明实践资源进行系统摸排和掌握，及时出台资源配置方案，促进文明实践同基层党建、机构深化改革、产业振兴、生态文明建设等工作有机衔接，释放文明实践磁石效应。整体性的文明实践倡导对分散在区域内各部门的宣传文化阵地资源、人才资源、资金资源、信息资源进行统一调度、统一使用，使各条战线、各个行业的文明实践高水平黏合，形成"大合唱"局面。通过完善服务内容及供给系统，打造功能强劲的"中央厨房"，优化整合各类资源，制定文明实践服务"总菜单"，以便捷、向上、多样的"量贩式"方式将"资源包"配送到文明实践服务队伍，以所、站为枢纽，给群众送去"文化盛宴"和"精神大餐"，这贴合了新时代文明实践中心建设的愿景。

3. "双中心"同频共振

"大实践"模式有助于推动融媒体中心与新时代文明实践中心深度融合，实现文明实践和人民群众"云相连"。[①] 应当说，新时代文明实践中心及融媒体中心建设是治国理政的大资源、广泛联系群众的大广场、教育和引导群众的大课堂。二者的融合能使文明实践通过"需求征集+服务供给"的双向互动沟通机制

① 全国宣传干部学院：《宣传思想文化工作案例选编（2019 年）》，学习出版社 2020年版，第 138 页。

赢得群众的信任，并基于情感认同、场景互映、话语相通吸纳全体社会成员共同拟定相应的服务供给方案，确保文明实践的质量与效果，让基层社会"动"起来、"活"起来。① "双中心"融合发展要求统一深化试点阶段建设方案及标准，汇聚协同信息和数据资源，建设文明实践数字化大平台，提升新时代文明实践中心的多元协同力、共生交往的传播力以及对群众的吸引力与引领力。建设相融互通的一体化文明实践平台，强化数字赋能，加强政府、媒体和公众的对接，宣传报道群众喜闻乐见的活动，让干部群众在新时代文明实践中知之深、爱之切、行之真，搭建起"党政齐抓、人人知晓、共同参与"的思想舆论大平台。

第二节　跨层级整合：新时代文明实践中心三级体系协同建设

如何通过整体性路径促进志愿服务跨层级协同，实现共建共治共享文明实践新格局，是当前基层治理创新的崭新议题。以基层党建为切入点，使之引领新时代文明实践中心建设，有助于形成多种互动形态和上下级整合模式，促进多层级资源共融、活动共办、成果共享。因此，需在文明实践中引入"体制内委托运营"理念，以党建全覆盖为驱动，推动跨层级联动，以释放整体性文明实践模式的治理效能。本节立足于马克思交往思想，借鉴跨层级治理理论，对宜昌市夷陵区新时代文明实践中心"大党委"经验进行剖析，探寻新时代文明实践中心三级体系协同建设的实现机制。

一、马克思交往思想与跨层级治理理论

作为政治生活研究领域的一个重要话题，交往问题始终在马克思的宏大视野和理论叙事中占有一席之地。以"现实的人"为出发点，建基于实践的唯物主义基础之上讨论人与自然及人与人的交往关系，对不同社会形态中的交往关系进行考察，揭示社会历史的规律，并对资本主义社会、古代社会和东方社会的交往问

---

① 王润泽、杜恺健：《"两个中心"建设与中华民族共同体意识建构——历史语境与现实意义》，《民族学刊》2021年第2期。

题作出经典分析，这些肇始于马克思。他在《德意志意识形态》中所表述的交往思想对于当代中国地方政府间区域合作具有重要的启示。

随着人类社会的演变，各种利益交织纠缠，使基层治理的复杂性增强，单纯地采取某一种治理形式并不能很好解决问题。在这种境况下，合作治理与网络化治理理论盛行开来，其赋予各行为主体以平等的地位以及有效沟通协调的机会，使之游刃有余地应对治理顽疾。但它们都存在先天不足，跨层级治理理论则是对这些难题的回应与超越。"跨层级治理作为多个管辖权层面上的官方组织，与非官方组织为解决公共问题而进行的持续互动的制度安排"①，强调了为合作治理理论所遗漏的政府治理、为网络化治理理论所抛弃的制度框架秩序。也正是在这两点上其填充了合作治理和网络化治理的"空白"。可以这样评价，跨层级治理是治理纵向与横向的融合，使治理实现从"平面化"到"立体化"变革，使人们能够在世界激烈动荡的背景下更好地治理公共事务。

（一）马克思交往思想

综观马克思的一系列经典著作，生产过程维度的交往、社会关系维度的交往、共同体相互作用维度的交往，是他著作中交往范畴含义的三重维度。每一重维度的交往都是来源于并引申于现实，它们都有其自身的合理性、真理性和有效性。马克思、恩格斯在《德意志意识形态》中的开篇便指出："以一定方式进行生产活动的一定个人，发生一定的社会关系和政治关系。"② 在马克思交往思想的语境中，这一维度使用的交往主要是社会关系维度意义上的交往，这种交往侧重物质交往和生产过程之外的交往关系的延伸，它涵盖经济、社会、政治、思想文化等多个层面。在政治生活层面，保障政治生活有序运作的正式制度和非正式制度、体制机制、规制规则，以及国际关系、外交关系、集权与分权的关系、中央政府与地方政府的关系、地方政府间纵向关系和横向关系等，这些都包含于社会关系维度的交往之内。

尽管马克思置身于其中的社会时代环境与当代中国大相径庭，他也未曾提出

---

① 张继亮：《治理的"立体化"面相：多层级治理的概念、模式及争议》，《行政论坛》2017年第3期。

② 《马克思恩格斯文集》（第1卷），人民出版社2009年版，第521页。

过或者使用过地方政府间区域合作的概念，马克思交往思想与当代中国地方政府间区域合作并非是一种直接对应关系，但是他所倡导和所致力于的和谐交往，对于今天我们分析类似问题具有重要的价值。因为中国地方政府间区域合作并不是凭空产生，归根结底，它只不过是共同体之间交往的一种新的特定表现形态，或者说是马克思所论述的共同体之间交往的一种延续和拓展形态。正是从这个维度的意义上而言，和谐交往不仅为科学理解地方政府之间的关系、地方政府与区域整体之间的关系提供了参考指导，而且也为妥善处理它们之间的关系提供了借鉴启示。

（二）合作治理、网络化治理与跨层级治理

合作治理亦称协作治理、协力治理。有学者认为，合作治理是政府与非政府、非营利性公共组织、私人组织和普罗大众为了谋求公共利益而进行的意义极为广泛的合作，故此政府应重新考虑与社会组织、企业组织以及公民个体的关系。① 合作治理并非在任何情势下都值得鼓励，毕竟需政府与社会都具有充分的"准入"资质，而在政府治理体系纷杂、治理能力欠佳以及社会自治经验缺乏、自我管理能力不足的状况下，合作治理可能变成"合作的不治理"。网络化治理相对于等级化与市场化是一种新型治理机制，即参与者来自政府、市场和市民社会，他们在一个制度化的框架中相互依存，为获取一定的公共利益而展开联合行动。网络化治理有诸多特征，其中之一是"参与者有官方机构、私人组织、非营利组织和大众等，它们之间是同等的依赖关系并且在执行过程中是独立自主的横向沟通"②。

合作与网络化的治理困境如下：泛化的社会参与导致治理效率低，且使整个制度框架的灵活性和稳定性之间产生冲突。众多参与主体达成一致目标更困难，加大了关系管理难度，使实行问责愈加不现实。"当前的治理体系应是等级制的单一政府模式和扁平分散的网络化治理模式之混合，实则是所谓等级制庇荫下的

---

① 张康之：《走向合作的社会》，中国人民大学出版社 2015 年版，第 44 页。

② 陈剩勇、于兰兰：《网络化治理：一种新的公共治理模式》，《政治学研究》2012 年第 2 期。

网络化"①，这种看法大体符合世界大多数国家的治理情境，具有深刻洞察力。然而，值得注意的是，跨层级治理之所以是对上述理论观点的超越性创新，在于它在坚持政府加强同非政府的社会力量合作的同时，还在维护制度框架的稳定性前提下，着眼跨越层级的多主体联结与合作。跨层级治理希望在实现层级间良性互动的过程中达到层级内的善治，且此种善治和层级间的善治是相辅相成的。这也就意味着，政府作为最重要的主体，仍发挥着应有的权能。由此可见，跨层级治理离不开多层级制度架构，它不是建立在"莫须有"的理论假设之上，而是基于实实在在的、具有明显等级性特征的政府体制上的学理构思。

（三）跨层级治理、行为主体与互动指向

新时代文明实践中心的组织架构主要有三个层级：县（区）新时代文明实践中心、乡镇（街道）新时代文明实践所、村（社区）新时代文明实践站。每一层级都是由多个"个体"所组成的"整体"，整体内部的各个体之间存在着互动关系，同时，层级之间的各个整体之间也存在着互动，一个层级内部的"个体"会同另一个层级中的"个体"形成互动。这类似于整个层级自上而下存在以"整体"和"个体"形式呈现的多种互动关系。每一层级内部的个体之间、相邻两个层级的整体之间的互动最频繁与紧密，且成本最低，而跨层级产生的互动则需更大的贯穿力或渗透力，互动成本和难度随之增加。

从公共服务供需角度看，由上至下公共服务供给能力是递减的，同理，由下而上公共服务需求反馈是递增的。② 基于此，笔者初步建构了跨层级制度框架下新时代文明实践中心层级互动的关系模型（见图2-4）。必须强调，这一示意是简约化的，很明显在实际运作中，新时代文明实践中心三级体系之间的互动行为比此图所绘复杂得多。

综上所论，我们可以大胆提出判断：（1）同层级个体间的互动成本要低于跨层级个体间的互动成本，加强同层级个体间关系的治理优化相对容易实现；（2）

---

① Fritz W., Scharpf, Games Real Actors Could Play: Positive and Negative Coordination in Embedded Negotiations. *Journal of Theoretical Politics*, 1994 (1).

② 竺乾威：《公共服务的流程再造：从"无缝隙政府"到"网格化管理"》，《公共行政评论》2015 年第 2 期。

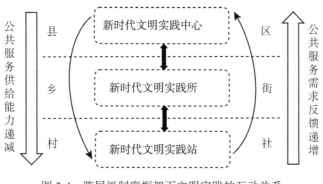

图 2-4　跨层级制度框架下文明实践的互动关系

相邻层级整体之间的互动成本低于跨层级整体间的互动成本，加强相邻层级整体间关系的治理优化相对容易；（3）在某些情形下，跨层级整体的互动是可能的，但需突破原有的制度框架及运行机制，跨越的层级越多对于制度框架的破坏越大；（4）在某些情况下，跨层级个体的互动也是可能的，但不仅需突破同层级互动制度架构，还要突破多个层级互动制度架构，跨越的层级越多对于制度框架的破坏越大。

跨层级治理绝不等于"层级越多越好"的治理：一方面，跨越层级意味着合作成本上升，跨越层级越多合作成本越大，收益越小。另一方面，跨越层级需打破既有制度框架束缚，突破现有规则的惯性及秩序，将影响、改变甚至破坏现存的运作机制，可能导致制度"过载"，招致系统衰败的风险。真正的跨层级治理关注如何在维护现有制度框架的有效性及稳定性前提下，通过协调与统筹实现各个层级主体之间的有序高效合作，以充分发挥整体合力。

二、党领共治：跨层级视域下文明实践格局的再生产——宜昌市夷陵区新时代文明实践中心"大党委"经验①

新时代文明实践中心与基层政府具有高度同构性，呈现结构科层化和功能科层化的分离态势，难以突破传统行政吸纳的惯性。近年来，宜昌市夷陵区在精神

———————

① 本案例整理自笔者赴湖北省宜昌市夷陵区新时代文明实践中心获得的调研资料。

文明创建中大胆探索，新时代文明实践中心三级体系通过建构"大党委"① 协同机制（见图 2-5）进行有机串联与高效互动，克服条块分割的碎片化，形成跨层级整合的文明实践新格局，高质量推动志愿服务发展，使文明之花开遍夷陵大地。

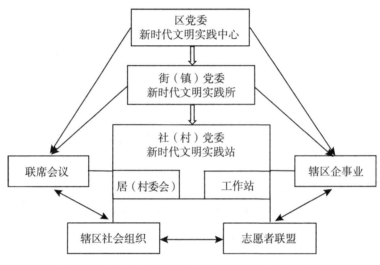

图 2-5　夷陵区新时代文明实践中心"大党委"机制

（一）文明实践政治动员逻辑：从"高位推动"到"耦合互动"

科层制所蕴含的效率取向要求上级部门对科层体系机构及人员施行最大限度控制，通过"高位推动"的方式督促成员为组织目标服务，以提高运行效率。上级部门领导在控制与协调过程中，其行政权威保证了成员对其意志的自愿服从。夷陵区新时代文明实践中心在"大党委"机制下，对各级党组织制定了详细的任务清单，也对党员干部职责、权利与义务进行细化，并把组织等级的直接监管与考核机制的非直接控制有效融合，形成高度组织化动员模式。新时代文明实践中

───────────

① "大党委"起源于社区治理的体制机制创新，指的是社区工作的领导核心由社区党组织牵头，与辖区机关、企事业单位在平等基础上以共同需要、共同利益、共同目标为纽带，建立起的社区各单位党组织相互联系沟通、交流经验、研究与协调社区党建及社区公共事务协同治理的区域化党建实体。

心党委领导通过"高位推动"的方式，对所辖文明实践所、站进行动员，由此激发的"政治挂帅"作用，能在短时间内形成集中力量办大事的优势。[1] 但按照任期制原则，文明实践负责人在任职期间其职务可能发生变动，将会改变组织的结构，进而影响志愿服务活动质量。如何延续科层权威的有效性与持续性，成了夷陵区新时代文明实践中心着力化解的难点。

一方面，夷陵区新时代文明实践中心党委组织工作队伍对辖区各文明实践所、站进行不定期的视察和调研，通过实地参与志愿服务活动的方式深入基层加强与群众的联系，全面掌控基层志愿服务活动的现状与面临的困难，以便及时调整辖区各文明实践所、站的发展战略与治理策略。夷陵区文明实践中心党委通过一系列视察和调研的常规性工作形成了一种隐性的政治动员，不仅给各文明实践所、站的发展带来契机，也在一定程度上提高了志愿服务活动质量。另一方面，凭借科层权威嵌入街（镇）、社（村），动员各级党委协同参与文明实践，代表党组织向基层社会延伸，有效整合志愿服务资源，成功化解碎片化服务方式造成的"内卷化"[2] 困境。

（二）文明实践资源供给逻辑：从"条块分割"到"统筹整合"

为谋取更多预算外资金投入志愿服务，各级文明实践阵地"争资跑项"成为常态，由此强化了项目制。[3] 项目制打破了常规科层制运行逻辑，能够整合体制内资源和争取到体制外社会资本来完成上级下达的任务。文明实践工作主导层是区级中心，但具体志愿服务活动仍由辖区内所、站来开展，由"条块分割"的文明实践阵地跑要项目而形成"分利秩序"，使志愿服务效果表现出明显的差异化。

夷陵区新时代文明实践中心充分发挥"大党委"的优势，所、站党组织调动各类党员干部的积极性，吸纳社会资本投入，以此突破志愿服务资源供给"中梗

---

[1]　中共中央党校（国家行政学院）：《习近平新时代中国特色社会主义思想基本问题》，人民出版社 2020 年版，第 82 页。

[2]　"内卷化"最初由美国人类学家格尔茨（Clifford Geertz）用以描述印度尼西亚爪哇的经济社会发展状况：不支持真正的变迁，难以通过现代化进程实现经济的持久变革。这里文明实践"内卷化"指的是，旨在推进志愿服务变革的系列举措并未实质性增益的社会现象。

[3]　项目制通常是指项目负责制，就是以项目的策划到实施的全过程为核心，以项目预期目标的实际完成情况为考核内容，根据考核结果对项目负责人及项目团队予以评价和奖惩的一种管理模式，或称为一种运行机制。

阻"与选择性供给所造成的"内卷化"。由此，原本属于科层化体制下的文明实践活动逐渐拓展为各所、站非科层化的行动取向。"大党委"使得夷陵区文明实践中心的整体治理理念嵌入辖区内各所、站的工作，同时随着各所、站党委的介入，已然从一种"走群众路线"的治理方式演变为与科层治理高度契合的大集中运作方式。换言之，夷陵区"大党委"给新时代文明实践注入了动能，形成跨层级资源整合与统筹整合的运行模式，实现了基层志愿服务资源互通有无、集约高效。

（三）文明实践技术运作逻辑：从"被动回应"到"主动衔接"

城镇化加剧农村的"空心化"，呈现"家庭式"向城镇及非农产业转移，由以往的"钟摆式"双向流动转变为"单向式"人口迁移。这使农村新时代文明实践开展中志愿者"无人当"、志愿活动"无人管"、志愿服务"无人要"的问题很普遍。[1] 工业化改变了乡村社会结构，使农民走向"非农化"，而村民自治的局限性影响了文明实践活动的"底盘"，农村基层治理的"无主体化"，又造成群众公共服务需求难以获得及时应答。

夷陵区通过"大党委"的制度安排，推进党建工作重心下移，服务群众资源下沉，并协调社会各方力量，整合"十大志愿服务联盟"[2] 深入基层开展志愿活动，如雷家畈村文明实践站通过设立"党员先锋岗""党员责任区""党员突击队"，提升党员干部参与志愿服务活动的积极性。在此过程中，文明实践站由"被动回应"群众服务需求转变为"主动衔接"基层公共服务供给，借助村级"一办三中心""农事村办"服务平台，通过"一个窗口受理、一站式办结、一条龙服务"，为群众提供便利、优质的基本公共服务。依托新时代文明实践中心的三级体系，主动汲取来自各职能部门的志愿服务资源，将基础性公共服务需求满足在乡村，减少了不稳定因素的滋生。

---

[1] 谭建光：《如何做好文明实践志愿服务》，广东人民出版社 2020 年版，第 153 页。

[2] "十大志愿服务联盟"即理论政策志愿服务联盟、教育志愿服务联盟、文体活动志愿服务联盟、科技科普志愿服务联盟、卫生健康志愿服务联盟、平安法治志愿服务联盟、网络志愿服务联盟、生态文明志愿服务联盟、民生事务志愿服务联盟和文明新风志愿服务联盟。

三、新时代文明实践中心跨层级整合的实现路径

习近平指出："做好宣传思想工作必须全党动手。各级党委要负起政治责任和领导责任，加强对宣传思想领域重大问题的分析研判和重大战略性任务的统筹指导，不断提高领导宣传思想工作能力和水平。"① "大党委"下新时代文明实践中心三级体系协同运行效果较为理想，这也是当地不断加强党建工作创新，推进治理现代化的具体成效。因此，要坚持党建引领，充分发挥党委统揽全局、协调各方的作用，探索一条文明实践跨层级整合的新路子。

（一）党建引领织密文明实践工作网

"在无产阶级和资产阶级的斗争所经历的各个发展阶段上，共产党人始终代表整个运动的利益。"② 共产党的领导愈是坚强有力，社会主义事业愈是沿着正确方向稳步前行；社会主义事业愈是兴旺发达，共产党的领导愈是坚不可摧。③ 只有在文明实践工作中不断加强党的建设，才能为新时代文明实践中心建设凝聚工作合力；只有坚持党建引领，才能为新时代文明实践提供驱动力、整合力和保障力。要推动新时代文明实践中心党组织创新建设，以"大党委"为支撑，以各级党组织领导作用为依托，贯彻"纵到底、横到边、全覆盖"的原则，构建全方位的文明实践网络，切实增强党对志愿服务的领导。科学划分网格，创建多功能网格党支部，把网格内各个组织及单位中的党员、区直部门下沉至街区的党员干部和社区自管党员一同纳入多功能网格党支部。网格党支部通过选举党小组长、确定党员中心家庭等方式，最大程度拓展党的组织脉络、扩大文明实践的涉及范围。要加大三级书记队伍优化力度，发挥"头雁效益"。依据"老、中、青"相协调的原则，配强配齐文明实践领导班子。选派有奉献精神、群众威信高的党员担任网格党支部书记，网格党支部书记带领网格中的党员骨干、先进

---

① 习近平：《论党的宣传思想工作》，中央文献出版社 2020 年版，第 18 页。
② 《马克思恩格斯文集》（第 2 卷），人民出版社 2009 年版，第 44 页。
③ "把加强基层党的建设、巩固党的执政基础作为贯穿社会治理和基层建设的主线，以改革创新精神探索加强基层党的建设引领社会治理的路径"。参见中国政府网：《中共中央国务院关于加强和完善城乡社区治理的意见》，见 http：//www.gov.cn/zhengce/2017-06/12/content_5201910.htm。

分子等开展文明实践志愿服务活动，精准对接网格内公共服务需求，使文明实践工作入楼组、进家庭、到个人。

[运用"大党委"助力文明实践]①

湖北省十堰市各级党组织坚持党建引领、以人民为中心，深入开展"我为群众办实事"文明实践活动，不断增强群众的获得感、幸福感、安全感。通过"大党委+"发挥凝聚力、"网格+联动机制"推行宣传全动员、"包户+一村一辅警"实现管控全覆盖，尝试构建"党建+一单三函"反诈防诈的"4+"模式，构筑反诈"红色联盟"，开展集中反诈宣传，严厉打击各类电信网络诈骗。全市155个社区大党委组织共建单位，动员5.7万下沉党员干部职工全方位开展反电诈行动，联合社区民警、社区工作人员在辖区开展反诈行动，将"独唱"变为"合唱"，以党建融合带动文明实践创新，全面提升了群众抵御电信诈骗的"免疫力"。

（二）探索文明实践体制内委托运营机制

目前，新时代文明实践的工作管理体制存在服务能力差且服务持续供给能力不足、信息不对称、资源重复利用等问题，其症结在于传统"各自为政"的治理机制使文明实践工作面临低效管理，难以实现资源的共建共享。随着公共服务市场化和社会化勃兴，公共部门治理模式已从权威治理转向合同制治理。② 所谓"委托运营"，是指产权所有者将运营管理权以签订委托合同的形式交由代理方运营管理的行为。"在体制内委托运营中，委托方和代理方同属于体制内党、政、群团组织和公共事业单位，以追求公共利益最大化为目标，运营经费由财政部门统一管理，实行专款专用。"③

---

① 十堰文明网：《十堰：深入开展"我为群众办实事"实践活动》，见 http：//hbsy.wenming.cn/wmyw/202107/t20210709_7207708.shtml。

② ［美］菲利普·库珀：《合同制治理——公共管理者面临的挑战与机遇》，竺乾威、卢毅等译，复旦大学出版社2007年版，第2-3页。

③ 邹胜男、陈世香：《体制内委托经营：公共文化服务设施治理机制创新》，《图书馆论坛》2019年第9期。

如果将新时代文明实践中心视同为文化事业单位，"体制内委托运营"能较好地结合三级体系内各种资源，这或许是新时代文明实践中心创新发展的未来趋势。如图2-6所示，对比传统层级管理以及在此基础上进行改革的市场化和社会化，体制内委托运营机制更体现治理的有效性。具体来说，可跳出"服务外包"的窠臼，在新时代文明实践体制内，将薄弱阵地的部分活动以项目形式委托给具有专业志愿服务队伍、丰富管理经验和先进技术的阵地代理，从而打破层级管理体制下的资源重复投入，使文明实践效率得以提升，并通过合作关系促进跨层级共建共享。

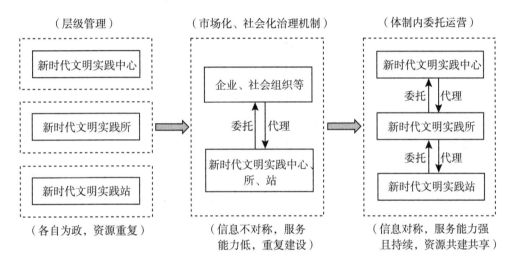

图2-6　新时代文明实践中心体制内委托运营机制

（三）强化文明实践"中心、所、站"联动

随着文明实践不断深入，志愿服务活动越来越复杂化，公共服务供需矛盾的凸显，要求加强层级间的协调与整合，所以处理好新时代文明实践中心、所、站之间的关系显得特别重要。应理顺三级体系与各职能部门之间的关系。新时代文明实践中心要本着"务实、精简、统一、效能"的原则，按照属地设立相应综合性的专业管理部门，坚持该撤的撤、该合的合，改变传统上下级"一对一"的机构设置。通过划分科学合理的机构职能，降低文明实践活动成本，提高各部门在

不同层级间的运作绩效。① 加强新时代文明实践中心跨层级间沟通与合作，理顺和规范各种关系，是提高基层志愿服务效率与质量，有效释放文明实践整合功能的必由之路。要处理好三级体系间的关系，明确职能分工，以"去行政化"促进中心、所、站领导与被领导的服从关系变革，建立良性互动关系。创建职责明确、责权一致的管理新机制，形成"统一领导、各司其职、规范管理、强化服务"的新体制。

[三级联动 推动文明实践纵深发展]②

山东费县抓住建设新时代文明实践中心全国试点县的契机，坚持"县布局、镇推进、村发力"三级联动工作法。县级中心抓好统筹部署，发挥指挥领导作用，组织召开新时代文明实践站建设工作培训会，对实践站建设标准及队伍建设、活动开展等进行指导；乡镇实践所抓好协调推进，成立专门工作小组，对辖区内实践站建设情况进行摸底，并对实践站站长及专管员进行集中培训，带动他们积极参与实践站建设工作，提高其工作水平和热情；村居实践站抓好工作落实，各村居实践站站长切实发挥作用，认真组织人员挖掘村史、先模人物、家风家训、产业发展等特色亮点，充实阵地建设内容。通过县、镇、村三级联动，形成工作合力，推动文明实践水平提升，使实践站真正成为聚人聚心的百姓之家。

第三节　跨部门整合：新时代文明实践
中心部门资源联动共享

新时代文明实践中心建设的系统性、整体性与协同性，攸关基层治理体系和治理能力现代化，对于促进公共服务供需对接具有关键意义。现实中，文明实践活动出现不同类型的跨部门协同问题，由此滋生志愿服务分散化、碎片化现象。

---

① 孙向荣：《探索新时代文明实践中心建设的新路径——以烟台市芝罘区为例》，《上海城市管理》2019 年第 3 期。

② 山东宣传网：《山东费县：三级联动深化新时代文明实践中心建设工作》，见 http://www.sdxc.gov.cn/rdtj/202005/t20200521_11588684.htm。

为此，需着力破解文明实践过程中多部门联动不足的难题，不断优化跨部门合作共建机制，强化部门之间信息共享及平台建设，提升个体与组织资源互赖的价值理念和能力，推动社会协同共治。①

一、跨部门协同治理及其价值分析

（一）理论梳理

跨部门协同治理也称部际协同治理，意指不同部门之间的协同，它代表"两个及以上的部门通过合作、而不是单打独斗的工作齐心协力提升公共价值的过程"②。一般来说，跨部门协同不仅指代政府部门间的相互协作，还包含政府同市场、民间组织等之间的合作关系。狭义的跨部门协同，即是指政府组织内部的协同，正如希克斯所说的："政府部门之间由于一些特殊的公共议题，而促使不同政策领域间产生的交互关系，这主要应对的是政府不同部门之间缺乏协调的困境。"③ 国内学术界对于跨部门协同治理的理解大致趋于狭义，主要是指政府各层级之间的"上下"协调或相同层级各政府之间，以及同一政府各部门之间的"左右"协调。④

在全球化、信息化和数字化背景下，众多复杂性公共难题成为各国政府亟待应对的挑战，曾经碎片化的管理模式漏洞百出：分散治理、单一目标组织以及部门专业分工能有效提升政府效率、回应性和责任性，但疏忽了组织内部的横向合作。专业分工人为地将问题进行分离，因而难以全方位地探析原因，也无法提供行之有效的方案。⑤ 这些问题的处置分散于不同的领域、部门以及不同层级的部

① 张书琬：《新时代文明实践志愿服务与农村基层治理现代化：参与式治理的视角——以贵州省龙里县实践为例》，《中国志愿服务研究》2020 年第 2 期。

② ［美］约翰·弗雷尔：《跨部门合作治理》，甄杰译，化学工业出版社 2018 年版，第 12 页。

③ Perris 6, Joined-up Government in the Western World in Comparative Perspective: A Preliminary Literature Review and Exploration, *Journal of Public Administration Research and Theory*, 2004, (1).

④ 孙迎春：《发达国家整体政府跨部门协同机制研究》，国家行政学院出版社 2014 年版，第 1 页。

⑤ Christopher Hood, Ruth Dixon, What We Have to Show for 30 Years of New Public Management: Higher Costs, More Complaints, *Journal of Governance*, 2015, 28 (3).

门中，政府效能由此大为降低，缺乏高效化解复杂多变公共难题的能力。跨部门协同治理凭借"协作""整合"两大手段，实现权力协调、资源共享、责任分担，它在回应部门之间"都想管""很难管"以及"不想管"的难题方面拥有显著的理论优势。

（二）跨部门合作的中国意蕴

跨部门协同治理从通俗角度来看，亦可理解为一种社会合作。社会合作在中国有着深远的思想基础与广泛的现实基础，具体表现为在中华民族的特质中，"和合"是其中的一个基本特征，和合思想是中国文化传统和中华民族精神的基本内核之一。在当代中国，在各个层面形成社会合作局面，正是中国共产党和政府不断追求的一种美好的社会发展状态。① 社会合作理念融入马克思主义中国化的各大理论创新之中，成为中国特色社会主义共同理想和共产主义远大理想的构成内容之一，而且还肩负着历史重任，即要为实现"两个一百年"奋斗目标和中华民族伟大复兴的中国梦提供安全稳定的政治社会环境。可以说，社会合作理念和相关制度已经而且必将继续全面而彻底地贯彻于整个国家治理现代化和基层治理现代化的始终。

从既往的实践来看，中华人民共和国成立以来，社会合作一直是群众路线在基层社区层面的呈现。20 世纪 50 年代中国在全国范围内推广了群众性治安保卫组织，60 年代浙江形成了后来著名的"枫桥经验"，改革开放之初全国各地普遍建立了治安联防队，以及全国上下持续数十年开展防治血吸虫病的"送瘟神"行动，所有这些都是我国社会合作行动进行群防群治的典型样本。最近十多年来，全国各地在基层治理创新中出现了浙江的新时代"枫桥经验"②，北京市的"朝阳群众""石景山老街坊""街乡吹哨、部门报到"等新做法，其中都彰显了人

① 王道勇：《社会合作论》，人民出版社 2020 年版，第 14 页。
② 桐乡市在全国率先提出并试点开展自治、法治、德治"三治融合"基层社会治理实践探索，通过充分发挥政府、社会组织、公民在社会治理中的协同作用，形成了"大事一起干、好坏大家判、事事有人管"的基层社会治理新经验。党的十九大正式将这一桐乡率先开展、嘉兴地区首创的"三治融合"新型基层治理模式写入报告，成为新时代"枫桥经验"的精髓、基层社会治理创新的发展方向。参见沈小平：《新时代"枫桥经验"研究："三治融合"与检察工作相结合的桐乡实践》，上海大学出版社 2019 年版，第 1 页。

民主体、多方合作的色彩。时至今日，这种"守望相助"的社会合作思想以及在此基础上建立的群防群治等社会合作制度，已成为中国的一项基础性社会制度。作为一种习以为常、不以为意的生活制度，它甚至沉淀至当代中国人的社会心理深层。

（三）文明实践跨部门整合的价值

文明实践跨部门整合的首要任务是将差异化的多元主体合理有序地融入共建共治共享格局中，以实现各方有责、各方尽责。由于集体行动困境，各主体广泛介入并非能够实现共治的最佳状态，反而会产生因主体差异性、利益与目标分散性所导致的价值冲突。更值得一提的是，新时代文明实践活动中的各类主体不仅是参与者的身份，还需以决策者的身份共同出谋划策、共同分配资源、共同承担责任以及共享文明实践成果。因而，完善多元主体间的跨部门协同机制（见图 2-7）对于整体性文明实践至关重要。

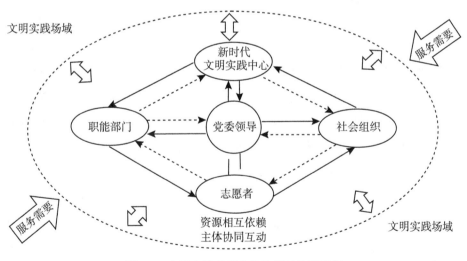

图 2-7　文明实践多元主体跨部门协同机制

突破单一模式，从"中心独办"行至"各方有责"。所谓单一模式，是以新时代文明实践中心为唯一行动主体所构成的运行模式，这使文明实践权力过分集中于单一主体，使职能不清、机构臃肿、效率低下、成本高昂等弊端显现，造成志愿服务供需错位。自跨部门治理理论形成，由单一模式走向多元模式，由唯一中心走向多主体多中心，由一家独办走向共建共治共享成为其主要内涵。"各方有责"指的是在文明实践过程中，各主体与职能部门都有相应的权责融入其中，以特定的角色各司其职、各尽所能。跨部门治理的理论内涵是两个及以上的组织单位一同致力于某项活动的过程，并以多元性、开放性、共同性为价值取向。在跨部门协同治理的运行中从不关注唯一主体的作用，新时代文明实践中心可以说仅仅是志愿服务网络各行为主体中的平等一员，同其他各类参与主体协同开展文明实践活动。显然，跨部门协同治理能有效突破传统单一模式，契合文明实践共同体中"各方有责"的理念。

　　高效开展文明实践，从"敷衍了事"行至"各方尽责"。在推进文明实践不断深入过程中，我们强调参与的重要性与发生发展过程。文明实践活动的目的不只是活动本身，而是通过活动使志愿服务资源得到高效利用、人民群众的公共服务需求得到有质有量的满足。文明实践跨部门协同在"各方有责"的前提下还要主张"各方尽责"，表示各参与主体所具备的职责应当通过各种方式和手段予以贯彻落实，从而使公共服务的供给优势转换为文明实践效能。跨部门协同作为多元主体共治的一种运作模式，可较好地促使行为主体落实各自的职权，实现从"敷衍了事"向"各方尽责"的飞跃。协同运作机理中蕴含着不少推动有序参与、协调行动、分工合作的理念，它们成为跨部门协同治理实现各方尽责的路径所在。多元主体凭借这类方法，能依据相应规则与互动机制作出多方满意的决策，从而分享权力、共担责任、共享成果，最终解决"怎样在内部的非线性状态下，从无序模式转向有序模式或从有序模式转向更为有序模式的捷径问题"①。

　　坚守公平正义原则，从"独自享有"行至"各方共享"。公平正义是我国社会主义制度的本质要求，也是衡量国家治理体系和治理能力现代化水平高低的标准之一。坚守公平正义的关键内涵即是共享原则。所谓共享，并非个人、少部分人的片面享有，而是属于全体人民的全面享有。多元主体差异化的利益取向导致矛盾冲突，催生出很多动荡不安的因素。如部分既得利益者排斥其他主体分享发展成果，社会矛盾激增乃至进一步恶化。正因如此，"要维护社会公平正义，使

---

　　① ［德］赫尔曼·哈肯：《协同学：大自然构成的奥秘》，凌复华译，上海译文出版社2001年版，第5页。

发展成果更多更公平惠及全体人民，在经济社会不断发展的基础上，朝着共同富裕方向稳步前进"①。跨部门文明实践应秉持共享原则，以"各方享有"为目标，旨在实现多元主体以共赢性有机共同体协商合作的形式参与文明实践，共同享有文明实践发展成果。跨部门协同治理借助制度化优势，促使各文明实践主体在共商共建基础上进行利益衡量、达成多方共识，在实现公共价值的同时维护自身权益，平等分享文明实践成果。

二、志愿服务召集制：文明实践跨部门运转——十堰市张湾区"街乡吹哨、部门报到"运行机制

（一）案例背景

随着经济社会转型，基层社会利益诉求愈加多元复杂。近年来，各地新时代文明实践中心积极探索志愿服务新模式新路径，形成了一批富有成效的改革模式。"吹哨改革"推动了文明实践活动的革新——从"上面千条线，下面一根针"到"上面千条线，下面一张网"。②"街乡吹哨"是指街道、乡镇在接收到群众服务需求信息后联系拥有志愿服务队伍的相关职能部门，向其发出"吹哨"信号，协调和约定开展志愿服务活动的时间及地点；"部门报到"是指相关部门在听到街道、乡镇"吹哨"后，按约定的时间、地点前去"报到"，并行使部门职权进行公共服务输送。对于不及时"报到"的职能部门，新时代文明实践中心可通过反向参与考核对其约束。"街乡吹哨、部门报到"通过以机制弥补体制、以动态弥补静态、以协作弥补分工，实现既定体制下的基层治理创新。③湖北省十堰市张湾区志愿服务召集制推动文明实践跨部门整合，使"街乡吹哨"与"部门报到"共同成为职能补位、志愿服务下沉、上下联动的跨部门协同运行机制。

---

① 习近平：《在第十二届全国人民代表大会第一次会议上的讲话》，人民出版社 2013 年版，第 6 页。

② 马卫红：《以政社同构弥合制度距离：基层治理吹哨改革的效能转化机制分析》，《广西师范大学学报》（哲学社会科学版）2021 年第 1 期。

③ 刘太刚、刘邦宇：《需求溢出理论与基层治理创新——以北京市"街乡吹哨、部门报到"的实践为例》，《理论探索》2021 年第 1 期。

（二）主要做法

张湾区新时代文明实践中心在赋予街乡文明实践所志愿服务召集权的同时，通过改革机构为其配备了"吹哨"力量。在党委领导下，中心赋予街道、乡镇权限，包括对辖区内需多部门协调解决的公共服务统筹协调和督办权，对相关志愿服务活动方案的建议权，以及对各部门服务情况的考核评价权等。由此，街乡有了使"吹哨"变得有效的系列职权，它们共同组成"志愿服务召集权"并形成志愿服务召集制。为保证街乡有能力"吹哨"，张湾区新时代文明实践中心按照扁平化管理的工作要求，在街乡文明实践所设置党政内设机构，加强直接面对群众的服务机构建设，促使街乡文明实践所更迅速、有效地获取群众的公共服务需求信息，更有利于志愿服务召集权的行使。

"街乡吹哨、部门报到"的重点在于推动区县各部门的志愿服务队伍综合性下沉，形成跨部门协同合力，使部门"报到"有平台、有机制、有资源。张湾区依据"区属、街管、街用"的原则，在全区各街乡设立志愿服务召集中心，采用"1+5+N"的模式，即1个文明实践所志愿服务队伍为主体，宣传、民政、科教、文化、卫生5个部门常驻1~2人，公安、农业、工青妇等部门明确专人随叫随到。此外，推动61家区直单位党组织、2497名在职党员干部全部下沉社区"报到"，446名科级干部"一对一"包联服务"四上企业"，深入基层，听取民意，排忧解难，使区县力量切实深入一线，全面打开区县职能部门向街乡下沉的通道，在不增加机构和人员的情况下解决街乡缺乏志愿服务队伍和文明实践抓手的问题。

从保障机制来看，张湾区新时代文明实践中心建立完备的支撑体系和保障制度。在信息体系、队伍建设和资金保障等方面持续探索，打造与"街乡吹哨、部门报到"相配套的志愿服务平台，推进文明实践网、志愿服务网、思想宣传网等"多网"融合，让区（县）、街道（乡镇）、社区（村）三级在信息、数据等方面一体化运行。这种多网交互、信息共享的立体化平台成为"街乡吹哨、部门报到"模式的有力支撑。该区设立"街乡自主经费"，用于开展各类文明实践活动，探索推动支持政策捆绑打包下放到社区，强化资金统筹使用，这给"街乡吹哨、部门报到"机制的运行提供了资金支持。同时增加"吹哨报到"在年终考核中的分值权重，对综合排名靠前的街乡和部门兑现绩效奖励，对排名末尾的进行约谈。

（三）内在机理

针对职责权力分散交叉问题，"吹哨报到"模式以群众服务需要为导向，履行建议权和组织协调权，通过精准识别需求整合文明实践志愿服务队伍，为跨部门协同搭建制度化平台。探究张湾区如何使文明实践跨部门有效运转，应把握"街乡吹哨、部门报到"工作模式的关键，即建立志愿服务召集制，这是实现纵向联动与横向协同的"中枢神经"。可以说，志愿服务召集制是改革设计的主轴，街乡吹哨是起点，通过部门报到协同建立纵向联动通道和横向整合平台，解决从悬浮走向下沉和从分散走向合作的问题，进而构建起以切实满足群众服务需求为导向的整体性文明实践闭环。通过赋权街乡、志愿服务队伍下沉以及建设完善的支撑和保障体系，十堰市张湾区"街乡吹哨、部门报到"工作模式取得了良好成效，新时代文明实践中心与各部门特别是其志愿服务队伍形成合力，实现在街乡牵头组织协调下的志愿服务队伍下沉和跨部门文明实践新模式，其内在机理如图2-8所示。

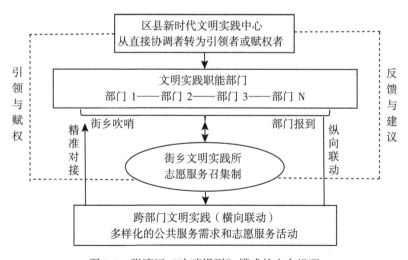

图 2-8 张湾区"吹哨报到"模式的内在机理

三、新时代文明实践中心部门资源联动共享的具体思路

（一）深化"吹哨报到"模式改革

"街乡吹哨、部门报到"是明确把握公共服务需求、推进条块部门资源协同共享的机制创新，能在职能部门和街乡镇充分发挥效用，其工作理念和方法技巧颇具复制推广价值。要促使"赋权"对象下沉至一线阵地，借助公共服务网格体系，在开展志愿服务活动基础上赋予基层文明实践阵地统筹协调权。有效发挥文明实践志愿者作用，提升服务需求掌握以及信息收集能力，推动下沉志愿服务队伍向治理主体拓展。由新时代文明实践中心发起"吹哨报到"，精准对接群众服务需求，开展点对点、一对一服务。加强党组织建设，提升党员干部素质，进一步转变街乡镇公职人员的作风，强化其对城乡社区志愿服务的动态掌握与社情民意的跟踪反馈。

[强化"横向到边"，构建内外联动文明实践网][1]

　　江苏海安市新时代文明实践中心在五大平台基础上，新增法律服务、健康促进、扶贫帮困三大平台。八大服务平台聚合部门专业资源，用活公共服务资源，传授培训志愿者专业技能，面向社会开展专业性、示范性、孵化性的志愿活动。配置"8+N"志愿服务队伍，更好地指导服务基层开展活动。吸纳"福缘"、义工联等社会公益组织参与，形成机关党员干部、社区居民群众、社会公益组织三方参与、三方联动、三方提升的志愿服务新局面。80多个部门结合"村居吹哨、部门报到""群众吹哨、志愿者报到"项目，将志愿服务横向延伸至校园、军营、网络、部门企业、田间地头等群众聚集地，建成遍布城乡的文明实践网。

（二）促进跨部门信息共享与集成

技术尤其是信息技术不仅为文明实践提供了手段，也是推进文明实践向前发展

---

① 中国文明网：《三个"统筹"，打造高质量新时代文明实践"海安样本"》，见http：//www.wenming.cn/wmsjzx/sjqy/202009/t20200925_5801329.shtml。

的工具。跨部门协同在很大程度上依靠信息技术的支持，没有高度发展的信息就无法跨越部门限制，也无法将数量庞大的机构进行对接。各部门之间志愿服务资源互不相通是信息共享的"堵点"。在开展文明实践活动过程中，要打通公共服务信息壁垒，建立跨部门数据信息共享平台,① 其中最基础的是需要与资源信息对接平台。公共服务信息共享平台的构建为跨部门开展文明实践提供了互联互通和共享共用的条件，有利于打破各部门各地区信息阻隔，解决跨部门跨地区信息不对称问题。

[打造数字信息综合平台，强化文明实践资源"双循环"]②

上海市顺应城市数字化转型，将"上海市新时代文明实践综合服务平台"纳入全市"一网通办"，优化"供给单、需求单、完成单"三单式供需对接和"供单、点单、派单、接单、评单"五单式服务群众操作流程，增加"我为群众办实事"主题标签以及"搜索""收藏""分享"等便捷功能，完善线上线下协同运行机制，打造市级资源和区级资源双循环相互促进的重要节点枢纽，提升民生服务的精准性、充分性和均衡性。市级平台拥有包括各级部门、单位、组织在内的用户总数达 1231 家，今年上半年共发布资源供给单 43403 条、资源需求单 8073 条，完成 26296 项资源供需对接。

（三）完善跨部门协作法律法规

深化跨部门协作就必须完善相关法律法规，制定更加高效和科学合理的制度体系。其一，明确跨部门协作权力清单。跨部门协作制度需要部门之间明晰权责范围，减少职能交叉。其二，健全部门协作的法律制度。将文明实践跨部门协同上升为法律制度并予以规范，包括对信息共享交流、跨部门资源共享、跨部门开展志愿服务活动等，增强跨部门协同的实践操作性。③ 其三，完善公众信息安全与跨部门协同之间的法律法规，建立分级使用机制，防止公众信息泄露和滥用。由于大数据分析公共服务需求将采集公众的个人信息，这要求尽快研究制定公众信息安全保护

---

① 魏礼群：《中国社会治理现代化之路》，社会科学文献出版社 2019 年版，第 231 页。

② 中国文明网：《上海：推进新时代文明实践中心内涵建设 为提升城市软实力提供力量源泉》，见 http://www.wenming.cn/dfcz/sh/202107/t20210709_6107122.shtml。

③ 魏娜：《志愿服务概论》，中国人民大学出版社 2018 年版，第 137 页。

和国家数据安全法规，完善对公共数据的准入制度。其四，培育大数据跨部门协同治理的制度文化。加大文明实践数据资源的保护力度，梳理大数据平台各方信息安全保护关系，建立基于公共信息安全保护的新时代文明实践数据资源可信授权制，明确数据用途、使用主体责任，是未来文明实践协同治理亟需的重要制度设计。

［抓体制机制和制度建设，促文明实践规范实施］①

天津市北辰区坚持把新时代文明实践试点工作作为"一把手工程"，顶层设计，中层落实，基层推动，初步形成三级书记带头抓、多个部门齐落实、多方资源共统筹的良好工作态势。因地制宜制定《北辰区关于深化拓展新时代文明实践中心试点建设工作方案》，明确全区新时代文明实践试点建设工作指导思想、工作原则、主要内容、创新方式、制度机制，明确实行三级设置，区设置新时代文明实践中心、镇街开发区设置新时代文明实践所、村居社区园区设置新时代文明实践站，辅之以文明实践基地，构建起新时代文明实践工作的"四梁八柱"，在组织构架、工作推动、谋划设计上将新时代文明实践工作落实落细落到位。

（四）将协同理念转化为治理效能

在日渐细密的社会分工下，社会群体表现出鲜明的多元特征，人们对幸福生活的理解产生了较大差别，利益诉求也出现了分化，这种深层的社会分化让伦理参与成为必需。② 伦理文化是影响组织行为及效率的潜在因素，也是社会治理能力的"软实力"。建设丰富的跨部门协同与合作治理的伦理文化，有利于形成文明实践跨部门协同的良好氛围和条件。所以，充分发挥公共伦理的引导作用，建设促进跨部门协同行为和活动的协同型伦理文化尤为必要。需转变新时代文明实践中心传统的"个体户"思想，建立各部门协同、合作、协商、平等的价值理念。在文明实践活动开展中，强化领导干部的整体和大局意识教育。各级领导干部对跨部门协同和整体性文明实践的认知，直接关系到组织协同治理的功能发

① 中国文明网：《天津市北辰区：坚持"四抓四促"探索新时代文明实践志愿服务新路径》，见 http：//www. wenming. cn/dfcz/tj/202102/t20210223_5955342. shtml。
② 周谨平：《国家治理与社会伦理》，湖南大学出版社 2018 年版，第 36-37 页。

挥，他们对协同关系的建立起到决定性促进作用。要培养志愿者跨部门的协同合作能力，及时修订《志愿服务条例》，对公务人员工作时间协同参与志愿服务活动相关流程予以规定，提升志愿者个体的跨部门沟通与协调能力。人是组织管理中的基本细胞和能动要素，志愿者是文明实践活动的承担者和实施者。志愿者是否具备相应的跨部门协同能力决定新时代文明实践中心能否有效开展合作共建，对此政府部门应当引起高度重视并支持以志愿者身份参与文明实践。

[建设志愿服务"正规军"，提升文明实践质量]①

湖北房县贯彻落实《志愿服务管理办法》《激励嘉许办法（试行）》，推出"激励回馈+乡村积分兑换"的双重激励机制，推动文明实践志愿服务管理制度化、规范化、常态化，建成总队 1 支、支队 51 支、大队 316 支，注册志愿者 7.28 万人。县级层面采取"20+N"模式，组建 20 个专业服务队、71 个行业服务队；乡镇层面采取"8+N"模式，全覆盖组建综合分队、三农分队、文化分队、乡贤分队等 140 余个；村（社区）层面采取"6+N"模式，由党员干部和新乡贤牵头，全覆盖组建政策理论宣讲队、矛盾调解队、四好创建队、乡风文明队、扶贫帮困队、文化文艺队 300 余个。在此基础上，对接群众需求推出 22 项志愿服务"菜单"，推动新时代文明实践中心从随机松散的"游击战"升格为制度化、常态化的"正规军"。

第四节　跨功能整合：县级融媒体中心与新时代文明实践中心深度融合

习近平指出："宣传思想工作创新，重点是要抓好理念创新、手段创新和基层工作创新，努力以思想认识新飞跃打开工作新局面，积极探索有利于破解工作难题的新举措新办法，把创新的重点放在基层一线。"② 建设县级融媒体中心作为国家重塑基层政治宣传格局、推进社会治理媒介化的战略安排具有重要意义，

---

① 中国文明网：《湖北房县：新时代文明实践工作不断走深走实》，见 http://www. wenming. cn/dfcz/hb_1679/202107/t20210720_6116642. shtml。

② 习近平：《习近平谈治国理政》，外文出版社 2014 年版，第 155 页。

凭借互联网、大数据等先进传播工具，县级融媒体中心可以将新时代文明实践活动推向外界，因而要把握理论宣传与服务群众的联系，将县级融媒体中心与新时代文明实践中心紧密结合起来。①

一、媒介·文化·政治：县级融媒体中心运行机制的三重意蕴

（一）媒介意蕴：重构基层传播体系

随着计算机网络技术的发展，传播媒介由传统纸质化向电子化、网络化发展，意识形态的传播机制建设也应遵循这一规律，其目标在于实现意识形态的统一，使意识形态能够真正得以普及。② 以新技术为支撑的融媒体将媒体与网络融合，成为全新的现代媒体形式。"推进媒体深度融合，是中央着眼提升舆论宣传工作权威性、引领性、广泛性以及巩固党的执政根基作出的重大决策部署，是适应互联网时代媒体发展内在规律的必然要求，是舆论格局快速重构背景下对冲出发展困境挑战的现实抉择。"③ 县级用户代表移动互联网最大的增量群体，县级融媒体中心直面社会公众，与老百姓联系最为紧密，是国家媒体融合总谋划中的最前端，可谓"上接天线、下接地气"。然而，在建设县级融媒体中心的过程中，人才的制约作用越来越凸显，年龄结构退化、专业人才匮乏、骨干力量流失、职业自觉缺失等问题严重；自媒体在基层遍地开花之后，主流媒体沦为"空壳"，基层舆论引导的现状纷乱复杂，话语权争夺出现更激烈的趋势。不断重视县域媒体地位，提升其在群众中的影响力，打造主流舆论阵地、一站式服务平台、公共信息中心，紧紧握牢主流舆论话语权、主导权是县级融媒体运行的媒介意蕴。县级融媒体中心既要完成实体空间的再造，并在内容生产、服务供给方面予以本土化，也要实现媒体人精神世界重塑，提升眼力、脑力与笔力。

（二）文化意蕴：凝聚基层社会共识

"一定的文化是一定社会的政治和经济的反映，又给予伟大影响和作用于一

---

① 展伟：《新时代文明实践中心的时代价值》，《光明日报》2019 年 11 月 20 日。
② 杨仁忠：《新时代意识形态建设理论研究》，经济管理出版社 2019 年版，第 49 页。
③ 全国宣传干部学院：《宣传思想文化工作案例选编（2018 年）》，学习出版社 2019 年版，第 91 页。

定社会的政治和经济；而经济是基础，政治则是经济的集中的表现。这是我们对于文化和政治、经济的关系及政治和经济的关系的基本观点。"① 随着社会形态的演替，文化在社会发展进步中的作用明显增强，国家文化软实力的分量越来越重。"随着党对社会主义建设规律的认识加深，文化自觉达到新的高度，文化建设规模扩张、力度加大。"② 在党的宣传思想工作格局中，县级融媒体中心是国家政策输送的关键通道，是沟通人民群众的互联网"窗口"，也是文化自信落地的"神经末梢"。因此有必要推进县级融媒体中心建设，创新媒体传播平台，更好发挥其团结思想认识、凝合社会共识的功能，使舆论宣传靠拢基层、贴近群众。就文化角度来审视，县级融媒体传播力所依托的县域认同，是通过文化自信的深度植入，而建立的基于媒介的地域文化认同。县级融媒体能直接与基层群众产生文化链接，关键在于它对县域文化的关注与整合。作为区域内的主流媒体，需加强其技术可行性，精准结合物理空间与虚拟空间的传播，在文化意义上使受众身临其境，最大限度地同县域文化群体进行情感交互，既满足群众切身需求，改进媒介供给模式，又在文化权益满足上充分兑现群众的媒介近用权，进而改变文化群体的媒体使用惯习，为融媒体提供长期、牢固的地域文化系统支持。

（三）政治意蕴：嵌入基层治理实践

党的十九届四中全会通过的《中共中央关于坚持和完善中国特色社会主义制度、推进国家治理体系和治理能力现代化若干重大问题的决定》指出："要构建基层社会治理新格局，推动社会治理和服务重心向基层下移，把更多资源下沉到基层，更好提供精准化、精细化服务。"③ 县级融媒体作为基层治理所依赖的主要媒体资源，在政治宣传过程中发挥着基础性作用，将其纳入国家战略，既体现了媒体层面的逻辑，更彰显政治层面的意涵。推动县级融媒体社会化转型，必须增强与区域组织、人民群众的联系，通过创造社会公共效益继而促进对基层治理的深嵌。研究县级融媒体中心的运行机理，不仅要考察融媒体平台的运营模式，亦当站在国家基层治理体系和治理能力现代化的宏观视野，探讨其如何赋能基层

---

① 《毛泽东选集》（第 2 卷），人民出版社 1991 年版，第 663-664 页。
② 颜晓峰：《坚持中国特色社会主义文化》，重庆出版社 2019 年版，第 1 页。
③ 本书编写组：《中共中央关于坚持和完善中国特色社会主义制度、推进国家治理体系和治理能力现代化若干重大问题的决定（辅导读本）》，人民出版社 2019 年版，第 31 页。

治理。受新冠疫情影响，部分主流媒体开始创建各类网上平台，拓宽功能渠道，这也启示县级融媒体中心应利用面向基层的特点，打造联系服务群众的惠民工程，以此嵌入基层社会治理体系。整合县级融媒体中心的功能并形成合力，调动各类主体投身社会治理，充分释放多元共治的效能，为构建新时代社会治理共同体创生赋能提供了条件。

二、时代·技术·人才·信息："两个中心"深度融合的四重逻辑

（一）时代逻辑

在媒体融合的时代背景下，要想建好新时代文明实践中心，须充分发挥县级融媒体中心舆论阵地作用，强化思想引导，推进习近平新时代中国特色社会主义思想在群众中走深、走心、走实，协调运用传统舆论阵地和新媒体技术，及时回应群众关切，提升人民群众的幸福感和获得感。由于地区间经济的差异化，部分县级融媒体中心影响力弱、资源贫乏、内容生产薄弱、传播方式简单、传播渠道狭窄。新时代文明实践中心应统筹协调社会资源，通过文明实践活动最大程度聚合公共服务，改善县级融媒体资源缺失、覆盖面狭窄的现状，通过构建各主体共同参与的宣传格局，夯实文明实践阵地，实现"两个中心"资源互通、内容互融、宣传共治、利益共享。[1]

（二）技术逻辑

新时代文明实践中心已建立综合性网络服务平台，与融媒体中心的线上平台尝试结合，如承德市滦平县在"双中心"理念下提出构建整合型 App "滦平融媒"[2]。但目前，融媒体中心对技术的依赖是显见的，融媒体产品以编程、剪辑、合成、动画、交互设计等技术为核心，若要使这两个具有相同内涵但工作形式差

---

[1]　李超民：《论全媒体环境下宣传思想工作的创新》，《思想理论教育》2019 年第 6 期。

[2]　滦平融媒 App 设置首页、音视频、文明实践、媒体号和服务五大板块，首页涵盖冀云头条、热点、随手拍等十大方面的海量信息；音视频模块有看直播、看电视、听广播；服务模块已开通查快递、查天气、新冠患者行程查等项目，并与河北政务服务网、全国党员干部现代远程教育平台互联互通；文明实践模块将志愿服务全流程搬到了手机端。滦平融媒 App 成为当地广大干部群众指尖上的精神"加油站"。

异明显的中心融合发展，就需要借助科技赋能。比如在融媒体中心线上平台镶嵌新时代文明实践板块，文明实践活动以多样化的融媒体产品形式呈现等。可以说，新技术的运用是"两个中心"融合发展的原始动力。

（三）人才逻辑

县级融媒体中心与新时代文明实践中心一体化打造，不仅要借助技术的力量，还应深入挖掘人才资源。融媒体中心需要多样化的采编制作人才，他们通晓融媒体产品从制作到推出的各个环节，熟知如何以文明实践活动为主题，创作更具新闻价值、更让老百姓喜闻乐见的内容题材。文明实践缺乏专业人才，势必使活动表面化、站不住脚跟，导致志愿服务无法持续推进；融媒体中心缺少专业人才，新闻则平淡无奇，无法向外报道新时代文明实践活动。"两个中心"融合发展须注重对一线的意识形态工作人才进行教育培养，对那些敢于承担、技术过硬、政治立场坚定的人才必须发挥他们中流砥柱的作用，做到不拘一格用人才。

（四）信息逻辑

文明实践阵地和志愿服务项目库在全国各地已逐步建立，融媒体中心因此获得丰富的新闻资源。融媒体中心的技术资源和报道资源也向文明实践中心开放。文明实践中心的工作者可进入融媒体中心工作群，知晓融媒体工作方式以及宣传报道的选题策划等，同时还可与记者编辑交流创意想法，共同创新文明实践活动的传播模式。融媒体中心的从业者则能够直接加入志愿组织，了解文明实践活动的流程及开展状况，以便更好地从事报道。

三、融出大格局　闯出新模式——济南市历下区"两个中心"融合发展探索

（一）案例背景

近年来，国家在部分地区进行县级融媒体中心和新时代文明实践中心融合发展工作试验。济南市历下区作为经济和文化强区，依靠优良的资源禀赋与工作实效成功入选试验县区。"两个中心"建设作为基层宣传思想工作的新议题，周期短、任

务繁重、疑难问题多。在试验工作中面临资源整合效率低、信息传播渠道堵塞，基层工作者较少、专业人才缺乏、线上线下缺乏联通、难以形成合力、基层治理嵌入不够、服务群众不力等问题。经过探索建设，历下区成功破解上述难题，初步形成一套行之有效且适应"两个中心"融合发展的"12345"工作模式（见图2-9）。

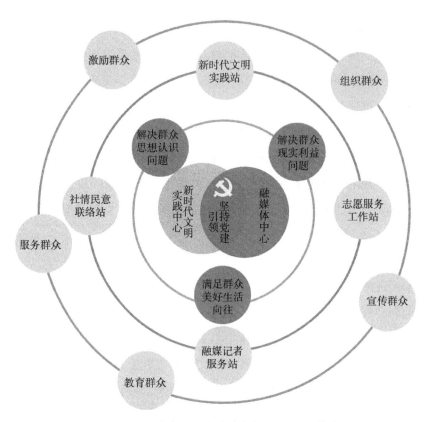

图 2-9　"两个中心"深度融合的"12345"模式

（二）主要做法

1. 抓理念、融共识，按下"两个中心"融合发展快进键

①坚持政治引领，确保思想同心。历下区以政治引领为导向，发挥区党委中枢作用，将"两个中心"融合发展作为坚持党对思想教育工作领导，巩固党的执政基础、群众基础的大事，作为推动该区宣传思想工作创新发展、打造新时代精神高地的战略之策。②深刻领会要义，确保目标同向。历下区在学习实践中持续探索，深

化对中央精神的融会贯通。深刻认识到"两个中心"虽在建设标准及运转模式方面存在差异，但服务对象是一致的，工作阵地和渠道是相通的，都致力于提升基层治理能力水平，以打通组织群众、宣传群众、引导群众、服务群众、凝聚群众的"最后一公里"乃至"最后一米"。③科学谋划推进，确保行动同步。历下区组织人员深入街区考察并赴北京、江苏、浙江等省市学习先进经验，制定《关于推进区融媒体中心和新时代文明实践中心融合发展一体建设的实施意见》，更加明确打造主流舆论阵地、一站式服务平台、社区信息中心和精神文化家园的工作思路。

2. 抓队伍、融人员，激活"两个中心"融合发展新动能

①多元引才，配齐配强骨干力量。区融媒体中心研究出台《历下区融媒体中心人才引进暂行办法》，面向社会引进综合素质高、业务能力强的专业型人才并提供事业编制，优化媒体人员配置。区融媒体中心共有 25 名工作人员，其中既有资深记者编辑，又有专业采编人员，形成以老带新、以熟带生、互相促进的良性格局。②三方合作，打造融媒实验室。如图 2-10 所示，历下区积极联合济南日报社、山东师范大学，采用"政媒校"三方合作的方式共建县融媒实验室。该实验室汇聚了政府、媒介、高等院校的各类资源，围绕产、学、研深度落地开展研讨合作。联合启动"融媒小蜜蜂"培育工程，精心选育 13 名能采、会拍、精编的融媒记者（小蜜蜂）作为"两个中心"的"神经末梢"深入一线，与基层社区专干及网格员协同发力，全面提高了宣传工作质量和志愿服务水准。

3. 抓平台、融资源，畅通"两个中心"融合发展主动脉

①做强全方位主流舆论阵地。历下区以技术为支撑，率先建构了一次采集、多种生成、多元传播的全媒体"中央厨房"①，并将其作为全区信息数据资源汇聚、开发、利用的集成总平台，成为"两个中心"统一的后台指挥系统（见图2-11）。该区着眼营造"小、快、灵"融媒生态，发挥"轻装上阵、白纸画图"优势，有机整合各类媒体资源，初步形成"两微一端一台一报多号"的全媒体传

---

① "中央厨房"源于餐饮业的管理运作方式，用于统一品牌营销、连锁经营，其优点在于集中采购、集约生产、统一配送，提高标准化水平，降低成本，提高效率，增加效益。把这一概念引入媒体融合，是把集约化生产分发模式运用于媒体领域，以媒体自身主业品牌建设为核心，建立全媒体信息处理平台，形成"新旧融合、一次采集、多种生成、多渠道传播"的新闻信息生产与传播机制，实现最大化利用新闻信息资源、最大程度满足不同群体需求，以及最大限度保证核心品牌的有效延伸与效益最优。

图 2-10 "政媒校"合作共建"区县融媒实验室"

播矩阵。

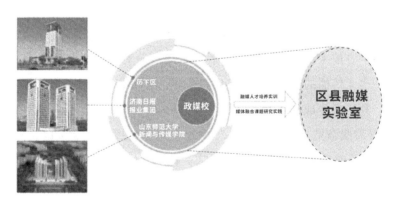

图 2-11 全媒体"中央厨房"的运行流程

②打造移动端综合信息服务平台。历下区贯彻落实中央"一地一端"的布局

要求，精心设计推出"今日历下"App，① 将此作为政府官方权威信息发布手机客户端。通过区委组织动员、技术手段运用、需求服务对接，历下整合全区78个区直部门、街道自媒体平台，汇聚新闻、政务、音视频、生活服务等资源，打造集新闻传播、政务服务、综合治理、社会互动于一体的城市移动应用云平台。③搭建志愿服务云平台。该区以"今日历下"App为支撑，通过内容互嵌，搭建了全区统一、手机端与PC端互通、线上线下联动的文明实践志愿服务云平台。这一平台设计的板块涵盖志愿者注册登记、志愿服务活动发布、志愿者招募、志愿项目超市、志愿墙、积分商城等多项交互功能。这些"组合拳"成功破解了干部群众参与志愿服务活动的时间碎片化问题，把志愿服务做到了群众心坎上。

4. 抓服务、融民心，推动"两个中心"融合发展再升级

①融媒发展唱响历下好声音。历下区发挥"两个中心"线上线下舆论主阵地作用，第一时间传达信息、宣传引导，将党委政府的关爱送到群众身边，使党群干群关系更加密切。融媒体中心抓住地方特色，把更多精力投向内容创作，推出有深度、有力度、本土化的新闻产品，有力提升了思想宣传的影响力和感染力。②文明实践凝聚人心力量。历下区新时代文明实践中心壮大志愿服务队伍，以党员干部带头、线上用户引流、线下集中宣传的方式，营造人人参与志愿服务的良好风气。推进志愿服务项目超市建设，落实驻区机关企事业单位"需求、资源、项目"三张清单，策划推出理论宣传、医疗卫生、心理健康等15类服务项目，构建形成"1+4+N"的文明实践模式。② ③闭环治理助力访民情解民忧。历下区发挥文明实践专员和融媒记者的骨干作用，使二者职责融合、角色并轨，深度参与社区治理。通过网格员征集、群众反馈、实地调查等多种手段收集新闻线索、突发事件、建议诉求、志愿服务需求，结合"中央厨房"统一调度，利用"闪电云"③ 前端上报，联动职能部门迅速处理，直通"四站"反馈评价，进而形成

---

① "今日历下"App通过资源共享整合，联通拓展雪亮工程、建言问政、便民查询、生活缴费、办事预约、停车诱导等功能，把党委政府想说想讲的、服务民生的与群众想看想听的、生活需要的结合起来，实现从"人找信息"到"信息找人"的转变，让新闻产品和信息内容更好地服务引导受众，做到"群众在哪里，宣传工作触角就延伸到哪里"。

② "1+4+N"模式，即1支区文明实践服务总队，志愿服务专业队、街道服务大队、社区志愿服务特色队、社会机构志愿队4类N支志愿服务团队的体系架构。

③ "闪电云"是由山东广电自主研发的也是我国省级媒体中唯一的融媒体开放共享平台，自设计之初就将省、市、县三级打通考虑在内，为市县融媒体平台建设预留了接口。

"收集—研判—处置—反馈"闭环流程，实现居民无小事、件件有回音（见图2-12）。

图 2-12 融媒助力志愿反哺的文明实践机制

（三）经验探讨

1. 坚持党建引领，是推动"两个中心"融合发展的根本前提

面对改革发展稳定的复杂局面和社会思想意识多元多样、媒体格局深刻变化，在集中精力推进经济建设的同时，一刻也不能放松和削弱意识形态工作，必须把意识形态工作的领导权、管理权、话语权牢牢掌握在手中。[①] 历下区从党管宣传、党管意识形态的高度出发，坚持党建引领，把"两个中心"融合发展视作"一把手工程"，推行党组织主要领导负责制。从加快构筑共建共治共享的社会治理格局的大局出发，明确提出打造主流舆论阵地、一站式服务平台、社区信息中心和精神文化家园的目标，打破理念、体制、人员、技术等阻碍，高质量推进"两个中心"融合发展。

2. 坚持人民至上，是推动"两个中心"融合发展的基本遵循

---

① 中共中央文献研究室：《习近平关于社会主义文化建设论述摘编》，中央文献出版社2017年版，第34页。

"宣传思想工作需坚持人民性，就是要把实现好、维护好、发展好最广大人民根本利益作为出发点和落脚点。"① 历下区推进"两个中心"融合发展，始终坚持以民为本、以人为本。在推进媒体融合过程中转变话语体系，构建符合现代传播规律的"两微一端一台一报多号"全媒体传播矩阵。在社区"四站"建设中以"强信心、聚民心、暖人心、筑同心"为宗旨，把服务群众与教育引导群众结合起来，把满足需要与提高素养结合起来，打通了组织群众、宣传群众、引导群众、服务群众、凝聚群众的"最后一米"。

3. 坚持改革创新，是推动"两个中心"融合发展的核心理念

历下区秉持"改革创新"理念不动摇，不断解放思想、拓宽思路，扎实推进"两心融合、一体建设"工程，加快从"相加"上升至"相融"阶段。协调各类媒体资源、生产要素，促进信息内容、技术应用、平台终端、人才队伍共享融通。创新人才引进机制，探索"政媒校"模式，打造区县融媒实验室。开展项目化运营，吸取社会专业力量，壮大人才队伍。坚持移动优先战略，依托"今日历下"App，搭建文明实践志愿服务云平台，采用"市民群众点单、平台制单派单、志愿者或志愿团队接单、受惠群众评单"模式，推动志愿服务供需精准对接。

4. 坚持因地制宜，是推动"两个中心"融合发展的重要保障

历下区以政府购买的方式吸纳社会组织广泛参与到志愿服务活动策划、志愿服务项目和组织培育孵化、志愿服务团队管理等工作之中，互帮互助，共促发展。为使两支队伍尽快融入基层，历下区还从视觉识别入手，精心设计具有地方特色的卡通人物形象"叮叮""咚咚"以及带有"历下融媒"和"历下志愿者"LOGO 的工作马甲，通过职责互通、角色共融，实现基层融媒宣传"全员生产"和志愿服务"人人参与"。

四、再路径化："两个中心"深度融合的策略选择

（一）完善"两个中心"建设的顶层设计

"两个中心"建设不仅面临机构设置、体制更新、资源配置等各种各样的问

---

① 习近平：《论党的宣传思想工作》，中央文献出版社 2020 年版，第 15-16 页。

题，更为关键的是它关系到全国行政体系的上下畅通以及公共服务体制改革的整体谋划，其实质乃是纵向府际关系协调问题。因此，需要省级层面统筹贯彻落实"两个中心"建设这一战略规划，尤其是省、市级政府部门要统一规划支持其机构设置的政策措施，通过完善自上而下的制度设计，为"两个中心"一体化建设提供高效且有实际作用的保障。"两个中心"的融合并不是两个部门的单纯相加或是随意合并，而是站在宣传思想的角度出发，站在基层治理的角度出发，站在满足群众公共服务需求的角度出发，结合各地自身的基础设施与媒介资源进行机构整合及业务再造，为"两个中心"建设提供制度指引和政策支持。

（二）厘定"两个中心"线上和线下的逻辑关系

"两个中心"是互为补充、相互促进的关系，要避免县级融媒体中心和新时代文明实践中心各说各的话、各做各的事，实现内在融合才能优势互补，巩固壮大主流思想舆论阵地，夯实党的意识形态工作根基。[1] 但在传统的组织结构中，媒体由广电部门管理，文明实践活动归宣传部门管理。县级融媒体中心主要依托线上平台强大的传播力，全方位宣传党的思想理念，为文明实践活动提供舆论支持，形成文明实践的线上阵地。而新时代文明实践中心侧重于调动党员干部、各级行政人员及社会力量积极投身志愿服务活动，以志愿者身份面对面、心贴心、手把手地为群众服务，从而形成文明实践的线下阵地。对此，要各取所长，协调线下线上两种资源，构建有形阵地与无形阵地相串联、网上与网下交叉融合的基层舆论传播工作格局，进一步提升文明实践的精准度，增强人民群众的参与度[2]。

（三）从文明实践中汲取融媒体中心发展养分

简而言之，新时代文明实践的核心任务就是学理论、讲政策、树典型、演节目、移风俗，让习近平新时代中国特色社会主义思想"飞入寻常百姓家"。这项任务囊括了新时代基层各类工作以及老百姓所思所想所盼。从试点地区来看，文

---

[1]　宋惠芳：《新时代文明实践中心建设的创新路径研究》，《马克思主义研究》2021年第8期。

[2]　常凌翀：《推动县级"两个中心"深度融合发展》，《中国社会科学报》2021年4月8日。

明实践工作的内容丰富多彩、平易近人，得到广大群众的支持和认可，这为融媒体中心提供了源源不断的新闻素材。媒体承担着传播正能量，讲好中国故事的神圣使命，① 新时代文明实践的志愿服务活动为融媒体中心的新闻报道注入了不竭的新鲜血液，创造出有高度、有温度、有深度的作品，增强了群众思想上的认同与情感上的喜爱，提升了融媒体的传播力、引导力、影响力和公信力，更为有效地传递了党的声音。只有将"两个中心"贯通起来，画大画好"同心圆"，才能使新时代文明实践中心与县级融媒体中心对焦对标、聚能汇力，以贴近群众的沟通方式、思维立场，拉近习近平新时代中国特色社会主义思想与人民的距离。

（四）依托融媒体为文明实践插上互联网翅膀

县级融媒体中心不断整合报刊、广电、互联网等媒介，有力提升和拓展了宣传的能力与手段，为志愿服务活动提供了新的舆论宣传载体。依托融媒体中心文明实践不仅可以增强公众性，还能更好把握创新性。所谓增强公众性，是指新时代文明实践中心借助融媒体征集百姓需求、公开政务、招募志愿者等，为文明实践工作提供数据支撑和决策参考，以满足群众多样化、立体化、差异化的需求，同时做到良性引导与理性推手并举，动员城乡居民群众深度参与文明实践活动，共享文明实践成果；紧抓创新性，是指推动志愿服务供需精准对接，促进实体空间网络化、虚拟空间实体化，将网络空间中的服务内容转化为现实空间中的模拟场景、实践动景及服务情境，提升文明实践的针对性与有效性。这要求以融媒体中心赋能新时代文明实践中心，推动志愿服务活动的覆盖率与感染力向更高层次进阶。

---

① 融媒体时代讲好中国故事，本质上是用文化的方式讲中国道路的故事，把中国道路不断创新发展的优势转化为话语影响力，让更多的人见贤思齐，这是将新时代文明实践向纵深推进的强力手段。参见陈晋：《中国道路与文化自信》，学习出版社 2019 年版，第 236 页。

第三章　从脱嵌到嵌入：新时代文明实践中心建设的主体与结构子系统

一方面，代表基层社会公共利益的群众自治性组织准官僚化倾向明显，行政力量强势导致地方治理对"国家在场"①的依赖；另一方面，其他社会主体充当新代理人过程中存在"脱嵌"问题，造成公共权力失范和政策执行失序，基层社会公共性的重构在自上而下与自下而上双向层面呈现权威性阙如的悖论。基于"主体性"和"结构性"的讨论，可以用"嵌入式治理"一词凝练新时代文明实践中心建构的文明实践共同体与基层治理行为之间的契合逻辑。本章认为，松散的威权关系为基层文明实践共同体提供了集体行动的场域。共同体视域下的思想认同和身份认同驱动着多元主体以志愿服务形式参与集体行动，并通过"三治"融合作用于公共生活。行政性机构用行为教化与行为规劝的方式生成以政治、文化、认知、关系、结构五维嵌入的新公共秩序，进而构建"有责""尽责""享有"的基层社会治理新格局。

第一节　新时代文明实践中心参与基层社会治理的嵌入性视角

一、悬浮与脱嵌：基层社会治理的公共性难题

近年来，随着单位制解体和社会结构裂变，基层公共领域也显现为多元化变迁，面临着公共性困境。地方政府将繁重的社区治理职责转交给基层群众自治组

---

① 陶秀丽：《"国家在场"的社会治理：理念反思与现实观照》，《学习与实践》2019 年第 9 期。

织（居民委员会、村民委员会），而行政化、官僚化的日益凸显有违其作为公共性代理人的初衷，① 导致权力"悬浮"。基层群众自治组织既与基层社会相脱节，又与基层政权相脱节，逐渐呈现出"脱嵌"之势。

（一）国家权力的部分"退场"：强制性权威弱化引发公共性危机

事实上，国家权力机关通过官僚制系统把政令输送到基层，其过程经由层层传导并选择性应对，政策走样变形使上级权威的影响范围收缩以至无法完全覆盖基层全域。在这个角度上，基层自治组织作为局部性势力消解了整体嵌入社会的行为。诚如费孝通先生所言的"双轨政治"②，我国基层社会治理存在国家与社会的差异性：以法律制度为权威代表的国家权力机关对社会的吸纳是抽象的，而以村规民约为软约束力的基层自治组织对社会的治理是具体的。国家治理社会的实质是以"委托-代理"的方式授权地方性权威整合社会，弥补国家缺位的不足。概论之，传统中国社会秩序是由上下纵向权力分配与左右横向关系交织两个垂直轨道来建构的。国家从基层社会中脱嵌出来，基层党组织凝聚力不强、化解矛盾途径不多、资源整合羸弱，在理念指引、载体创建、机制建构、协调统筹等领域出现"缺位"现象，既减损了公共性的权威，又会破坏基层社会治理基石。③

（二）治理模式的革新乏力：悬浮化处境尴尬导致基层治理"疲软"

从国家与公民关系的角度来看，国家体制内机构改革推动其管控社会的模式由"政社统合型"向"政社分治型"嬗变，治理权能从村社回收至乡镇层级，碎片化的、离散性的社会空间持续扩张。公民对公共性问题的诉求并没有随基层

---

① 景跃进：《中国农村基层治理的逻辑转换——国家与乡村社会关系的再思考》，《中共浙江省委党校学报》2018 年第 1 期。

② 在费老的论述中，传统乡村仿佛是一个由自治机制生成的超稳定系统，"通过族缘、乡里、血亲等文化元素的集合，再由具有一定文化知识的绅士或乡贤的联系构为乡土社会场域，这些地方精英无疑是乡土中国最基层的治理主体"。与传统中国"皇权不下县"相比，现今国家权力可以轻松地"一竿子插到底"，但一方面由于行政吸纳自治，另一方面个体获得了独立于乡土社会场域的能力，所以当前基层社会面临的是一种国家权力部分"退场"后的公共治理危机。参见费孝通：《乡土中国》，上海人民出版社 2007 年版，第 275-293 页。

③ 王东杰、谢川豫：《多重嵌入：党建引领城市社区治理的实践机制——以 A 省 T 社区为例》，《天津行政学院学报》2020 年第 6 期。

治理权能的削弱而减少，反而随着善治的深入人心以及部分国家权力的撤退有了更强劲的提升。可以说，"国家将社会置于层级分明的秩序之中，多元主体尽管参与治理但难以走向政策制定舞台前场"①。在现代化席卷的当下，基于人际关系的村落共同体趋于瓦解，取而代之的是行政主导的社区共同体。然而，千百年来延续的传统社会形态及价值观念，以及宗亲、家族、道德仪式等习俗"元制度"在社会生活中仍扮演着重要角色，使基层社会治理沦为正式与非正式制度交替往复的空间。"以往有赖于各种税费维系的村镇治理在后税费改革时代逐步萎缩，其主要表现为依附上级组织和资金，但入不敷出的县乡财政对于基层社会治理杯水车薪，使得基层政权日益显现'内卷化'迹象"②。反过来，因为国家悬浮于基层社会所产生的路径依赖无法自我摆脱，导致基层自治组织的治理能力弱化。③

（三）基层社会组织的自主性"匮乏"：内生权威式微对公共性再现的裹挟

回眸国家治理现代化历程，其演变机理有两大"截面"：一是体制化，即国家对社会不断地适应从而渐进推促社会变革；二是参政化，即社会被国家合理地吸纳到自身构建的大系统内。④ 从党的十八大到十九大，再从党的十九届三中全会到五中全会，中央颁布的文件逐步以"社会治理"取代"社会管理"，强调创新社会治理的方向是完善社会治理体系，以共同体形式重塑社会结构，这充分体现了国家对社会的包容性治理乃至变革社会的伟大魄力。基层社会组织的运营与存亡非常依赖其组织者，虽被吸纳到行政主导的体制内，但由于缺乏决策话语权和专业资源配备，难以真正起到基层社会治理参与者和合作者的作用。⑤ 即便有

---

① 付建军、张春满：《从悬浮到协商：我国地方社会治理创新的模式转型》，《中国行政管理》2017 年第 1 期。

② 张国磊、詹国辉：《基层社会治理中的驻村"第一书记"：名实分离与治理路径》，《西北农林科技大学学报》（社会科学版）2019 年第 5 期。

③ 汪锦军：《嵌入与自治：社会治理中的政社关系再平衡》，《中国行政管理》2016 年第 6 期。

④ ［美］塞缪尔·P. 亨廷顿：《变动社会的政治秩序》，张岱云等译，上海译文出版社1989 年版，第 3 页。

⑤ 李德：《从"碎片化"到"整体性"：创新我国基层社会治理运行机制研究》，《吉林大学社会科学学报》2016 年第 5 期。

些活跃的基层社会组织自主性相对较强，也容易陷入孤立无援和昙花一现的困境。① 因此，基层社会组织的自主性"匮乏"的原因主要在于内生权威式微对公共性再现的裹挟。

二、嵌入性解释：新时代文明实践中心与基层社会治理的耦合

（一）嵌入理论的学术要义

嵌入理论（Embeddedness Theory）的源头可追溯到新经济社会学，它是对经济规律的社会性诠释的经典理论，尔后，其被赋予了一般解释性意义和社会问题研究方法论，成为包括公共管理在内众多学科交叉研究的工具范式。所谓的嵌入性，指的是事物与事物的关联及形成网络的各要素的紧密关系，如双方互嵌的过程，蕴含彼此联动交互及作用影响，使得互嵌双方在诸多方面产生较之以前不同的变化，并激发和萌生特定共同体的新特征。

波兰尼（Polanyi）在大量考证分析后发现，人类的经济行为总是无法达到完全理性，其与市场和非市场制度高度吻合且缠结其中。简言之，经济行为作为一种常态化的社会活动，是基于市场和非市场制度的嵌入性逻辑。他在此基础上断定：经济体系与社会体系的相互嵌入关系，即是经济行为嵌入于文化、习俗等的非经济行为之中。② 正如他在《大变革》中所说："人类所有的经济活动并凝结在其他各种制度所形成的网络之中，这一网络显著的特点是囊括了非经济的制度嵌入过程。"③ 在此意义上，经济作为一个制度形态也是嵌入性的共同体。

嵌入理论在波兰尼刚提出时，并没有引起学界的关注，直到美国斯坦福大学教授格兰诺维特（Granovetter）于 1985 年对嵌入性所作的进一步阐释和拓展。④

---

① 卢福营：《论农村基层社会治理创新的扩散》，《学习与探索》2014 年第 1 期。

② 许婧：《西方经济人类学理论发展的历程》，《西南民族大学学报》（人文社会科学版）2010 年第 1 期。

③ Polanyi K, *The Great Transformation*：*The Political and Economic Origins of Our Time*, Boston, MA：Beacon Press, 1944：24.

④ Granovetter, *Economic Action* and *Social Structure*：*The Problem of Embeddedness*, The American Journal of Sociology, 1985, 91（3）：481-510.

格兰诺维特创造性地重塑了"镶嵌"① 概念，强调社会关系对经济行动的影响，把经济活动切换到社会网络界面之中，进而将嵌入性研究引入了实质性的阶段，当之无愧是嵌入理论研究的领军人物。这种嵌入理论注重经济行为适度嵌入社会结构，即适度社会化的嵌入性思想。

上述研究虽然偏向于经济活动与社会行为之间的关系，但也有学者进一步指出，经济行为以外的其他行为同样与嵌入性网络密切相关。根据这些观点，嵌入理论被后继研究者不断地深挖，"嵌入"的内涵及外延也愈发丰富。在具体问题的分析中，不同的学者就不同的视角，将嵌入理论的学术要义划分成为诸多不同维度的分析结构，并对"嵌入性"的类别提出了各有千秋的论断，这里，笔者简要地用表 3-1 概述如下。

表 3-1　　　　　　　　　对"嵌入性"不同学理类别的划分

研究者	划 分 类 别	主 要 观 点
格兰诺维特（Granovetter）	关系嵌入（Relational Embeddedness）	基于互利共享而生成的可选择性的网络
	结构嵌入（Structural Embeddedness）	行为主体的多元交互结构
祖京（Zukin）、迪马吉奥（Dimaggio）	结构嵌入（Structural Embeddedness）	行为主体的经济行为受所在社会结构的限制和影响
	认知嵌入（Cognitive Embeddedness）	行为主体的经济活动受所处情境及固有思维惯性的左右或制约
	文化嵌入（Cultural Embeddedness）	行为主体的经济活动与理念、愿景、信仰和地域文化息息相关
	政治嵌入（Political Embeddedness）	行为主体的经济行为被政治背景、管理体制、权威形式等影响

---

① 彼得·埃文斯（Peter Evans）在格兰·诺维特（Mark Granovetter）的"镶嵌"（Embedded）概念的基础上，认为国家机关在具有自主性的同时，也必须与社会和市场存在某种适度的连接，政府要扮演好"当家主政"和"助产者"的双重角色。他在《嵌入性自主：国家与工业转型》中提出"嵌入性自主"（Embedded autonomy）的概念用以诠释治理主体之间的互动性，即国家在经济发展中发挥主导作用，同时官僚组织体系也必须镶嵌于社会关系之中，只有官僚自主性与社会镶嵌性有机结合，国家治理才能保持持续有效地运转。

续表

研究者	划分类别	主 要 观 点
哈哥多 （Hagedoorn）	环境嵌入性 （Environmental Embeddedness）	企业行为受所在地风土人情及政策情势的影响
	组织间嵌入性 （Interorganizatioanl Embeddedness）	企业行为受所处人际关系、社会资本、协作经历的影响
	双边嵌入性 （Dyadic Embeddedness）	企业行为受合作企业持续重复的相互作用的影响
海里 （Halinen）、 托恩卢斯 （Tornroos）	垂直嵌入 （Vertical Embeddedness）	社会网络中不同层级主体之间的利益关系
	水平嵌入 （Horizontal Embeddedness）	处于相同社会网络层级上的成员之间的利益关系

资料来源：笔者结合不同学者观点编制。

（二）嵌入理论的适切性分析

嵌入并非通常意义上的结合抑或聚合，其关键的着力点是嵌入的各方主体间必须有机融合、循环联动、相互促进。那么，我们是否可以将嵌入理论运用到新时代文明实践中心参与基层社会治理的研究当中呢？回答是肯定的。

首先，新时代文明实践中心参与基层社会治理存在"中心"与"治理"两个题域，这是运用嵌入理论的先决条件；其次，基层社会治理的创新与发展，需要作为载体的新时代文明实践中心，同样文明实践作为有组织的能动的具体行为和活动,[1] 体现着二者所具备嵌入性分析的势能和动能；再次，新时代文明实践中心的功能发挥，必须结合社会治理现代化要求，为构建基层社会治理新格局提供平台，现代社会治理蕴含的自治、法治、德治精神需要文明实践活动来具象化展现与升华，所以它们的契合不是空洞的，亦非教条地简单加和，而是基于文明实践主体与社会治理结构的互动融合、交互作用及复杂关联；最后，文明实践主体整体嵌入"一核多元"的共建共治共享体制机制中，具有极强的实践价值，可

---

[1] 黄克瀛：《以新时代文明实践中心助推基层社会治理》，《北京日报》2020 年 1 月 7 日。

以提供崭新的研究视域。① 鉴于这一过程不同于以往学者探讨的经济与社会关系，故而我们决定综合性采纳嵌入性概念，并结合治理问题借鉴其主演观点或进行相关理论迁移。

笔者从波兰尼关于嵌入理论的论述中获得启发，综合以格兰诺维特、乌兹等为代表的新经济社会学嵌入观点，认为将嵌入理论延伸至新时代文明实践中心参与基层社会治理的研究之中须廓清以下几点才能建立一个系统的嵌入式治理研究框架。

第一，明确嵌入的概念内涵及主体。我们将嵌入定义为一个主体深度嵌合于社会关系中的结构化过程，"嵌入"行为有两个及两个以上的行为主体，即新时代文明实践中心及其志愿者（主体）；第二，嵌入是一个结构化的过程，它体现为两个及以上行为主体相互作用，即新时代文明实践中心及其志愿者进行策略性互动与调适的过程（结构）；第三，嵌入包括主动与被动的区别，需依靠特定的机制促成。② 新时代文明实践中心通过政治、认知、文化、结构与关系等嵌入机制来实现基层社会秩序的重构；第四，嵌入的深浅取决于新秩序的培育状况。新时代文明实践中心参与基层社会治理的方式是通过嵌入式治理框架，让新时代文明实践中心成为基层社会社会治理新格局产生的枢纽节点，实现治理体系和治理能力现代化。

（三）新时代文明实践中心参与基层社会治理的嵌入机理

如图 3-1 所示，新时代文明实践中心参与基层社会治理的嵌入机理包括左、中、右三大板块。其中，左边是嵌入性的五个维度，这为新时代文明实践中心参与基层社会治理提供理论观照；中间的圆形代表新时代文明实践中心的五项功能。它们嵌入纵向行政系统和横向社会关系，既凭借平台自身的功能参与基层事务，又"协同政府、企业、社会组织、居民，通过关系网络整合多元主体力量，共同促进基层善治目标的达成"③；右边则是嵌入性分析后欲实现的基层社会治理格局目标。

---

① 王思斌：《中国社会工作的嵌入性发展》，《社会科学战线》2011 年第 2 期。

② 罗利：《任务驱动下乡镇政府的嵌入性治理——一项基于乡镇政府工作机制的研究》，2019 年广西大学学位论文。

③ 戴春：《协同治理视角下新时代文明实践中心参与社区治理问题研究》，《重庆科技学院学报》（社会科学版）2021 年第 1 期。

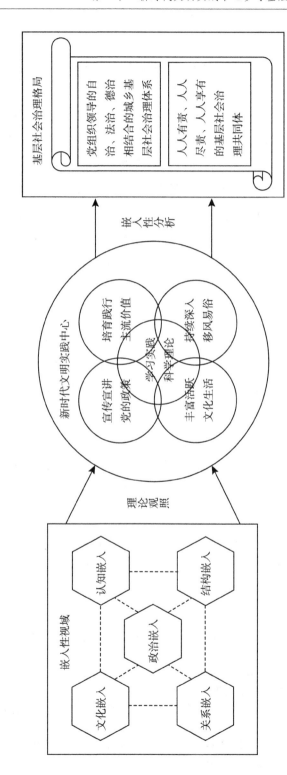

图3-1　新时代文明实践中心参与基层社会治理的嵌入机理

1. 政治嵌入

新时代文明实践是党的政治引领作用的体现，是舆论文化工作和意识形态工作的有机构成要素。① 就新时代文明实践中心参与基层社会治理而言，这种嵌入首先必须依靠政治系统的支持与规制，政治嵌入过程将日益更多地表现为党政组织合法化和制度化的规则。② 坚持用习近平新时代中国特色社会主义思想武装全党、教育人民，让理论的学习宣传在城乡水长流、绳不断，充分彰显党的创新理论的真理伟力，不仅是设立新时代文明实践中心的初衷，更是夯实党的执政基石，健全基层治理党的领导体制的内在要求。综上，政治嵌入是指，党和政府赋予新时代文明实践中心参与基层社会治理的鲜明的政治使命，同时新时代文明实践中心通过形式多样的活动，以"软治理"的方式将"一核多元"的理念渗透到基层社会治理之中。

2. 认知嵌入

价值观的形塑是基层社会治理的最高境界，恰是着眼于此，党中央决策推进新时代文明实践工作，在创新基层社会治理中注重以思想观念改变和社会主义核心价值观践履为动力，激发构建社会治理新格局的源头活水。③ 从认知层面来讲，主流意识形态是符合社会核心价值的，以符号意向及理想信念为表意方式的表述，它通过再现、阐释和批判现实世界的途径来组建、发动、引导、凝聚和验证特定的行为范式或规则。④ 主流意识形态作为对物质起能动反作用之物，主要以思想认同的形成与内化为抓手。价值引领被认为是新时代文明实践对接治理现代化的重要任务之一。认知嵌入是指，新时代文明实践中心发挥其"铸魂"优势，将互助、公益、公正等公共精神融入基层社会治理，推动传统价值与现代观念、主流话语与大众情趣、本土文化与域外文明之间冲突的协调，以寻求"重叠共识"，实现多元主体的同向而行。

---

① 中央文明办一局：《建设新时代文明实践中心指导手册》，学习出版社2020年版，第4页。

② 付建军、高奇琦：《政府职能转型与社会组织培育：政治嵌入与个案经验的双重路径》，《理论与现代化》2012年第2期。

③ 陈亮、李元：《去"悬浮化"与有效治理：新时期党建引领基层社会治理的创新逻辑与类型学分析》，《探索》2018年第6期。

④ ［英］戴维·米勒、韦农·波格丹诺：《布莱克维尔政治思想百科全书》，邓正来等译，中国政法大学出版社2011年版，第265页。

3. 文化嵌入

文化不仅是国家和民族的文明意旨所在，是营造社会文明新风尚的承载依托，也是社会治理的内生动力。新时代文明实践中心的目标就是以文化人、成风化俗，让群众在喜闻乐见的文化活动中汲取精神养料、形成奋进力量。深挖与传承中华优秀传统文化，将其中所含的超越时空的人文价值、伦理规范、经验习俗等与现当代中国治理要求紧密结合，赓续弘扬与创造性变革，与时俱进，推陈出新，形成实践科学理论、赞美时代精神、反映日常生活的精品力作。① 文明实践的特点在于用潜移默化之功，激发群众在物质文明、政治文明、精神文明、生态文明等建设中的主人翁作用，发挥党组织的引领功能，实现以繁荣促进基层社会治理现代化。文化嵌入是指，新时代文明实践中心融合优秀传统文化、先进社会主义文化以及共同信仰等社会文化因素，对其参与基层社会治理的动态过程有着精神"润滑剂"的功能。

4. 结构嵌入

治理（Govenrance）作为一个现代的概念，天然具有多元主体的社会协同功能，体现为社会治理的内在价值是合作、协同、交融、共进。② 多元协同的治理结构是基层社会治理的必要选择。文明实践的内涵随着治理的创新不断延伸，例如应对突如其来的疫情，新时代文明实践中心通过凝聚人心，组建志愿服务队伍，扶助身边特殊弱势群体，开展爱国卫生运动，为构筑防疫共同体发挥了不可或缺的作用。建设新时代文明实践中心，就是依托中心、所、站三级平台，纵向贯通县、乡、村，横向整合政府各部门以及社会资源，形成灵活调配、协调各方，以利于提升基层治理效能的体制机制。结构嵌入是指，新时代文明实践中心在参与基层社会治理的过程中，通过一系列的制度性设计与安排，撬动治理运转的支点，构建合作共治的格局。

5. 关系嵌入

关系的基点是人，特别是在任务驱动下地方政府的嵌入性治理，要求人与人

---

① 唐兴军、李定国：《文化嵌入：新时代乡风文明建设的价值取向与现实路径》，《求实》2019 年第 2 期。

② 金绍荣、张应良：《优秀农耕文化嵌入乡村社会治理：图景、困境与路径》，《探索》2018 年第 4 期。

之间关系的深度交互并形成合作型网络。① 新时代文明实践中心参与基层社会治理的关系重建是通过供给公共服务的形式实现的。志愿服务是人类文明进步的标志，也是社会治理的组织形式与运作途径。文明实践志愿服务活动，在树立公共形象的同时，密切了政府与社会、市场与社会、干部与群众、群众与群众的关系，给跨域基层治理提供了充分机会，有利于全社会对自身的公共责任的认知，培养公共服务精神。关系嵌入是指，新时代文明实践中心为城乡居民提供志愿服务，促进基于"人人为我、我为人人"新型合作关系的共建共治共享社会治理制度筑牢。

三、嵌入机理下新时代文明实践中心参与基层社会治理

（一）模型构建

梳理中国基层社会的演进不难看出，"传统乡绅治理模式在极为长期的历史进程中独占鳌头，帝治逻辑下的基层治道是以'正式+非正式'的形式及民众与官绅互赖的关系来缓解威权与良治间的紧张关系，力求一致性和变通性的兼容"②，其过程离不开传统社会文化系统中所蕴含的"软治理"。籍由文化隐形的柔性及"润物无声"式治理经验构成了几千年来中国乡土社会持久稳固的密钥。③ 现代社会所产生的多元文化是历史发展的必然之物，是物质文明进步的直接体现，也是斗转星移般的文艺流变，包括对文艺的批评和政治态度的认同、主流意识形态立场等集成体。④ 在基层，随着传统村社共同体的瓦解，计划经济时代行政单元直接管控利益分歧、独揽权力运作、构建契约主导的市场秩序、再构组织化的社会网络的做法已时过境迁。新时代文明实践中心具有的

① 罗利：《任务驱动下乡镇政府的嵌入性治理——一项基于乡镇政府工作机制的研究》，2019年广西大学学位论文。

② 周雪光：《从"黄宗羲定律"到帝国的逻辑：中国国家治理逻辑的历史线索》，《开放时代》2014年第4期。

③ 吴理财、解胜利：《文化治理视角下的乡村文化振兴：价值耦合与体系建构》，《华中农业大学学报》（社会科学版）2019年第1期。

④ 周彦每：《公共文化治理的价值旨归与建构逻辑》，《湖北社会科学》2016年第7期。

文明实践软治理功能，整合分化的多中心理性，为基层社会治理的两难困境"解围"。

如图3-2所示，从横向上看，厚植基层群众中的传统美德规范和社会主义先进文化交融形成的社会主义核心价值体系解构了多元文化，担纲传统文化与现代公共精神联袂的角色。由此产生的文明实践共同体既包含人文关怀（思想认同），也关照理性契约精神（身份认同），能有效促进广大群众转变观念，以作为志愿者的形式被新时代文明实践中心辐射吸纳。依托新时代文明实践中心这个平台载体，借助文明实践的力量而不是企图取代行政来实现对基层社会的影响（行为教化与规劝），以嵌入性行为帮助基于共建共治共享的新公共秩序有效建构和不断更新。

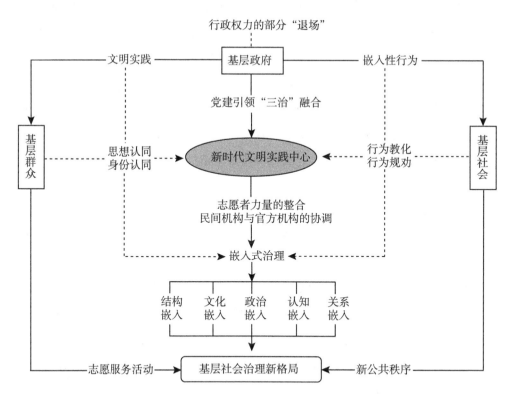

图3-2　新时代文明实践中心参与基层社会治理的嵌入模型

从纵向上看，行政权力的部分"退场"意味着基层自治的发展有了足够的空间，在基层治理重心下沉的背景下，呼唤以新时代文明实践中心为枢纽切入，将党建引领自治、法治和德治有机结合融入基层社会，进一步压实基层社会治理责任，实现"志愿服务有人管，社会治理有人抓"。新时代文明实践中心向上获得体制内资源的同时，对来自社会的志愿服务力量进行了整合，打通了民间机构与官方机构共治社会的界限，并名正言顺地从事公共事务治理。以基层政府为代表的行政性机构一方面因新时代文明实践中心的介入，有了再嵌社会的可能；另一方面，志愿服务活动又让新时代文明实践中心通过政治、认知、文化、结构与关系等嵌入机制，深嵌于新的基层社会治理格局之中。

（二）模型阐释

以往人们谈及基层社会治理，一般会联想到治理的主体是政府，治理的对象是社会，即政府对社会的治理，在此基础上的治理状况主要依靠政府内部的考核，与基层群众的获得感、满意度关系不紧密①。基于嵌入性的基层社会治理模式则发生了微妙变化，这种变化体现为：突破了政府单方治理的壁垒，使"一核"之"核"有了统筹领导和协调各方的依归，"多元"之"多"并然有序，基层社会合作共治有了交互运作的场所。所以，治理不再是束之高阁之理论，而是知行合一的社会化行动。新时代文明实践中心助力这种主体间地位平等化、秩序规范互嵌化、成果评估方式多元化的社会治理新格局的构建，具体可从如下三个层面阐释。

其一，嵌入关系的主体之间地位趋于平等，社会组织与群众不再是被参与的局外人，而能够通过文明实践活动既"各显神通"，又"众擎易举"，形成通力合作、运转协调的整体治理图景。② 公共性建设依赖于物质利益与精神共识的调处，凸显国家权力对社会发展的整体观瞻，以及实现的治理过程与治理结果的辩证统一。以个体、社会组织为代表的治理主体不但处于行政规划所建构的社会治理共同体中，也处于以思想政治教育和宣传文化系统建构起来的文明实践共同体之中，参与基层社会治理时，各主体既根据群众需求快速调整决策及行动方向，还注重核心价值观的疏导及为己发声与彼此互动。

---

① 潘如龙、周宇晗：《如何建设社会治理共同体》，《浙江日报》2019 年 11 月 13 日。
② 方堃、房世杰：《社会治理共同体建设的伦理之维》，《山东党校报》2021 年 6 月 1日。

其二，基层社会的秩序逐步向国家的规范性权力为主、基层社会的非规范性权力（基层群众自治组织），以及基层社会性规范（习俗、惯例等地方性知识）为辅的新秩序过渡。① 新时代文明实践中心的出现与行政权力的部分"退场"几乎同时同步，这是中国特色社会治理体制完善与发展的必然逻辑。"国家融合了基层社会约定俗成的潜意识及人民群众丰富多样的精神文化需求；它又与中华优秀传统文化一脉相承，既有道德文明的隐喻怀柔，也被赋予了文化软权力的政治性张力。"② 因此，新时代文明实践中心的嵌入性机理实现了国家法与民间法的混融和嫁接，使得基层社会的秩序运作不再囿于西方国家与社会的二元对立结构，而是将国家权力寓于历久弥新的中国基层社会的传统文化和公序良俗之中。

其三，治理成果的评价从单一物质层面延伸为伦理向度的共享，以及与治理共同体成员的集体利益最大化。③ 在共建共治共享的新格局下，参与基层社会治理的诸多行动者之间存在着基于文化多元发展的不同利益：个体能借此获得的精神文化需求、志愿者能从中获取的道德美誉度的享受，以及地方政府以精神文明创新工作撬动经济社会高质量发展。但在这些不同利益的驱使下，基层社会治理中的每个主体都是参与者，也都是既得利益者，这无形改变了原有治理格局中基层政府治理"孤掌难鸣"的尴尬境况。嵌入式治理的效果事半功倍得益于文明实践内在激励机制，比如，志愿者乐于参与社会治理和公益服务积累时长，再换取物质性奖励，社会组织则可以保障奖励的兑现，从而实现利益正和博弈及供需闭环。

---

① 中国是一个有着悠久农耕文明的国家，农业社会中的人们作为家元共同体的成员具有的是一种先验性的、混沌的共在关系，而迈入工业社会后，在家元共同体的解体中生成的自我与他人所获得的是一种"伪共在"的关系。社会治理共同体的构建，绝不意味着向农业社会的共在关系的简单同归。实际上，我们只能用新的结构去更新业已存在的中心-边缘结构，也就是在实现了自我与他人充分分化的条件下，承认这个事实，并构建承前启后的真实共生共在的新型合作关系。新时代文明实践的嵌入，有助于处理基层治理"自转"与"公转"关系，引导公民社会朝着有序化方向演进。参见张康之、张乾友：《共同体的进化》，中国社会科学出版社 2012 年版，第 159-161 页。

② 施雪华、禄琼：《当前中国文化治理的意义、进程与思路》，《学术界》2017 年第 1 期。

③ 李文彬、陈晓运：《政府治理能力现代化的评估框架》，《中国行政管理》2015 年第 5 期。

第二节 新时代文明实践中心参与基层社会治理的嵌入性分析：颍上县的治理经验①

近年来，颍上县积极探索文明实践"3698"工作法②，建立覆盖县、乡（镇）、村（社区）的三级文明实践体系，按照"中心统筹、三级联动、全程跟踪、贴心服务"的原则，注重志愿服务活动专业化拓展、影响力传播、多元化运作，在提升群众文明素养的同时，形成了新时代文明实践中心参与基层社会治理的成功经验。

一、政治嵌入："党建+文明实践"开辟治理新局

"权威是社会生活必不可少的要素，唯有建立权威，人们才能达成社会共识并产生统一性的行动。"③ 颍上县江口镇新时代文明实践中心以志愿服务为基本形式，发挥党建引领作用，构建组织互联、资源互通、功能互补的"党建+文明实践"格局。把学习宣传习近平新时代中国特色社会主义思想作为首要政治任务，贴近群众生产生活，创新理论宣教方式方法，以乡音传党音、使党音入民心，引领乡风民风建设，有效提升了基层社会治理效能。

（一）注重建强党组织，筑牢思想"主阵地"

（1）优化组织结构，建牢服务阵地。将32个村级党组织、10个镇直机关党

---

① 本节内容整理自笔者赴安徽省阜阳市颍上县委宣传部、县新时代文明实践中心获得的调研资料。

② "3698"工作法，是指颍上县建立3级文明实践场所、建设6大文明实践平台、打造9支志愿服务队伍、开展8大文明实践活动的工作方法。

③ 如何认识社会并就社会问题达成一致，是形成社会合作的重要方面。理性的差异导致人们对于公共事务的认识是千差万别的。社会在多维度呈现的差异性给社会成员之间的合作和交往制造了难度。既然不可能所有人都掌握真理，那么，必须借助权威使大家围绕理性认识建立普遍性认同。如何把人们有效地组织在一起，为了整体目标共同努力，是社会治理的核心任务，也是任何政治共同体生活的主题。新时代文明实践中心参与基层社会治理的政治嵌入，本质上就是以中国共产党的权威凝聚多元主体，在社会互动中形成强大合力。参见周谨平：《国家治理与社会伦理》，湖南大学出版社2018年版，第16页。

组织作为新时代文明实践所建设的核心架构，健全镇、村两级文明实践所、站设置，在林圩社区试行文明实践小网格户长推选制，使广大人民群众的自治意识得到有效激活。

（2）发挥党员作用，建强服务队伍。镇、村党员专题学习习近平新时代中国特色社会主义思想、党的二十大精神，补足精神之"钙"，夯实基层社会治理根基。组建了文化、教育、科技、卫生、法律、专家、巾帼、青年、"五老"9支志愿服务队，通过"下访寻问题、到村解难题""颍上夜话"等活动，把脉群众需求，聚焦群众难题。

　　["村嫂"是位老党员]①
　　五保老人贺兆军一辈子是个要强的人，村嫂高志美隔三岔五来看他，帮他刷鞋、洗衣服、包饺子……这让老人心里很是过意不去。他拉着高志美的手说："闺女，你咋又来了，你工作这么忙，我都80多岁了，也没有用了，真觉得白活了！"高志美说："贺大爷，千万别这么说，家有一老胜似一宝。您可是俺们村的一大宝呀！"初春的院子里洒满了阳光，飘荡着笑声……"每次来，老人们拉着你的手，跟你说这说那，我就像回到了娘家。80多岁的老人了，在我们的关爱下都在努力，都能改变自己，作为一名共产党员，我又怎么能止步呢？"就这样，她带领着村里的8位村嫂，每天穿梭在田间巷陌，用热心、爱心、耐心、细心，铸就"村嫂"的文明实践志愿服务品牌，践行了一名共产党员的初心。

（3）强化项目策划，注重活动实效。围绕文明实践八大主题，党员干部带头上讲台、下地头、进车间、入农户，认领落实"微心愿"190多个。开展"温暖党员心""书记讲堂微党课""举旗帜·送理论"等文明实践活动达246场次，义务服务4万人次，让群众在浓厚的文明实践氛围中感受到党的声音、党的温暖。

---

① 阜阳新闻网：《快鼓掌！"村嫂"来了，她们还是党员哩》，见 https：//www.fynews.net/。

（二）精心打造宣讲团，传播党的"好声音"

（1）培养"两懂一会"宣讲队伍。颍上县以懂理论、懂群众、会宣讲为标准，在党员干部中遴选一批、在专业技术人才中挑选一批、在乡贤能人中优选一批、在社会组织中筛选一批，打造"青年宣讲团""县直机关理论宣讲团""巾帼宣讲团""劳模宣讲团"等文明实践志愿宣讲队，人数多达上千名。

（2）到群众身边开展宣传活动。将文明实践大讲堂、文化广场、村史馆、农家宅院等串联成线，作为开展宣讲活动的激励空间和人气课堂。通过与颍上融媒体中心共建平台，利用 App 直播、新媒体推送等方式，构筑线上线下立体宣讲格局，推动理论宣讲"24 小时在线"。

（3）做到宣讲内容乡土化。以实施"时代新语"百场论坛、孝文化百人宣讲、文明家风百家传承"三百工程"为载体，组织编印《孝行千秋》《家风故事》等通俗读本用于理论宣讲，内容既有政治理论，又有移风易俗、垃圾分类知识等，用群众看得见、摸得着的"小变化"讲清"大道理"。

（4）明确宣讲对象分众化。面向老年人群体，在日间照料中心开展"饭前一刻钟宣讲"；面向未成年人群体，在学校开展"课间一刻钟宣讲"；面向机关、企事业单位员工群体，开展"晨会一刻钟宣讲"；面向社区居民，开展"网格一刻钟宣讲"。充分利用农闲时间，通过专家报告会、书记微宣讲、艺术化宣讲等方式，采取淮河琴书、花鼓灯、小品等艺术形式，以微直播、微课件、微杂志等为渠道，开展各类宣讲 8000 多场，受众 61 万多人次。

二、认知嵌入：公共精神彰显"德治"本色

公共精神作为一种责任意识和行为态度，也是人们聚焦社会事务和促进集体利益的表征。[1] 公共精神缺乏是目前基层社会治理的一大短板，以新时代文明实践中心的教化功能为依托，重塑群众的公共性，形成基层社会治理共同的价值理念显得尤为重要。"通过影响个体的意识和环境的准则，可以影响个体思维模式

---

[1] 韦仕祺：《公共精神的失落根源与矫治》，《人民论坛》2019 年第 24 期。

进而影响其举止表达。"① 颖上县搭建新时代文明实践中心平台，采取多种形式，培塑身边好人、道德模范由"盆景"变为"风景"，营造了见贤思齐、崇德向善的社会氛围。

（一）多方位宣传报道，崇尚道德精神

（1）开设专题栏目。在县电视台开设"德耀颖城"专题，集中宣传推介颖上道德典型；在颖上新闻网、公众网、文明网等网络媒体，多形式展示道德模范先进事迹，利用微博、微信等社交平台吸引网民留言寄语；利用 LED 大屏幕、街道宣传栏、移动大字报等多种传播手段，宣传先进事迹和榜样力量，让好人受到社会推崇和仰慕。

（2）刊播公益广告。以道德模范事迹为素材，加强"核心价值观"主题公园建设，在县政务广场、文化公园等处设立了以刘丽、焦玉兰、汤峰等 14 位颖上籍"中国好人"、10 名第二届"最美颖上人"、10 名第三届颖上县"道德模范"公益广告牌，让好人精神在潜移默化中发酵生长，让社会主义核心价值观具象化、可视化，做到时时可见、处处可学。

（3）创作文艺作品。深入挖掘典型事迹，制作微电影《爱心送考》《编外妈妈》《情满花鼓乡》《回家过大年》、动画系列剧《少年甘罗》7 部；成功举办"繁花绽放·芳华颖上"颖上县第六届管子诗会暨第二届"最美颖上人"颁奖典礼活动，首次用诗歌舞台剧的形式，赞颂颖上籍中国好人的事迹，中央媒体《朝闻天下》、省《新闻联播》进行播放，各大网站竞相报道。

（二）多层次活动推动，传递道德力量

（1）开展评选表彰活动。坚持"周宣传、月发布、季通报、半年表彰"制度，采取主动找、基层推、媒体选、社会评等方式，组织开展"助人为乐好人""见义勇为好人""诚实守信好人""孝老爱亲好人""道德模范""新时代好少年""最美颖上人"等不同类型的评选表彰活动，让美德精神渗透到家家户户，不断培育好家风，② 传播正能量。颖上县在这些表彰活动中涌现出 14 名"中国

① 韩瑞波：《集体理性、政经分离与乡村治理有效——基于苏南 YL 村的经验研究》，《求实》2020 年第 2 期。

② 王岩：《新时代中国精神文明建设研究》，中国社会科学出版社 2020 年版，第 291 页。

好人"；1 名全国道德模范；15 名"安徽好人"；79 名"阜阳好人"；265 名"颍上好人"。

（2）举办典型事迹展览。依托县规划馆内"中国好人"展厅，滨湖公园"好人大道"、政务中心"好人广场"长廊，以及文化宫、图书馆、大礼堂、人民公园等空间场所，采用视频、广播、展板等各式各样的宣传手段，使道德模范的榜样力量得到充分传播，让道德模范走进群众身边。

[树立道德榜样，好人就在身边]①

胡玉玲曾获"安徽好人""阜阳市最美志愿者""颍上县十大感动人物"等殊荣。在文明实践志愿服务的道路上一走就是近 30 年的她，关爱留守儿童 300 余人、孤寡老人上百名，组织并参与大型公益活动上千次，至于捐款、捐物，探望空巢老人、留守儿童，更是掰着手指都数不过来……"可以尽我所能帮助大家，我感觉到了心灵的愉悦和宁静。"胡玉玲受访时说。她在贫困留守儿童心中是"好妈妈"，在孤寡老人心中是"好女儿"，在同事口中是"知心姐姐"。从关爱社区居民到服务基层百姓，从资助贫困学生到爱心扶贫，文明实践行动的脚步越行越远，大爱也辐射更多的人。

（3）组织巡讲巡演深化。认真组织"道德模范与身边好人"先进事迹报告会、道德模范基层巡讲报告会，让榜样现身说法，与群众面对面交流，进行寓教于乐，使群众从中领悟道德模范的真正含义。以新时代文明实践中心、所、站为平台，举办"不忘初心、牢记使命"主题宣传阐释会，宣讲道德事迹近千场次，从而发挥了"最美种子"的"蒲公英效应"。

（三）多角度融入引领，感受道德洗礼

（1）突出榜样传承。借助道德模范在基层群众中的号召力，树立"德治"榜样。② 通过建立爱心团队、志愿服务队等形式，鼓励并呼吁广大村民积极投入

---

① 颍上新闻网：《我县胡玉玲同志荣登 2020 年 12 月份"中国好人榜"》，见 http://www.ysnews.org/。

② 唐皇凤、汪燕：《新时代自治、法治、德治相结合的乡村治理模式：生成逻辑与优化路径》，《河南社会科学》2020 年第 6 期。

到义务助农、扶危济困、无偿献血、慈善捐助、爱护环境等公益活动中去，培育行善举、做奉献的道德风尚，让群众在真切的"代入感"中感受道德的洗礼。

（2）融入文明创建。宣传并学习道德模范作为在基层社会开展社会主义精神文明建设工作的重要方向，积极融入创建全国文明城市、文明村镇、文明单位、文明家庭、文明校园等精神文明创建工作，大力弘扬爱国爱家、尊老爱幼、爱岗敬业、无私奉献等传统美德，使文明之义蔚然成风。

（3）强化责任教育。各学校积极开展一系列思想品德宣传教育活动，深化雷锋精神学习和爱国主义教育。颍上县成功举行第二届乡村学校少年宫才艺展演暨2019年"新时代好少年"表彰活动，引领广大青少年学习和传承优良传统美德，做社会主义核心价值观的模范践行者。

三、文化嵌入：以文化人培育淳朴民风

以文化认同为基础的政治认同构成了基层社会治理的推动力。文化软治理不仅是国家治理的工具性条件，还能通过"文化存储"这个介质树立国家信仰的价值标杆。① 颍上县黄桥镇新时代文明实践所和基层站点以传统文化铺染道德底色，聚焦群众需求，契合百姓口味，激发实践的服务功能、互助功能与聚心功能，不仅有力提升了居民群众道德素质和文明程度，还助力基层社会治理全面发展。

（一）弘扬优秀文化，党的声音聚民心

（1）突出传统文化的滋养熏陶。注重从历史文化中找传承，充分利用"管鲍之交"② 发源地的文化富矿，甄选传统文化经典中引起群众共鸣的内容，以漫画形式绘制成会说话的"文化墙"，讲述"礼义廉耻"传统小故事，引导教育群众友好互信相处，打造一道道德治好风景。

（2）注重先进文化的时代洗礼。紧扣文明实践主题，找准与群众产生共鸣的

---

① 王列生等：《国家公共文化服务体系论》，文化艺术出版社2009年版，第276页。

② "管鲍之交"是中华文化中一个经典的成语故事，源于春秋时期齐国政治家管仲和鲍叔牙之间深厚友谊的故事，最初见于《列子·力命》："生我者父母，知我者鲍子也。此世称管鲍善交也。"后用来形容自己与好朋友之间彼此深厚的友谊和高度信任的关系。据史料载管仲鲍叔牙并颍上人也，今颍上县有省级文保单位管鲍祠，该县通过深挖"管鲍之交""管鲍分金""鲍叔让贤"等故事传承文化根脉，厚植文明实践。

契合点，梳理了 62 个志愿服务项目作为供群众"点餐"的菜单，采用"理论+身边故事""理论+文艺表演""理论+农技培训"等形式，组织文化、教育、科技、卫生、法律等 8 支志愿服务队，按照志愿服务"六单"工作流程，把讲堂搬到街头巷尾、田间地头、扶贫夜校，分类组织开展"举旗帜·送理论"等理论宣讲类活动 210 多场次、教育服务类 250 多场次、文化服务类 300 多场次、科技科普服务 150 多场次、健身体育服务类 180 多场次，参与群众超过 5 万人次，具体流程参见图 3-3。

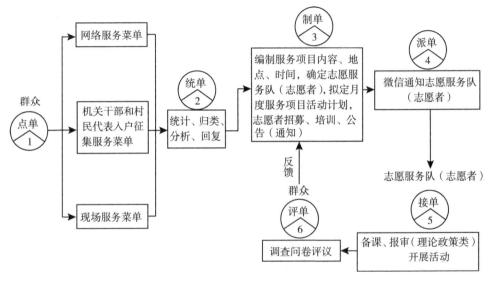

图 3-3　颍上县新时代文明实践中心志愿服务"六单"流程

（3）增添乡土文化的活动魅力。黄桥镇文明实践所、站吸纳了 100 多名有识、有能、有志之士成为文明实践志愿者，打造了一支常驻群众身边的志愿服务队伍，坚持节庆文艺活动不间断，使优秀文化回归农村，让乡贤文化润泽乡里。① 民间艺人创作出《精准扶贫》《移风易俗》《扫黑除恶》等 50 多个具有时代特色的作品，义务为群众演出，优秀代表蠡道成的快板书还被安徽电视台采访报道，《阜阳日报》记者两次采访了牛庙村花鼓灯艺术团，还有张庄村广场舞蹈

---

① 吕霞、冀满红：《中国乡村治理中的乡贤文化作用分析：历史与现状》，《中国行政管理》2019 年第 6 期。

志愿服务队等，常年活跃在群众周边，让群众在乡里乡音里受到熏陶、感悟文明。

（二）坚持文化熏陶，成风化俗润万家

（1）积极盘活文化资源。黄桥镇因地制宜建设新时代文明实践站，将村文化大礼堂、党员活动室、道德讲堂、农家书屋、乡村舞台等活动场所整合形成新时代文明实践广场，常态化举办政策宣讲、电影放映等群众喜闻乐见的宣传活动，让文明之风吹进田间地头，使文化之光照耀千家万户。

（2）主动协调群众生活。将群众需求作为文明实践的风向标，精心组织开展"我们的梦想·文化进万家"等文化志愿活动，让志愿者队伍常在镇下、常在身边。举办家庭发展培训班、亲子教育拓展活动30多次，600名"五老"队伍结对帮扶3500余名留守儿童。百名爱心人士开展传统美德宣讲活动140多场次。

[我们的中国梦，文化进万家]①

2019年1月18日，文化志愿者岳岢带领颍上县书法家协会的书法家们分赴南照、润河、半岗、王岗等乡镇，现场挥毫泼墨，为群众写下新春的祝福。"坚定信心跟党走，脱贫致富奔小康""百福尽随新岁至，千祥俱逐早春来""万众一心打好脱贫攻坚战，千方百计引导精准致富路"……前来领取春联的群众络绎不绝，各自排队等候，领到春联的居民喜笑颜开，现场洋溢着浓厚的节日氛围。面对群众热切的期盼，书法家们热情高涨，写了一幅又一幅。活动结束时，一位书法家深有感触地说，"能把这包含着新春祝福的一幅幅书画作品和对联送到贫困群众手中是我们的荣幸，能为脱贫攻坚大局做一点力所能及的事也是一种莫大的光荣"。

（3）自觉融入日常工作。党员干部带头宣传并落实移风易俗政策，对红白理事会的工作开展给予尽可能的支持和帮助，引导直系亲属理性待客、节俭办事。"村嫂"志愿者踊跃投身生态文明建设和乡村建设行动工作，各类文明实践志愿活

---

① 参见中国文明网：《颍上县组织开展"我们的中国梦"——文化进万家志愿服务主题活动》，见 http：//www.wenming.cn/。

动成风化俗，群众由"看着干""跟着干"转变为"领着干"，文明风尚蔚然成风。①

（三）践行志愿精神，文化融合助发展

（1）把文明实践转化为工作推手。该镇坚持把文明实践工作融入"脱贫攻坚""扫黑除恶""环境整治"等乡镇中心工作和阶段性重点任务中去，深挖农村环境中丰厚的人文元素和民俗风情，通过宣传、示范、引领，促进经济社会快速发展。

（2）把文明实践转化为服务推力。将文明实践融入群众生产生活之中，将群众的评价结果作为各志愿服务队评优争先的依据，做到从群众中来、到群众中去，是构建基层治理格局的重要发展路径。② 2020年春，新冠疫情防控期间，志愿者对进出村人员及车辆进行严格登记管控。镇文明之光志愿服务队和曩道成、曩道志组成的"道成志聚"爱心团队，发挥公益组织的积极作用，为群众提供必要的生活服务，带动了更多的人参与到抗疫文明实践中来。

（3）把文明实践转化为形象提升。黄桥镇的文明实践工作得到了上级的充分肯定，国家、省市县媒体多次报道该镇志愿服务先进事迹。例如，2019年开展的"七彩假期"文化志愿服务培训活动在《安徽新闻联播》进行了报道；在全县优秀志愿服务项目评比中，"温暖旅客行"项目荣获二等奖；"黄桥好人评选""微宣讲"等文明实践活动在群众中获得了普遍赞誉，有力地塑造了黄桥的文明形象。

四、结构嵌入：组织架构夯实治理基石

新时代文明实践中心的建设是依托中心、所、站三级平台，纵向覆盖县、乡（镇）、村（社区），横向辐射党、政、群，通过一系列的制度性设计与安排，形成利于提升基层治理效能的文明实践体系。而结构性的嵌入需要新时代文明实践中心嵌入到基层社会治理格局中以产生结构性耦合。③ 颖上县建立以新时代文明

---

① 参见王佳星、龙文军：《文化治理视角下的乡风文明建设》，《江南大学学报》（人文社会科学版）2019年第6期。

② 王彦东、李妙然：《志愿服务在构建基层治理新格局中的功能及发展路径》，《齐鲁学刊》2020年第6期。

③ 薛美琴、马超峰：《技术夹层：嵌入基层社会结构中的治理机制》，《学习与实践》2019年第6期。

实践中心为中轴的治理架构，组成党建引领下多元参与的基层社会治理共同体。

如图3-4所示，颍上县的基层社会治理架构可被归纳为"中心+网格+小分队"结构。其中，新时代文明实践中心处于基层社会治理共同体运转的中轴，且处于枢纽地位，对协调多元主体和整合社会资源负责；文明实践网格是由乡（镇）、村（社区）新时代文明实践所、站按就近原则，结合城乡居民的居住点设置并划分后设立而成。其主要职能是协助基层党组织开展各项公共事务，收集社情民意，解决网格内群众生产生活困难；志愿服务小分队是由每个网格自行组建而成，主要发挥宣讲党的理论政策和服务基层群众的功能。

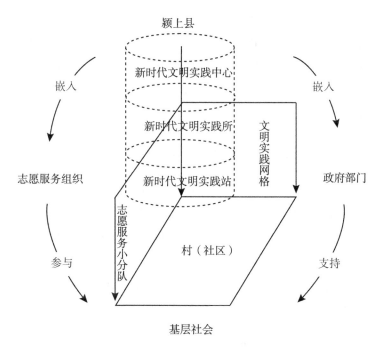

图3-4　颍上县"文明实践+社会治理"的结构嵌入

在这一组织架构下，颍上县把文明实践工作列为县、乡（镇）、村（社区）三级党组织书记"一把手项目"，并将其纳入党的建设、党委巡视巡查、意识形态、群众性精神文明创建等工作进行重点考核，构建起上下贯通、横向互联的文明实践体系。截至目前，颍上县投入资金200多万元，为新时代文明实践中心配备相关设备、布置工作展厅、建设中心广场阵地，为30个乡镇文明实践所、349

个村（社区）文明实践站、86 个县直单位文明实践分中心制作标识牌，打造若干镇新时代文明实践广场和村新时代文明实践点。通过召开联席调度会、检查考评会、业务培训会，统筹组织推动，把不相隶属、没有上下级关系的单位和组织团结凝聚在一起，这有助于"打通多元主体间的组织壁垒，实现有组织的非正式互联，为基层协商共治创造条件。"①

颍上县结合"党员活动日""遍访贫困对象""颍上夜话"等活动，建立"积分档案"激励措施，负责网格内了解民意、服务民生、安全保障、群众联络、化解纠纷等工作事项，实现多方力量进网格的和谐治理局面。② 通过有效激励考核，做到群众工作群众干、群众事情群众办、群众活动群众忙、群众典型群众评，充分激发群众参与文明实践的热情，提升群众对基层社会的自治意识，实现文明实践由打通"最后一公里"到打通"最后一百米"，乃至打开"最后一扇门"，让群众从志愿活动中收获满足感和幸福感。新时代文明实践中心影响力的扩大，一方面提高了党组织的影响力，另一方面文明实践活动有助于吸纳群众共同参与基层社会治理。③

五、关系嵌入：盘活网络搭建互通"心桥"

"基层社会的多元主体往往具有不同的利益取向、价值观念，这虽然对激发社会活力有一定助益，但当不同的价值认知与利益目标共存甚至相互冲突时，基层社会治理工作将举步维艰。"④ 颍上县在新时代文明实践工作中，创造性地成立"村嫂理事会"，立足志愿服务、壮大自治队伍、辅助村居治理、重构关系网络，使广大农村留守妇女以"六员制"模式柔性参与基层社会治理，打通了村居自治"微循环"（见图 3-5）。

（一）行稳致远，探索实践稳扎稳打

2020 年 5 月，颍上县、乡、村三级联动，依托妇联组织，成立由村级女性成

---

① 王力平：《社会工作与基层治理的协同发展》，《甘肃社会科学》2019 年第 5 期。

② 吴青熹：《基层社会治理中的政社关系构建与演化逻辑——从网格化管理到网络化服务》，《南京大学学报》（哲学·人文科学·社会科学）2018 年第 6 期。

③ 杨达：《建设新时代文明实践中心的有益探索》，《红旗文稿》2021 年第 4 期。

④ 王东杰、谢川豫：《多重嵌入：党建引领城市社区治理的实践机制——以 A 省 T 社区为例》，《天津行政学院学报》2020 年第 6 期。

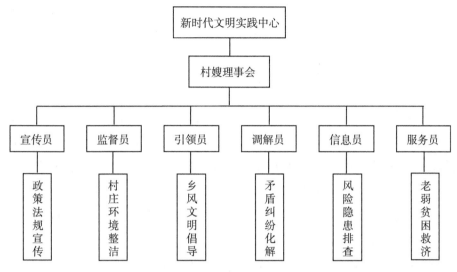

图 3-5　颖上县村嫂理事会"六员制"示意图

员构成的村嫂理事会。县两办于 6 月 3 日印发《颖上县村嫂理事会试点工作实施方案（暂行）》，明确了村嫂理事会工作目标、职责、内容、方法、管理考核和要求等。11 月中旬，成立县委书记、县长担任组长的颖上县村嫂理事会工作领导小组。12 月 4 日，颖上县村嫂理事会完成民政注册工作，县民政局颁发社会团体法人登记证书。随即召开村嫂理事会代表大会，推选相关负责人。12 月 25 日，召开颖上县村嫂理事会成立大会。会议上宣读了《中共颖上县委 颖上县人民政府关于颖上县村嫂理事会工作的实施意见（试行）》，就推动村嫂理事会依法依规健康运行、全力贯通基层自治"微循环"提出了指导意见及要求。

此后，颖上县举办村嫂理事会工作培训班，全县 379 名镇村"村嫂理事会"会长集中学习了"六员"服务内容。县数据资源管理局在"皖事通"开通"颖上村嫂"平台，结合"六员"服务内容设计工作模块，实现操作简单化、信息传递快捷化。目前，颖上县共计推选产生 4322 名村嫂，年龄结构上以 30~50 周岁为主体，占比 89.9%；文化层次上以初中以上学历为主体，占比 93.8%，其中高中学历人数占比约 8%，大学学历人数占比约 5%；村嫂队伍中有党员 418 人，占比约 9.7%，作为关键少数发挥了模范带头作用，她们学在先、干在前。村嫂在建美丽村居，搞好环境卫生；建和谐村居，促进邻里互助；建善治村居，化解社会矛盾；建文明村居，倡导新风尚等基层社会治理中发挥了不可替代的作用。

"通过凝聚关系获得资源与价值的同时也增强了多元主体之间的情感联结，进而助推基层社会治理现代化目标的实现。"[1]

（二）以情动人，"六员"服务温暖乡邻

（1）党的方针政策深入人心。村嫂做好政策法规"宣传员"，积极向身边群众宣传党和政府的惠农利民政策，把党的声音传入千家万户。2021年春节期间，为做好各级防疫政策宣传，全县村嫂按照网格化管理方式，对所包保农户开展全方位摸排，配合镇村干部做好在外务工人员摸排信息登记，落实疫情防控措施和健康管理要求。在村嫂的宣传动员下，春节期间颍上县在外务工人员仅有18万人返乡过年，较往年减少2/3，减轻了疫情防控的压力。

（2）农村人居环境大为改观。村嫂做好村居环境"监督员"，对农户户内户外、院内院外环境卫生进行督促指导，针对特殊困难群体一对一精准帮扶。通过村嫂的示范带头、宣传发动，2020年全县659户农户被推选为各级"清洁文明户""清洁家园带头人"，农村垃圾更少了、沟塘更净了、环境更美了。

（3）乡风文明进程明显加快。村嫂做好乡风文明"引领员"，积极宣传传统美德，在弘扬孝老爱亲、移风易俗、勤俭节约等方面起到积极作用。主动参与制止大肆操办婚丧嫁娶，做到红白喜事简办、杂事不办，引导村民树立文明新风。到2021年2月，结合疫情防控宣传，共成功引导红事缓办、新事新办1844件次，白事简办872件次，杂事不办795件次，赢得广泛赞誉。

（4）生产生活关系更加和谐。村嫂做好矛盾纠纷"调解员"，发挥女性优势，把维护村民关系列为重要工作事项，积极帮助村民化解家庭事务纠纷，从各个角度发觉问题，打好提前量，将矛盾之火在未燃之时及时扑灭。截至2021年2月，全县村嫂成功调解各种民事纠纷1291件，营造出"村嫂及时出面，问题就地解决"的良好氛围。

（5）化解风险隐患初见成效。村嫂做好村居治理"信息员"，在走访中关注各类问题和矛盾的苗头，对这些问题及时化解，如劝导留守儿童远离水源，防止溺水事故发生等。近年来，村嫂共上报各类隐患问题5670个，畅通了信息渠道，

---

① 张立荣、朱天义：《农村基层协同治理的需求匹配精准性研究》，《中国行政管理》2018年第6期。

实现了村居治理一网多格、联动共建。

（6）服务中心工作贡献突出。村嫂作为扶弱济困"服务员"，关注留守老人、妇女、儿童、孤寡老人、困难残疾人等弱势群体的生产生活困难和心理健康状况，开展送温暖、献爱心活动，成为服务基层群众的贴心人。

[温情父亲节　理发献爱心]

2021 年 6 月 19 日上午，杨庄村村嫂理事会以"孝为德之本 百善孝为先"为主题，在杨庄村开展了一场暖心的感恩父亲节文明实践志愿服务活动。在活动现场，来自村嫂团队的周蕾蕾、周利菊等个体爱心美发师们一刻不停地在为老人修剪头发。老人们有序地在排着队，大家互相讨论着哪里需要修剪，现场氛围热闹而温馨，还不时地传出老人们开心的欢笑声。"来，低头，后面再给您修短点。"爱心理发师娴熟地理着发。村嫂周利菊说："看到爷爷奶奶们理完发这么开心，我们再辛苦也值得。"老人们对爱心理发师村嫂们的到来，显得既高兴又感动。

（三）推陈出新，特色举措层出不穷

2021 年春节，受新冠疫情影响，国家鼓励在外工作人员暂缓返乡。颍上县作为劳务输出大县，很多人积极响应号召，选择留在工作地过年，为支持当地和家乡做好疫情防控工作、促进经济社会发展作出贡献。为缓解留守家庭与外出务工亲人的"思念之情"，帮助解决弱势群体的实际困难，颍上村嫂们开展了"送温暖"爱心活动，五十铺乡、建颍乡等地村嫂春节前为行动不便的老人理发；西三十铺镇、赛涧回族乡等地村嫂为孤残困难家庭打扫卫生、贴春联；王岗镇、江店孜镇等地村嫂包好水饺，分送到留守老人、孩子手中，让每位乡亲在春节都能吃上热乎乎的饺子；耿棚镇村嫂与村医、帮扶教师一道为留守老人做健康检查，为留守儿童做心理辅导。为让"就地过年"的务工人员一解思乡之情，江店孜镇村嫂与临海市妇联共同努力，实现了跨越近 800 公里的暖心互动，让外出务工人员与家人实现"云团聚"。同时，还为留守家庭送去新年礼包，留下"爱心联系卡"，随时提供上门服务；慎城镇村嫂为留守儿童和远方父母举办"云上"联欢会，让身在远方的父母又感动又欣慰。

六、多维嵌入的经验启示

多维嵌入在颖上县的成功实践表明，新时代文明实践中心参与基层社会治理，是优化文明实践功能和提升基层社会治理水平双向赋能的过程，可以为党建引领多元共治的基层社会治理创新提供契机。

（一）再造基层党建工作体系，铸牢执政根基

颖上县的经验证明，"党建+文明实践"的模式提高了基层党组织的组织力，进一步夯实了党的执政根基。根据《中国共产党支部工作条例（试行）》要求，一般情况下有 3 人以上正式党员的单位和区域，都应当成立党支部，要创新形式实现党的组织和党的工作全覆盖。新时代文明实践中心参与基层社会治理采用在群众生活空间、社会组织、商圈组织、企事业单位中传播党的声音、开展党建活动的形式，重构了党建工作体系，使党组织的触角延伸到最基层的治理单元，并与基层社会多元联结，发挥引领实效。

（二）实践道德力量润物无声，凸显德治价值

存在于文本中的概念需要用具体行动予以检验，而探索各种社会治理方式最根本的目的就是治理理念的具体实践。国家权力往往采取影响公民思想观念和价值取向的方式对社会进行治理，以国家的道德观念影响公民的道德判断能力，使其政治实践促进特定政治生活的生成，进行治理活动的国家权力需要通过制度设计规范公民的政治行为，同时也要注重思想道德宣传，从而使公民形成趋同于国家价值取向上的认知。① 颖上县"文明实践+基层社会治理"的实践，坚持德治底色，使群众受到文明的教化洗礼，促进文明实践功能不断完善，使党组织引领的自治、法治、德治的"三治融合"成为可能。

（三）提升文化治理"软实力"，渲染社会风气

文化特有的社会功能，决定了它在推进社会治理现代化中具有不可撼动的地

---

① 马振清：《国家治理方式的双重维度研究》，中国言实出版社 2015 年版，第 149 页。

位：社会治理体系建构离不开文化共识的塑造；社会治理机制运行需要文化的整合、维系；社会治理效能提高有赖于文化的促进。① 颍上县有效激活文化的社会治理功能，依托新时代文明实践中心，传承优秀传统文化，提供强大的精神动力；大力发展文化产业，提升文化的社会治理功能；培育、发展文化类志愿服务组织，发挥其治理主体作用；创新文化艺术活动样式，充实公共服务的意蕴与景象。因此，这也在有力诠释了"在治理体系与治理能力现代化的发展进程中，文化治理的作用是难以估量的"②。

（四）拓展多重组织边界，优化社会治理结构

多重嵌入使新时代文明实践中心成为联结基层社会中不同组织形式的枢纽。一方面，以新时代文明实践中心为"主轴"的运作机制，打破了不同主体间的壁垒。在具体机制设计方面，通过搭建平台，打通渠道，为各类主体有序参与社会治理提供机会，为治理资源、信息互通共享创造条件；另一方面，从颍上县培育志愿服务组织、挖潜基层治理力量等诸多实践可以看出，新时代文明实践中心参与基层社会治理的基础在于保障社会存在和发展的空间，创造更加开放的基层社会治理系统，以实现"党建占主位、国家不越位、社会不缺位"的共生共强格局。

（五）打造开放式关系网络，增强基层社会活力

多重嵌入通过营造开放式的环境条件，形成一种极具包容性和弹性的治理模式。"诚信至上"是一句睿智的格言，而不是庸俗的口号，但前提是其他人也遵循相同的准则。普遍互惠（互信）在能够得到保障的情况下就是一项社会资产，其中关键的要素是可信赖性。而紧密的特殊交流网络能够有效巩固普遍互惠。③颍上县依托新时代文明实践中心成立的"村嫂理事会"，其最核心价值就是基于

① 曹凌燕：《借助文化软实力推进社会治理现代化的探索与思考》，《科学社会主义》2015 年第 2 期。

② 施雪华、禄琼：《当前中国文化治理的意义、进程与思路》，《学术界》2017 年第 1 期。

③ ［美］罗伯特·帕特南：《独自打保龄》，刘波等译，中国政法大学出版社 2018 年版，第 135 页。

信任。信任别人的人是全面发展的好公民，而那些积极参与社会生活的人，不仅更信任别人，而且更值得信任。基层关系网络因人与人之间的信任变得通络，基层社会治理能力和治理水平也会随之而提升。

七、结语与讨论

进入新时代后，党面临的社会政治、经济、文化环境都发生了深刻变化，传统的党建思路、党建模式应与时俱进予以调整。[1] 在人民群众对美好生活的向往与发展不平衡不充分成为现阶段主要矛盾的背景下，如何更好地服务人民群众，不仅是对党的执政能力的考验，也是国家治理能力的重要评价标准。基层社会治理作为社会治理的"神经末梢"，提高其成效尤为重要。[2]

新时代文明实践中心参与的基层社会治理必须是党组织引领下的嵌入式治理。颍上县新时代文明实践中心多维嵌入的治理实践，不仅是新时代文明实践中心参与基层社会治理模式的创新尝试，也是新时期加强党建与基层社会治理共同体建设的最好例证。新时代文明实践中心多维嵌入基层社会治理，文明实践与基层社会治理无缝衔接创生了"主体-结构"土壤，通过推动资源、服务、管理向基层下移提高公共服务质量，通过培育社区公共精神、促进共同价值趋同，有助于实现基层社会"善治"的远景目标。[3]

尽管文明实践的多维嵌入在颍上县的实践验证了其可行性，但值得注意的是，我们应审慎处理嵌入式治理模式下新时代文明实践中心与其他参与主体联结的强度及其介入基层公共事务的深度，避免形成集体式遮蔽下的权力排他性主导。否则，不仅有悖于文明实践首要任务中政治性的初衷，也并不符合"共建共治共享"社会治理格局构建的要求，还可能增加社会风险及治理成本。另外，较之于颍上县地方党政领导高度重视、良好的社会环境与财政支持，当新时代文明实践中心参与基层社会治理的嵌入模式被应用在经济发展水平较落后、基础条件较差的其他地区时，需在重塑公共精神、搭建嵌入式治理架构、引入社会资本等

---

① 谌玉洁：《转型期农村基层党建论》，南京师范大学出版社 2017 年版，第 37 页。

② 贺广华、吴君等：《武汉百步亭社区——打通社区治理"最后一公里"》，《人民日报》2021 年 5 月 11 日。

③ 金太军、张振波：《乡村社区治理路径研究：基于苏南、苏中、苏北的比较分析》，北京大学出版社 2016 年版，第 52 页。

方面，因地制宜探索新路径。

第三节　新时代文明实践中心参与基层社会治理的阻滞因素

一、城乡文明实践重视程度差异较大

很多地方在县或市级层面都有丰富的新时代文明实践中心建设载体及资源，但相比之下乡镇、村级活动承载能力不够，这势必造成上级"一头热"，个别基层地方各自为政、单兵推进的问题。调查发现，试点县市的推进速度较快，大部分镇（街道）召开了新时代文明实践中心建设专题动员部署会，然而有的并没有坚持高标准、严要求，执行力度不强，以至于文明实践所、站的选址还在激烈争论之中。同时，城乡基础设施差距显著使得文明实践工作的开展受困。相比于城市的现代化，由于受到发展水平的限制，乡（镇）、村的公共服务分别在软件和硬件两个方面都与城市有很大的差距。例如，虽然有些村、社区按照相关政策的要求开展文明实践工作并开设新时代文明实践站，但由于这些地区受困于其发展现状且思想意识跟不上导致文明实践工作得不到重视，无法正常发挥文明实践场所的相关功能。

目前，有的乡镇新时代文明实践工作由文化站人员负责，多数人员身兼数职，专职人员配备难度大，无法常态化开展活动。村居没有专门从事新时代文明实践站建设的干部，兼职的村居干部大多数年龄偏大，文化层次低，缺乏现代化办公技能，很难满足群众多样化服务需求。理论教育、知识科普等工作常常面临入脑入心难的问题，在文明实践到基层一线时，多遇到群众不买账，干部吃力不讨好的现象。"开展志愿服务没有形成制度化、规范化，与新时代文明实践有机结合的更少，仅局限于老套路，更谈不上满足一些社区特殊群体需求，群众认可度待提高。"[1]

新时代文明实践中心（所、站）是开展文明实践活动的主阵地，是群众参与志愿服务的主场所，但个别乡村仅在文化站、党群服务中心等现有阵地上简

---

[1]　徐向文、李迎生：《志愿服务助力城乡社区自治：主体协同的视角》，《河北学刊》2016 年第 1 期。

单挂个牌子，经常性开展志愿服务活动较少，发挥新时代文明实践主阵地作用不够。"这种'名实分离'表明，一些基层实践活动场所没有最大化发挥自身应有功能，沦为一种可有可无的摆设"①。村社一线志愿服务力量相对薄弱，很大程度上依靠城市志愿队伍集中性开展活动，存在运动式、一阵风现象，文明实践志愿服务的规程化、本土性都亟待加强。② 基层工作恰如"万花筒"，"上面千条线、下面一根针"，特别是基层镇村干部平时工作任务繁重、压力大，加之存在权责不匹配的客观问题，③ 导致没有足够精力投入新时代文明实践中心建设。

二、文明实践参与主体积极性保持不够

各职能部门依靠从上到下行政体制运行，使参与主体片面认为新时代文明实践中心建设只是一项政治任务，只要遵循常规的办事方法及评测标准开展工作就行了，大可不必进行一些创造与改良，因而落到基层动力乏力，尤其是村干部工作积极性不高，为了活动而活动，为应付检查而开展活动，解决实际问题很少。一方面，参与主体与政府之间由于种种原因并不能进行更加高效的协商与沟通，而且参与主体也没能在有效时间内接收政府出台的各项措施，④ 这就导致部分参与主体的主动性遭受打击，反过来又强化了其对新时代文明实践中心及其关键性的错位认知。另一方面，基层群众作为一个重要因素也缺乏与政府及其他主体可以进行高效沟通的途径，因此群众的呼声和需求也得不到重视。新时代文明实践中心主要由县、市委宣传部（文明办）组织开展其资源供给工作，其他部门按照职能划分负责相应的具体工作，因此新时代文明实践中心的服务提供工作并未能够获得长远的规划设计和富有效率的协调对接，"有关部门并未对如何开展志愿服务活动建立长效的管理机制，而且几乎没有政府和专业组织对志愿者进行必要

---

① 颜克高、唐婷：《名实分离：城市社区"三社联动"的执行偏差——基于 10 个典型社区的多案例分析》，《湖南大学学报》（社会科学版）2021 年第 2 期。

② 唐皇凤、王豪：《可控的韧性治理：新时代基层治理现代化的模式选择》，《探索与争鸣》2019 年第 12 期。

③ 张鹏鹏、李燕：《乡风文明建设中村干部的行动策略研究——以苏南 Y 村乡村大舞台建设为例》，《经济研究导刊》2014 年第 15 期。

④ 赵宇峰：《城市治理新形态：沟通、参与与共同体》，《中国行政管理》2017 年第 7期。

的培训，因此这些志愿服务组织只能提供规模范围较小的公益爱心活动"①。

文明实践志愿者服务还未形成规模化、社会化格局，其组织化程度更有待加强。文明实践志愿者服务队一般由新时代文明实践中心创建，在没有硬性制度约束的情况下，志愿者开展服务活动的自觉性不强，且服务水平不高，服务质量欠佳。队伍结构不合理，群众需求量大的抢险救灾、医疗卫生、教育科技、环境保护、司法援助等专业技术志愿者匮乏，服务项目与群众需求不匹配。有些地方的文明实践志愿服务活动仅限于固定日子的学雷锋活动、慈善捐助等事项；有些地方拉大队伍兴师动众搞宣传，启动仪式、领导讲话时间较长，真正的志愿服务时间短，这种活动效果差，群众满意度低。② 此外，文明实践志愿服务普遍忽视品牌建设，服务队伍影响力弱，可持续性不高。

资源下乡是后税费时代国家与农民资源汲取型关系的"翻转"。③ 资源输入尽管是一种对农民集体行动困境与公共品供给能力不足的回应，但其输入方式确也升华了无主体村庄农民对村庄公共事务缺乏热情、关心个体利益得失的性格特征，即形成"等靠要"的农民性格。④ 因而，这就使得新时代文明实践中心对于村民参与基层自治的动员显得"心有余而力不足"。"国家资源包揽了村庄建设的所有方面，村民在如此情形下误以为村庄建设理所当然由国家给资源、由村干部去争资源，而作为受益者的农民则不太愿意为村庄公共事务承担任何义务和责任。"⑤ 村民对公益性服务的冷漠致使其参与新时代文明实践中心建设的意识以及督促干部善治乡村的制度化路径不足。在这样状况下，基层文明实践工作可能会被绊住了脚步，使得乡村治理更多的有赖于个别干部强推，⑥ 如何激励村民克

---

① 徐若兰：《志愿服务管理机制探索——以福建省为例》，《福建论坛》（人文社会科学版）2016 年第 9 期。

② 王婕：《中国青年志愿服务项目的现状与对策研究——基于 505 个志愿服务项目的数据调查》，《中国青年研究》2016 年第 6 期。

③ 周忠丽、周义程：《资源下乡背景下农村基层党组织凝聚力弱化困境及其排解》，《南京农业大学学报》（社会科学版）2018 年第 6 期。

④ 贺雪峰、田舒彦：《资源下乡背景下城乡基层治理的四个命题》，《社会科学研究》2020 年第 6 期。

⑤ 吕德文：《乡村治理 70 年：国家治理现代化的视角》，《南京农业大学学报》（社会科学版）2019 年第 4 期。

⑥ 秦中春：《乡村振兴背景下乡村治理的目标与实现途径》，《管理世界》2020 年第 2 期。

服"等靠要"，自觉参与到文明实践活动中，并与村干部共同治理乡村是摆在当前的一道难题。

三、文明实践形式化与教条化日渐显露

在国家越来越重视文明创建工作的背景下，新时代文明实践中心的建设和发展已然成为党和政府开展一系列工作的重要抓手，那么与之相伴的形式化、教条化问题也应得到充分的关注。一是没有明确责任划分。如：有的乡镇（街道）并不能充分理解新时代文明实践中心建设的意义和内涵，缺乏精准的工作方向，无法对村社一级进行正确的业务指导和工作监督，文明实践工作的理论策划、场景布置和宣传推广得不到足够的重视。而且，工作内容的设计并不规范，一些村可能会同时找某一家广告公司对其文明实践工作内容进行规划设计，从各种报纸、新闻上抄袭内容，无法确保严肃的政治导向性。[1] 二是没有主动开展活动。经常会出现文明实践主题模糊、事项混乱等问题，比如某些乡村很少开展甚至不开展文明实践宣传工作，更有甚者，一些冠以村级志愿服务队名号的组织都不能积极发挥其志愿精神，文明实践在基层失去光泽。各级文明实践阵地及相关部门在活动载体与形式上，虽有一些好的点子，但具体做法仍拘泥于印册子、贴标语、开宣讲会、出宣传栏，没有开展群众需求的大调查、大摸底，对群众需要什么、接受什么底数不清、情况不明。[2]

有的地方虽然建立了文明实践志愿服务队、站点或网站，但开展活动寥寥无几，文明实践志愿服务平台投入大见效小，队伍闲置、站点虚设，网站"僵尸化"十分普遍。"志愿服务制度建设比较滞后，保障措施不足，存在平台建设与制度建设不配套现象。"[3] 具体体现在：已形成的文明实践志愿服务管理制度线条粗，内容不具体、不科学、不完善，缺乏指导性与可操作性，相应的培训、激励和统筹机制，忽视志愿者的日常管理、登记注册、教育培训、督导检查、考评

---

[1]　韩广富、刘欢：《新时代农村基层党组织推进乡风文明建设的逻辑理路》，《理论探讨》2020 年第 2 期。

[2]　陈荣卓、唐鸣：《农村基层治理能力与农村民主管理》，《华中师范大学学报》（人文社会科学版）2014 年第 2 期。

[3]　关信平：《论当前我国专业社会工作的制度建设》，《国家行政学院学报》2017 年第 5 期。

奖励等环节工作，文明实践后劲不足。个别地方单纯地以强化意识形态抓文明实践志愿服务，缺少相应的物质、资金扶持，影响活动的实效性和连续性。农村外出务工人员多，留守人口基本是"386199 部队"（老弱妇孺），精准对接这些群体的共性与个性需求的途径不多，缺少有厚度、有深度、有温度的项目，公共服务活力尚未激发出来。①

一些干部对新时代文明实践中心建设的根本目的、核心要领把握不准，把常规工作冠之以文明实践的"帽子"，主张"新壶灌旧酒"。有的对群众的价值追求、话语特点研究不透，导致文明实践活动吸引力不够、参与度不高、效果也不理想。这一问题的根本原因在于，在践行"一切为了群众，一切依靠群众，从群众中来，到群众中去"的群众路线方面有欠缺。新时代文明实践中心建设在短时间内还处在试行阶段，组织志愿者队伍应凭"自愿"，尊重参与者的主体地位。但一些地方摊派任务，提出要求做到"参与文明实践志愿率百分之百"、实现"文明实践志愿服务全覆盖"等。

四、文明实践社会资本挖掘开发不充分

帕特南认为，诸如信任、规范以及网络能通过促进合作行为而提高整体社会效率，表示社会资本存量的指标由社会组织的数量及参与社会组织的人数构成。由我国基层社会当前的发展状况来看，人们的生活方式随着社会进步更加高效，随之而来的是人与人之间的交往越来越频繁、社会的活动性加剧，而人们可享有的活动空间却逐渐减少，房价不断上涨也使得生活质量不升反降。从而导致人与人之间的互惠互信缺少了生长的土壤，而群众参与公共事务的积极性被打压，沟通渠道得不到拓宽，社交网络也随着互信程度的减弱不断萎缩。② 基层社会的社会资本存量不足，也使新时代文明实践中心很难深嵌于稀薄的基层社会信任网络中，更不能从基层社会结构网络中再生产足够的社会资本以作支持。

社会资本根植于一个地区的传统、文化、习俗和规定等各种正式或非正式的公民交往规范及参与社会网络所生成的制度习惯，诺斯认为制度习惯具有自我增

---

① 姜姝：《乡村振兴背景下"城归"群体的生成机制及其价值实现》，《南京农业大学学报》（社会科学版）2021 年第 3 期。

② 牛荣：《后扶贫时代农村欠发达地区社会资本的结构性缺陷与重构路径》，《山西农经》2021 年第 13 期。

强性。① 不断进行自我复制是社会资本的一个重要特征，如果来自环境以外的强制性介入失败或者社会资本得不到优质培育，客观的制度性缺陷也会在内部进行自我繁殖并且不断扩张，因为一旦社会中的互信机制遭到破坏，人们将会主动断绝与他人的社交信任并保持独立。在现实中，一些地方的新时代文明实践中心由于社会资本匮乏难以获取群众的信任及民间力量的汇入，从而对基层社会治理束手无策。这种被动的无奈，久而久之会使文明实践更加难以得到群众的信任，建设经费完全依赖财政投入，陷入恶性循环。笔者调查了解到，尽管各地文明实践工作已具备一定规模，但远不能满足社会公众需求，不少中心（所、站）因持续性社会资源的断供而处于"休眠"或"半休眠"状态。

五、文明实践角色能力与程序不协调

自 2018 年新时代文明实践中心开始试点建设以来，文明实践工作取得了长足进步，国家已给新时代文明实践中心建设提供广阔的发展空间和诸多政策支持，其在参与社会治理创新中被寄予了较高的期望。但从主体视角来看，新时代文明实践中心对参与式治理的实行尚不全面，开展对话协商的能力较弱，独立设置议题的机会仍有待增强，尤其在文明实践中对各部门的统筹协调、多元主体的资源整合、工作方案的合理实施、漏洞的有效弥补等方面仍显不足。新时代文明实践中心在基层社会治理中角色定位模糊，且思想教育文化方面活动多、成效快，而公共服务供给能力弱，社会公信力需提高。② 新时代文明实践中心的自身发展在实然与应然之间存在一定差距，不能完全展现其作为社会治理主体的功能性参与方式，还不能够扛起国家与社会所期待的社会治理"融合型枢纽"的大旗。③

新时代文明实践中心与社区相比具备得天独厚的条件，不仅可以向上获取体制内行政资源，还能以志愿服务的形式吸纳社会力量广泛参与。因而新时代文明

---

① 刘春湘、邱松伟、陈业勤：《社会组织参与社区公共服务的现实困境与策略选择》，《中州学刊》2011 年第 2 期。

② 施雪华、禄琼：《当前中国文化治理的意义、进程与思路》，《学术界》2017 年第 1 期。

③ 李睿莹、张希：《元治理视角下地方政府社会治理主体结构及多元主体角色定位研究》，《领导科学》2019 年第 4 期。

实践中心要发挥主观优势凝聚社会力量，总结实践经验并设计方案，通过有效沟通将民意融入文明实践工作中，① 彰显其作为一个主体参与到基层社会治理的鲜明立意。作为实体与程序之间的互动合作，成为新时代文明实践中心的功能作用发挥及地位得以巩固的重点。实体是对程序的输出型表征，而程序又是实体强大的结构性支撑，二者相辅相成，缺一不可。② 新时代文明实践中心参与基层社会治理的制度安排与方案设计就必须引起重视。现有相关政策文本中指明了新时代文明实践中心的重要作用与主体地位，但并没有对其参与基层社会治理做出明确规划或具体方案，由此可看出政策层面在该环节中相应的制度安排滞后，实践工作中的具体流程没有细致的全面阐述，多为各地自行摸索的个案。

第四节　新时代文明实践中心参与基层社会治理的嵌入路径

新时代文明实践中心政治宣传、教育群众、以文化人、移风易俗的功能定位与基层社会治理现代化能够深度嵌合。要充分发挥这一平台"上联党政、下引村社，左右沟通基层群众与社会"的枢纽作用，从政治、认知、文化、结构、关系"五维嵌入"的角度，探寻新时代文明实践中心以基层党建为统领、以德治教化为先导、以文化治理为基石、以多元协同为骨架、以志愿服务为主旨有效参与基层社会治理的路径，推动城乡社会文明程度和基层善治水平双向赋能提升，以适应全面建设社会主义现代化国家的新要求。

一、新时代文明实践中心坚持基层党建统领

新时代文明实践中心对党的群众路线进行了深度演绎，这一重要形式是新时代背景下党密切联系群众的伟大创新，与党建引领基层社会治理的逻辑不谋而合，即"不断向基层拓展思想文化宣传工作，努力解决广大群众实实在在的民生问题，大力推进社会主义精神文明建设，不忘初心，提升带领群众创造美好生活

---

① 吴成峡、张彩云：《社区治理主体的角色认知与功能再造》，《江汉论坛》2018 年第 7 期。

② 任梅、刘银喜、赵子昕：《基本公共服务可及性体系构建与实现机制——整体性治理视角的分析》，《中国行政管理》2020 年第 12 期。

的基础能力，牢固党治国理政的社会根基"①。

（一）树立正确的基层党建政治导向

要把准新时代文明实践中心党建工作的方向。依托基层党建狠抓"政治理论学习"这个总开关，突出思想政治的引领作用，确保党领导新时代文明实践参与基层社会治理目标不变、方向不偏。②将学习党的创新理论以及宣讲党的精神以文明实践活动的形式深入推进，为基层社会治理提供方向指南。新时代文明实践中心（所、站）要通过组织开展专题研讨、集中学习、专家辅导等，学习、交流与研究马克思主义中国化的最新理论成果，让党的理论和路线方针政策为老百姓所接受、理解并内化成为一种参与共建共治共享社会治理的自觉行动。要把基层党建的领航作用在新时代文明实践中心的建设中发挥得淋漓尽致，形成"以基层党建统领新时代文明实践中心建设，以新时代文明实践中心建设促进基层党建"的工作格局，因势利导，把新时代文明实践中心的建设工作与基层党建在使命、特点、要求等方面的契合性握紧抓牢，精心组织、科学布局，强化基层党员的奉献精神，在文明实践志愿服务中拉进与群众的距离，建立和谐党群关系，铸牢党的群众基础和执政基础。③

（二）推动基层党建全面覆盖全程贯穿

为推动新时代文明实践中心长效运行，助力基层党建工作创新发展，应统筹布局，加强组织设计，以乡镇（街道）、村（社区）、企业、学校基层党组织为单位，遵循"横向到边、纵向到底"的网格化工作模式，探索建立"基层党委—党组织—党小组"的三级党工委运行框架，使基层党建和新时代文明实践有机链接（见图 3-6）。同时，各级基层党组织要以新时代文明实践中心建设为抓手，建立覆盖县（市、区）、乡镇（街道）、村（社区）的新时代文明实践中心、所、站党建工作联盟，健全和规范区域大党委联席会议等协调制度，将新时代文

---

①　布成良：《党建引领基层社会治理的逻辑与路径》，《社会科学》2020 年第 6 期。

②　张勇杰：《多层次整合：基层社会治理中党组织的行动逻辑探析——以北京市党建引领"街乡吹哨、部门报到"改革为例》，《社会主义研究》2019 年第 6 期。

③　刘洪智：《强化党建引领作用 促进乡风文明建设》，《滁州日报》2020 年 12 月 17 日。

明实践中心建设摆在基层党建工作的突出位置。落实党委、党组织意识形态责任制，强化一把手责任，明确主体责任，要求党员干部带头参加文明实践，层层抓落实，确保新时代文明实践中心各项任务落地见效，实现基层党建与基层治理双重变奏。①

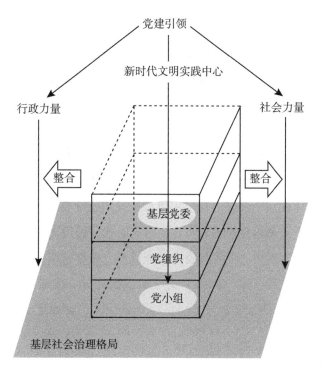

图 3-6　新时代文明实践中心基层党建统领机制

（三）共建共享基层党建阵地资源

阵地资源是基层党建的重中之重，是新时代文明实践中心建设的主要依托。面向新时代文明实践的基层党建工作，不是将二者割裂，亦非另起炉灶搞重复建设，而是以新时代文明实践中心整合县乡村三级党建资源，实现"1+1+1>3"的

---

① 邸晓星、黎爽：《基层党建与基层治理的双重变奏——党建引领基层治理创新研究综述》，《中共天津市委党校学报》2021 年第 1 期。

效果。① 为实现该目标，基层党组织要统筹协调，建立健全中心、所、站党建联动机制，以"三级阵地"贯通融合，形成"上下联动、同向发力"的党建模式。要盘活新时代文明实践中心"一盘棋"，不断夯实基层党建工作基础和基层社会治理主阵地。新时代文明实践中心本身就是一个共建共享平台，基层党组织要打破部门壁垒，拓展文明实践的职责范围，强化基层党组织资源整合与功能融合。② 借助"掌上"新时代文明实践平台阵地，开设党建理论、教育、文化、科普等模块，运用微博、微信、短视频等方式，发挥新媒体在党建中的作用，实现线上线下党建资源共建共享，最大限度提升基层社会治理成效。

二、新时代文明实践中心导入"四德"教化

"我国农耕文明源远流长、博大精深，是中华优秀传统文化的根，要在实行自治和法治的同时，注重发挥好德治的作用，推动礼仪之邦、优秀传统文化和法治社会建设相辅相成。"③《新时代公民道德建设实施纲要》以社会公德、职业道德、家庭美德、个人品德建设为着力点，对新时代公民道德建设进行了全面战略部署。新时代文明实践中心要发挥自身功能优势，做好基层思想宣传工作，深入实施公民道德建设工程，以"四德"为文明实践先导，构建"三治"融合的现代基层社会治理体系。④

（一）推进社会公德建设

社会公德建设的目标在于维护社会公共利益，培育文明风尚，其中重点是涵养文明乡风。首先，要加强村民的公共责任意识。一方面，增强其维护实体性公共利益的责任，即自觉树立维护乡村公共空间、公共资源、公共服务设施、公共人居环境、公共景观的责任意识；另一方面，要教育其树立维护实务性公共利益

---

① 周剑：《新时代文明实践背景下基层党建创新工作研究》，《农村·农业·农民》2020年第12期。

② 黄俊尧、魏泽吉：《"党建"与"共建"：形塑基层社会治理格局的双重逻辑——基于杭州市D区的考察》，《中共天津市委党校学报》2020年第3期。

③《习近平谈治国理政》第三卷，外文出版社2020年版，第260页。

④ 胡振刚：《加强"四德"建设的历史性和实践性》，《湖北社会科学》2011年第11期。

的思想。其次，要善用公共舆论道德监督功能。宜昌市夷陵区雷家畈村狠刹人情风，新时代文明实践站针对红白喜事中的"应该"与"不应该"，组织村民在田间、地头、村口展开热议，实现对个体道德行为的引导与监督。最后，要发挥村规民约对行为的规约作用。村规民约的价值导向为乡村公共事务和村民行为的评判提供了基本准则。集体监督惩戒保证了其效力得以有效彰显，传导内化机制为其根植于村民日常生活与行为方式提供了保障。①

（二）重视职业道德建设

在文明实践中加强职业道德建设，有助于营造各行各业共建共治共享基层社会治理的氛围。一要加强"政德"建设。政德，是为官当政者从政德行的综合反映，包括思想政治和品德作风等方面的素养。基层干部要明大德，以先进的政治文化滋养理想信念，厚植忠诚老实、公道正派、勇于担当的政治品格；带头守公德，了解群众的诉求期盼，多做利长远、打基础的实事；严私德，坚持慎独慎微慎欲，克己奉公、廉洁修身。二要推动"商德"建设。"商德"建设在于引导公民树立正确的义利观，培育诚信行风，建立健全诚信经商制度。三要提高新型职业农民道德素养。帮助农民成为现代农业生产和管理的行家里手，同时恪守职业道德，建立新时代文明实践"调解+普法"机制，化解群众在征地拆迁、农土流转等领域的矛盾纠纷。

（三）促进家庭美德建设

习近平总书记强调："不论时代发生多大变化，不论生活格局发生多大变化，我们都要重视家庭建设，注重家庭、注重家教、注重家风。"② 新时代文明实践中心既要善于挖掘与整合家庭教育资源，从传统优秀家规家训中汲取养料，规范家庭成员道德行为，又要通过文明实践使参与者身体力行、言传身教，将家庭教

---

① 陈寒非、高其才：《乡规民约在乡村治理中的积极作用实证研究》，《清华法学》2018年第1期。

② 中共中央文献研究室：《习近平关于全面建成小康社会论述摘编》，中央文献出版社2016年版，第121页。

育内化于心、外化于行。① 要涵养优良家风。家风是一个家庭整体风貌的展现。新时代文明实践中心要发挥直抵人心的宣教优势，弘扬新乡贤文化，推动践行以互敬互爱、敬老尊贤、爱国爱家、艰苦朴素为主要内容的家庭美德，积极影响并教育人们对家庭常怀爱护之心，形成仁心、尚学、勤勉的立身之本，诚实、正派、敬畏的处世之道，孝老尊亲、爱子有度、夫妻共担的伦理之责，激活基层社会治理的道德细胞。

（四）加强个人品德建设

个人品德修炼好，才能够内德于己、外德于人。一方面，要重视文明实践对自我道德认知的正向激励作用。公民个人的品德进阶，是其知、情、信、意、行等要素相互渗透、螺旋式递进的过程。正如习近平总书记指出的，"道德建设，重要的是要激发人们形成善良的道德意愿、道德情感，培育正确的道德判断和道德责任，提高道德实践能力尤其是自觉践行能力"②。这就要求公民个体强化自身品德锤炼，自觉规范道德行为。另一方面，要使道德认知在文明实践中升华。"道不可坐论，德不能空谈。于实处用力，从知行合一上下功夫，核心价值观才能内化为人们的精神追求，外化为人们的自觉行动。"③ 要将勤俭、感恩、助人、谦让、宽容、自省等优良传统美德融入基层社会治理实处，从做好小事、管好小节开始，在文明实践志愿服务中整合已形成的道德认知与判断，使人人争做道德榜样和楷模。

三、新时代文明实践中心夯实文化治理根基

时代变革日新月异，要打破基层治理的旧有格局，紧抓乡村振兴的两大要素——"乡风文明"与"治理有效"。跳出单向度文化管理的窠臼，需将新时代文明实践中心建设与乡村振兴战略有效衔接，通过耦合式治理促进文明与治理同

---

① 顾保国：《论习近平新时代家风建设重要论述的理论逻辑与实践价值》，《马克思主义研究》2020 年第 2 期。

② 中共中央文献研究室：《习近平关于社会主义文化建设论述摘编》，中央文献出版社 2017 年版，第 137-138 页。

③ 中共中央文献研究室：《十八大以来重要文献选编》（中），中央文献出版社 2016 年版，第 8 页。

频共振，探索新时代乡村社会善治的可行路径。

（一）以共享理念拓展乡村文化生态的包容性

构建新时代文明实践中心的文化嵌入机制，必须在农村社区伦理共同体的共享发展理念之下，拓展乡村文化生态的包容性。① 首先，在新时代文明实践中心建设中，应坚持从"文化解构"到"文化建构"的逻辑，改变城乡文化二元对立的思维，以文明实践为引领，通过现代文化与传统文化的交融互补来重构乡村社会公共规则与价值规范。② 其次，新时代文明下的传统农业社会特征以及农民生活习惯因为"家庭制"的传统理念而很好地维持下来。再次，增进文化交融，形成城乡文化的一体化发展，可以增进城乡之间的文化认同，从而更有利于促进城乡之间的基本公共文化均等化快速发展。③ 威廉斯提出，"处在相同地位团体中人们有其独特的生活方式，文化的交融要以主流文化为导向，再统筹各阶级的思想理念，从而树立起文化'霸权'，这不仅仅要依靠精英阶级的努力"④。由此可见，新时代文明实践中心要将城乡文化、中西文明兼收并蓄，在制度保障下宣传引导、创新实践，以此来促进各阶层的文化交融，取精华，去糟粕，共筑文化互通的乡村新秩序。

（二）以合作共治优化乡村文化治理体系

以往政府主张的文化嵌入的思想理念在基层治理的实践中已经体现出缺陷，不适于乡村文化振兴的需求，所以从"形似"规范走向治理实效，唯一出路在于打造合作共治的文化治理格局。⑤ 其一，要从权力下放，政府职能社会化，改革

---

① 王维先、铁省林：《农村社区伦理共同体之建构》，山东大学出版社 2014 年，第 162 页。
② 王宁：《乡村振兴战略下乡村文化建设的现状及发展进路——基于浙江农村文化礼堂的实践探索》，《湖北社会科学》2018 年第 9 期。
③ 刘志刚、陈安国：《乡村振兴视域下城乡文化的冲突、融合与互哺》，《行政管理改革》2019 年第 12 期。
④ ［英］雷蒙德·威廉斯：《马克思主义与文学》，王尔勃等译，河南大学出版社 2008 年版，第 180 页。
⑤ 金绍荣、张应良：《优秀农耕文化嵌入乡村社会治理：图景、困境与路径》，《探索》2018 年第 4 期。

制度，培育基层社会自治能力，交互资源入手，形成乡村文化的多维度齐发展。应加快乡镇政府职能转变，建设服务型政府，优化新时代文明实践中心绩效考核体系，将群众的满意度作为乡村文化治理成效的重要衡量标准。乡村文化作为重塑乡村发展的"软治理"模式，以满足农民的文化生活需求为最终目标，以促进乡村社会的和睦安乐为基本精神遵循。① 在乡村文化振兴的大背景下，加速推动政府主导下的社会各界积极参与的新型文化共治模式，通过文明实践活动孵化农村文化组织，建设文明治理共同体，同时反过来促进新时代文明实践中心社会化，让乡村文化治理体系从政府单向管控的"内循环"迈向社会多元主体合作共治的"大循环"。②

（三）以公共性重建提升乡村文化治理能力

中国农村社会是一个具有自然属性的熟人社会，具有浓厚的乡土性和草根性。针对当前乡村社会个体化浪潮的出现，要尽快提升乡村文化治理水平，强化公共性理念灌输。③ 第一，在新时代文明实践中心的建设进程中，要广泛采集乡村公共文化要素，拓宽传播途径。同时，新时代文明实践中心建设要做到"三不脱"：不脱离核心价值、不脱离百姓、不脱离实际。进一步强化乡村文化治理的宣传力度，依靠新时代文明实践中心的影响力，对乡村先进文化广泛传播。第二，在实现乡村文化振兴的同时，不能脱离"德治、法治及自治"的治理框架。以创建文明村镇、文明户为抓手，建立健全基于"三治融合"的乡村社会治理体

---

① 宋小霞、王婷婷：《文化振兴是乡村振兴的"根"与"魂"——乡村文化振兴的重要性分析及现状和对策研究》，《山东社会科学》2019 年第 4 期。

② 张良：《论国家治理现代化视域中的文化治理》，《社会主义研究》2017 年第 4 期。

③ 早在 20 世纪 30 年代，梁漱溟就试图通过乡村建设实验来证明其认为是"老道理"的设想：中国文化在新近几十年的城市化进程中遭到毁灭性冲击，但在乡村奇迹般地被保存，更为重要的是，这种现象萌生在中国传统的乡民社会中，乡村社区变成文化延续的载体。他笃信乡村建设是"老根复活"，是"旧生命"的"新创造"，绝不亚于文化"再生"，但不可能是因循守旧。乡村建设是梁漱溟苦苦求索的中国文化、中国民族再生自救的一剂良方。改革开放后尤其是近些年，交通、市场和网络科技的发达，资本与人口的快速流动，引致乡村文化"内卷"，个体原子化、离散化造成传统乡土文化断裂。新时代文明实践中心的文化嵌入，致力于以公共性重建提升乡村文化治理能力，是从农村基层社会治理的深层去修补乡村文化的失根性的必由之举。参见梁漱溟：《乡村建设理论》，商务印书馆 2015 年版，第 21-27 页。

系，从思想认同和身份认同的内生动力出发，引导农民自觉养成文明健康的生活方式，形成良性的社会行为规范。① 第三，把社会主义核心价值观的培育有机融入新时代文明实践中心活动全过程，挖掘群众喜闻乐见的文化要素，为公共理性与公民意识的生成创造良好的社会环境，确保社会主义先进文化在乡村社会找到合适的土壤。②

四、新时代文明实践中心融入多元共治结构

党的十九大报告指出，要"加强和创新社会治理，打造共建共治共享的社会治理格局"。在此背景下，多元主体要积极参与构建社会治理新格局，而基层又是社会治理的深厚基础和必要支撑，这要求我们必须把握好新时代文明实践中心资源统筹、融合多方协作主体的网格节点作用，充分激发多元主体参与基层社会治理的活力。

（一）建立多元主体合作的体制机制

一是建立有效协调和参与机制。比如，积极动员全社会各种力量参与志愿服务活动；扩大新时代文明实践中心影响力，凝聚人才，统筹资源；提供优质平台和资源，为群团组织参与公共服务和民生项目等公益行动拓宽渠道。二是建立信息互通的联动机制。各部门、各层级文明实践负责人与多元主体齐心协力，建立各部门与县（市区）、乡镇（街道）、村（社区）之间的"区域协同机制"，为文明实践相关工作开展保驾护航。将新时代文明实践中心的灵活性与多元媒体的快捷性有效结合，搭建信息桥梁，为新时代文明实践中心的宣传工作创造条件。三是建立文明实践与基层社会的融合机制。以新时代文明实践中心为平台依托，党政群共同发力，打破资源壁垒，努力构建基层社会治理新格局。③

①　王丽敏：《乡村振兴战略视域下乡村自治、法治、德治"三治融合"的实践探索——基于河南省先进村镇的实证分析》，《领导科学》2019 年第 14 期。
②　周谨平：《社会治理与公共理性》，《马克思主义与现实》2016 年第 1 期。
③　罗云川、李彤：《公共文化资源共享治理策略探析》，《图书馆工作与研究》2016 年第 4 期。

（二）促进"政府-市场-社会"资源统筹

其一，要建立完善的资源项目库。新时代文明实践中心要以政府财政投入为"引子"资本，打造好文明实践志愿服务活动品牌，利用好群团组织、专业机构、公民个人等各方资源，量身定做项目清单和实施方案，为群众提供全方位、精准化文明实践服务。① 其二，搭建融合多方资源、集中统一管理的多元交流平台。例如，利用新时代文明实践靠近基层、面向群众的特点，由县（市、区）协调统筹政务服务职能，将主要工作人员和服务项目向基层下沉，在乡镇、村社新时代文明实践所、站集中统一设置公共服务窗口，最大程度地方便基层群众办事。其三，优化配置数字公共服务资源，构建智能化文明实践协同工作体系，形成县乡村行政系统内部以及政府与社会、政府与市场、社会与社会一体化服务格局。

（三）强化监督实现行政资源再嵌入

新时代文明实践中心的活动规模和影响力都在不断扩大，一旦完全被行政吸纳，就很难达到最初的效果，变成只是特定时间、特定地点完成特定任务的"二政府"，滋生形式主义和官僚主义。因而，在行政权力部分"退场"的大势所趋下，一要把握好文明实践活动的决策关，做到活动流程规范。要在党委宣传部门领导下，广泛吸纳各方利益，严格履行相关工作程序，对活动的申请工作和办理工作进行不间断监督。二是严审参与人员资质，做到管理规范化。多多开展专业化、规范化的培训活动，提升文明实践志愿服务队伍质量。三是把握好质量关。创新"社区吹哨、部门报到"机制，破解基层社区治理难题。有关部门要对各单位、各层级开展的文明实践活动严格监督，记录在册并随时向上级负责部门汇报。

五、新时代文明实践中心优化志愿服务关系

发展志愿服务是推进新时代文明实践中心建设的一项出发点，也是改善社会

---

① 张祖平：《新时代文明实践中心与乡村振兴》，《中国青年报》2019 年 3 月 6 日。

关系网络，助推基层社会治理高质量发展的引擎。① 充分发挥文明实践志愿服务功能，搭建高频参与社会治理途径，不仅能够塑造"人人为我、我为人人"的社会关系，还有助于做好惠及群众的实事，提升民生"三感"。

（一）明晰文明实践志愿服务定位

志愿服务是社会治理的一个细微面，要更好地推动志愿服务发展，就必须运用系统化思维通盘考虑。② 相较于城市而言，农村志愿服务十分薄弱，当前要深刻理解文明实践志愿服务内涵，明确新时代文明实践中心建设的定位，围绕乡村振兴主题聚合发力。整合宣传、科教、民政、共青团等部门和组织志愿服务内容和功能相似的设施、项目、队伍等，发挥文明实践志愿服务在推进农村产业发展、农村生态环境治理、强化乡村公共服务、涵养文明乡风等方面的重要功能，采取共建共享模式，创新服务供给方式，实现政府、社会、村民良性互动，有效提升服务质量③。要将乡村文明志愿服务与基层党建相结合，通过自上而下地宣传、引导、教育和自下而上地民意收集、整理、反馈，在传思想中做志愿，在做志愿中传思想，以党风促政风带民风，突出党员干部的模范带头作用，推行村干部、下沉党员志愿者"网格化管理"。

（二）完善文明实践志愿服务制度

制度化是社会关系有序化的前提，也是为基层社会治理保驾护航的基本保障。新时代文明实践中心参与基层社会治理离不开志愿服务活动。农村社会空心化现象突出，志愿服务的组织力、动员力、凝聚力以及可持续性不强，为此，要着重完善乡村文明实践志愿服务制度。针对农村发展特点，出台相关制度文本，明确乡村志愿服务组织法律地位，鼓励和支持社会力量参与文明实践志愿服务，制定统一的行业规范，建立法制化、规范化、标准化的文明实践志愿服务制度体

---

①　党秀云：《论志愿服务可持续发展的价值与基础》，《中国行政管理》2019 年第 11 期。

②　王彦东、李妙然：《志愿服务在构建基层治理新格局中的功能及发展路径》，《齐鲁学刊》2020 年第 6 期。

③　徐向文、李迎生：《志愿服务助力城乡社区自治：主体协同的视角》，《河北学刊》2016 年第 1 期。

系。要完善乡村文明实践志愿服务激励机制。健全志愿服务评估、志愿者评价、志愿者权益保护等制度。① 建立健全乡村文明实践志愿服务领导机制。梳理归口管理职能，打破部门界限，建立统筹领导和协调沟通机制，推动功能整合、资源聚合、平台融合。②

（三）创新文明实践志愿服务机制

应当说，一点一滴的积分，记录的是善行义举，也在潜移默化中激励着社会中每个人多做好事，有助于形成"付出、积累、回报"的慈善循环模式。如图3-7所示，可以由新时代文明实践中心制定《志愿服务积分管理办法》，各村（社区）制定相应的实施细则，明确志愿者参加文明实践志愿服务活动的内容，并按内容赋予相应的积分；按照评定为星级志愿者或获得志愿服务方面奖励的可获得加分的规定累计积分，由代办员记载并录入系统；平台统计达到一定标准，且经公示无异议之后，参加志愿服务的个人可兑换相应等次的礼品，积分兑换后即清零。在推行文明实践积分制过程中，最难的是如何将事无巨细的志愿服务量化为积分。针对该问题，应实行严格规范的志愿者注册登记制度。志愿者需填写志愿服务数据信息库中的个人信息档案，领取《志愿服务积分册》，将每次服务的内容、时间、次数和质量及时、准确记录下来。政府要加大资金、设备投入，构建智慧化的扫码积分平台，方便志愿者随时兑现自己的积分。③

（四）锻造文明实践志愿服务队伍

文明实践志愿服务队伍是新时代文明实践中心参与基层社会治理的必要条

---

① 项继权：《论我国乡村治理中的志愿服务——兼论大学生下农村基层的政策创新》，《社会主义研究》2009年第4期。

② 王婕、蒲清平等：《新时代志愿服务参与社会治理的逻辑方略》，《重庆大学学报》（社会科学版）2018年第5期。

③ "新时代文明实践中心建设研究"课题组在湖北省宣恩县高罗镇调研时看到，该镇探索建立了爱心商会与学习强国、新时代文明实践积分兑换机制（学习强国学习积分1至1000分的，按100分兑3元购物券；1001至10000分的，按100分兑2元购物券；10001分以上的，按100分兑1元购物券。此外，高罗镇新时代文明实践所对理论宣讲、文艺展演、赛会服务、河道清淤、疫情防控、扶贫济困、免费载客、苗语传承、关爱留守、平安法治、供电应急、招商引资、非遗传承、生态环保等志愿服务活动产生的积分，参照学习强国积分兑换标准执行。特价商品除外，不支持现金兑换，仅限镇内户籍人口）。

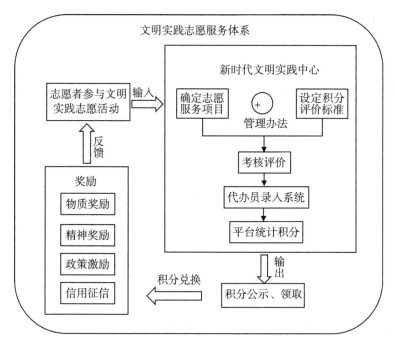

图 3-7　文明实践志愿服务"积分制"流程图

件。要突出乡村志愿服务骨干作用，塑造服务专业、经验丰富、特色鲜明的文明实践志愿服务品牌。加大政府财政投入，加大对专业服务人才的培训力度，发动基层党员、驻村干部等，聚合宣传、民政、共青团、妇联等部门或组织的人才资源，从现有各级管理人员中间遴选人才，充实到文明实践志愿服务队伍中，锻造一支"招之即来、来之能战、战之能胜"的梯队。[1] 基于对乡村文化及民风民情的熟知，本地村民在新时代文明实践中心组织的志愿服务活动中具有天然优势，要以村民为主体组建文明实践志愿服务团队，有效激发各界群众参与志愿服务的热情。重视发挥乡贤的辐射带动作用，强化村民志愿服务体验，培养和提升村民的公共意识与社会责任感，[2] 让文明实践志愿者成为基层社会治理的生力军。

---

① 赵秀玲：《农村基层志愿者成长及其思考》，《江汉论坛》2017 年第 10 期。

② 贺海波：《村民自治的社会动力机制与自治单元——以湖北秭归双层村民自治为例》，《华中农业大学学报》（社会科学版）2018 年第 6 期。

117

第四章 从平面到立体：新时代文明实践中心建设的方法与手段子系统

随着我国改革开放的不断深入，人们社会生活方式发生巨变，信息传播手段、渠道也随之发生深刻变革。精神文明建设和党的宣传思想工作要增强时代感，加强指向性、实效性和主动性，就必须对方法与手段进行创新。作为新时代文明实践中心建设母系统的重要组成部分，方法与手段子系统建设是在设计、营造、实践等环节中融入主流意识形态符号，通过场景的空间表达和情绪触动，内化为群众对空间符号的接受和认同，运用多种人性化设计建构富有魅力的新时代文明实践公共空间。经由视觉化、大众化符号填充的新时代文明实践中心公共空间，成为表意政治和聚合认同的统合性承载场。① 同时，借助各级融媒体中心，综合运用微信、微博、移动客户端等渠道，可以形成网上网下同步、线上线下互动的立体式平台新矩阵，从而释放文明实践工作的"乘数效应"和"最大化效应"。

第一节 新时代文明实践中心的空间建构与符号传播

一、文化场景：新时代文明实践空间性创新

（一）文化场景理论的引入

文化场景理论（The Theory of Scenes）是美国新芝加哥学派领军人物特里·

---

① 靳永广、项继权：《权力表征、符号策略与传统公共空间存续》，《华中农业大学学报》（社会科学版）2020 年第 3 期。

克拉克在注意到后工业时期以地理区位、资本积累、岗位机会、交通便捷度为代表的传统要素对人类确定栖居位置的影响不断减小，反之潜匿在日常生活基础设施身后的文化底蕴逐渐凸显的环境下，发展出透析城市场景影射出的文化内涵和探析城市前进驱动力的理论。① 此理论涵括客观结构和主观认知两个维度，客观结构是指公园、剧院、广场、图书馆、博物馆、美术馆、艺术馆、展览馆等公共文化空间中的物理场所；主观认知体系则包括 3 个主方面和 15 个次方面②，详见图 4-1。主观认识体系的主方面是通过提炼群众对公共空间的直接感受而形成的，其涵括：真实性（Authenticity）——擘画群众对文化空间的最初感触（如初到新时代文明实践中心实体空间的真实印象、满意度体验）；戏剧性（Theatricality）——在真实性的基础上，对直观感受的拓展和凝华（如看到某一文化墙的照片时发出感叹声"哇哦"）；合法性（Legitimacy）——是群众在享受和领会之后，进一步追求认可和升华（如在参观新时代文明实践中心后，主动地检视自己的日常行为规范）。

至今，我国学界针对文化场景理论的探讨围绕两个重点展开：一是对于文化场景的实证探究，如：认为革新公共空间是引进专业人才、投资资金和公司企业的主要影响要素，并肯定政府机关、市场企业及社会人员是文化场景构成体系中的主要力量；③ 公共文化空间是由包括公共文化设施、场所和文化活动在内的要素所组成的物理场域，是城乡居民公共文化生活的重要载体。④ 二是对城市转型升级作用与城市公共空间重塑研究。比如城市转型语境下，学者愈加关注城市的发展动力机制问题，以文化创意来为城市发展全面转型寻找新动力已成为一种普遍共识；⑤ 根据城市公共文化场景的多样可变性，有学者认为多主体共建是必要

① 李明、邢雪娥：《基于文化场景理论视角下的乡村文化场景构建》，《宿州学院学报》2021 年第 2 期。

② ［加］丹尼尔·亚伦·西尔、［美］特里·尼科尔斯·克拉克：《场景：空间品质如何塑造社会生活》，吴军等译，社会科学文献出版社 2018 年版，第 44-50 页。

③ 李明、邢雪娥：《基于文化场景理论视角下的乡村文化场景构建》，《宿州学院学报》2021 年第 2 期。

④ 陈波、侯雪言：《公共文化空间与文化参与：基于文化场景理论的实证研究》，《湖南社会科学》2017 年第 2 期。

⑤ 范玉刚：《文化场景的价值传播及其文化创意培育——城市转型发展的文化视角》，《湖南社会科学》2017 年第 2 期。

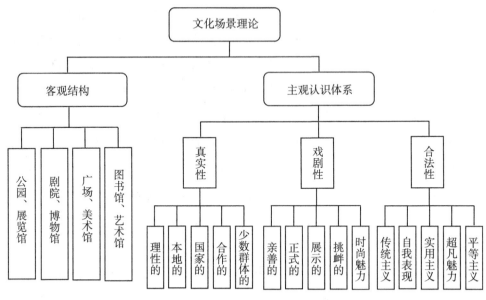

图 4-1　文化场景理论的内涵体系

的，要改善优化城乡文化载体、重塑文化标识系统、挖掘独特地域文化资源以及规范引领差异化文化偏好等。① 综上，学者们将文化场景理论与新时代文明实践中心空间建构与符号传播的耦合研究颇缺，但他们对公共空间的影响及基本构件进行了有力探讨，对于本项研究具有参考价值。

（二）文化场景理论对新时代文明实践中心建设的意义

1. 为聚焦群众需求提供基本方向

以满足群众需求为导向的理念决定了新时代文明实践中心建设要以文化场景理论的各维度去理解人的感知状态及情感，以达到人性化展示，使体验者参观和使用起来非常方便、舒适。从诠释学的角度来讲，"一切文本价值都出于作者本人，其表达的意思就是文本的含义"②，假如把新时代文明实践中心当成是一类

---

① 余丽蓉：《城市转型更新背景下的城市文化空间创新策略探究——基于场景理论的视角》，《湖北社会科学》2019 年第 11 期。

② 张天勇：《文本的意义是作者赋予的》，《新疆师范大学学报》（哲学社会科学版）2004 年第 2 期。

特殊的"文本"，那么群众即"文本"的生产者，而且一直给予与讲述空间意蕴，建构公众个体的意旨所在，使新时代文明实践中心的场景底蕴转化为人所创造的历史文本。通过场景的分析，研究独立的公共文化空间在场景维度下的群众心理，进而激发人在空间下的创造力，提升人对空间的影响力，有助于新时代文明实践中心的空间拓延。

2. 为激发群众参与提供文化资源

新时代文明实践中心是国家公共文化活动的基层空间载体，从某种意义上制约了如精英体制、公共服务不均等所导致的高阶型和享受型文化服务。在新时代文明实践中心的空间下，社会公众实际上享受的是作为公民所享有的基本权利。文化场景理论阐明了个人在场景选择的情况下真实性的知觉体验，体现的是社会运营体制下国家的保障行为对公众文化参与的引领和支持作用。这种建立在制度逻辑下的情感联系，彰显国家性文化特征在促进公民相关文化活动的开展中有着不可替代的独特功能。

3. 为探索多元服务提供学理解释

作为包容多样的文化社会学范式，文化场景理论并非简单地建构空间中的基本文化设施，而是专攻于将某些空间再造成富有创新精神的生活化、日常化、大众化的文化综合体。这决定了空间的建设及营造不仅包括文化基础设施的硬件建设，还要将本土的文化资源作为"软环境"纳入文化场景中。① 文化场景理论以包容多元的事实出发，描述人对于空间的多样化需求，解释根植于不同心理结构的行为动机，表现出在物理空间的基础上，凸显载体文化品质和文化魅力对提升群众参与活力的意义。以此无形的、隐形的内生动力反向促进新时代文明实践中心功能性、艺术性产品形态及服务模式的形塑，为找到文明实践服务多元化的方法创造了契机。

（三）场景赋能：基于"用户体验"的新时代文明实践中心建设

1. 从真实性维度促进群众身份认同

新时代文明实践中心作为独特的公共文化场域，它除了受制于物理空间所产

---

① 禹建湘、汪妍：《基于文化场景理论的我国城市文化创新路径探究》，《城市学刊》2020 年第 2 期。

生的文化认知，还在与文化情境的交融中受到人与符号系统互动的影响。其实体化建设要与当地文化有效结合，使群众切身感受大空间环境下的场景力，传导地方特色与地方真实性。一方面国家提倡并指导建设新时代文明实践中心，赋予公民主人翁观念及身份认同，但另一方面该主体地位的确认，因参与治理和空间再造的断裂而弱化，群众往往在灌输中接受各种安排，因此缺少主动投入建设而实现个人价值升华所建构的意识。① 这要求党和政府通过新时代文明实践中心的营造，给群众提供更多公共文化再造途径，亦即"探索怎样的空间形态让群众传递有效信息，开展自发性的文明实践活动"。

2. 从戏剧性维度增进群众创新活力

走进新时代文明实践中心，人们通常被其公共空间文化系统所吸引，这需要新时代文明实践中心建设主体加大对文化、交流、学习等场域的了解与认知，对各类不一的场域进行统筹整合，打造以满足群众服务需求的人性化、差异化、全面化的空间。文化场景理论的在地观察揭示"受众的人性聚集对文化选择的影响，具有共同价值观的人在同一个空间聚集，表现出不同地域、不同属性人群共同的价值观、审美意识和生活情趣"②。新时代文明实践中心建设应考虑人的集聚，搭建能够互相讨论了解的大众空间，达到社群文化交流、社区文化构建、社会环境稳定的戏剧化目标，参见图4-2。"因为传统习俗所带来的影响造成日常生活中部分场域都达成了默认的规矩，用以沿袭和阐述一些价值或习惯，有损基层群众的空间获得感。"③ 作为守正创新的公共空间载体，新时代文明实践中心要给予群众便利的生产生活场域，并创新优秀传统文化，扩大群众的生活公共空间，增强群众便利化服务的体验感。

3. 从合法性维度诠释群众服务社会性

对于以知识存在为背景的新时代文明实践中心，需加强优秀传统文化的集成创新，用独特的文化感染赓续文化脉络，为空间打造锦上添花，促成群众加深对

---

① 何兰萍：《公共空间与文化生活》，中国社会科学出版社2012年版，第175页。

② 王茂美：《西南地区公民政治认同的民族伦理基础研究》，人民出版社2019年版，第157页。

③ 参见林密：《意识形态、日常生活与空间——西方马克思主义社会再生产理论研究》，中国社会科学出版社2016年版，第197页。

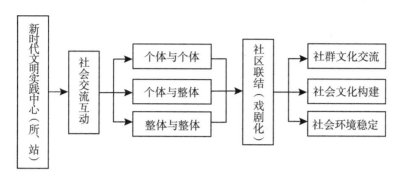

图 4-2　新时代文明实践中心的社区空间营造

公共文化场域的继承性理解。新时代文明实践中心不仅是群众参与各种文明实践活动的重要场域，还应成为公民提供解决基本社会生活服务的空间，如学习、健身、法律求助、就业等，促进群众的基本权利和自身基本保障被统一于整体性的文明实践公共场域中。新时代文明实践中心是为满足人们精神生活的需求而建立人际关系的集成图式，要求新时代文明实践中心与社会价值动态地联系起来，通过强化国家公共文化责任所昭示的场景合法性，探寻创新新时代文明实践中心社会化运作方式和合作共建模式，使其能够根植社会土壤并有效整合时空资源。

二、宣恩县新时代文明实践中心实体空间营建①

（一）中心概况

2019 年 7 月，湖北省恩施土家族苗族自治州宣恩县印发《宣恩县"新时代文明实践中心"建设试点工作实施方案》，正式启动新时代文明实践中心建设试点工作。宣恩县结合"仙山贡水·浪漫宣恩"的文明城市形象定位，整合县文体中心资源，依托丰厚的少数民族文化底蕴，从空间设计源头坚持融入地域文化符号元素，不断挖掘可辨识性的视觉文化符号，经过创新设计后从而应用在新时代

---

①　本案例内容整理自笔者赴湖北省恩施土家族苗族自治州宣恩县委宣传部和县新时代文明实践中心获得的调研资料。

文明实践中心的实体空间中，建成了集文化属性和继承属性于一体、极富民族特色的新时代文明实践中心。

（二）文化符号在中心实体空间中的应用

1. 在入口空间的应用

在进入宣恩县新时代文明实践中心入口处，两侧分别展现了"场馆标牌"（见图4-3）和"鸟瞰图"（见图4-4）。

图4-3　宣恩县新时代文明实践中心场馆标牌

图4-4　宣恩县新时代文明实践中心鸟瞰图

场馆标牌由新时代文明实践 LOGO 和新时代文明实践中心文字组成，其中 LOGO 设计结合了中国青年志愿者与宣恩文明城市的形象图案，外面的"爱心"寓意宣恩是一座被爱包围的志愿之城；"爱心"内部是一片茶叶与河流的形态交汇，寓意"贡茶之乡"①和"贡水河"，内涵土家特色古建筑和七姊妹山；最后整个设计辅以多彩缤纷的颜色，代表宣恩这座城市的浪漫情怀，寄语"浪漫宣恩爱相随一生一世志愿情"的含义，整体表意"仙山贡水·浪漫宣恩"的城市定位。

鸟瞰图以空中俯视的视角展现了宣恩县新时代文明实践中心的整体效果及各场馆的方位，中心由"五馆一院"组成，包括档案馆、文化馆、博物馆、体育馆、图书馆和剧院，多馆合一较好地实现新时代文明实践理论宣讲、教育服务、文化服务、科技与科普、健身体育等五大平台功能。

2. 在中心空间的应用

（1）新时代文明实践基地——博物馆②。

宣恩县博物馆浓缩着当地独有的历史文化和标志性文物，收藏着各类历史文物、民族民俗文物、雕塑标本和书画艺术，承载了宣恩最具有可读性的文化。作为新时代文明实践基地之一，博物馆旨在放大社会教育功能，丰富基层民众文化生活。本地群众在参观博物馆时不仅可以得到历史文化的熏陶和艺术享受，感受到本地醇厚的文化底蕴，也培养了对家乡的自豪感，增强了爱国主义情怀与民族自豪感。博物馆作为文化的集中地，将宣恩的历史文化（见图4-5）、民族民俗文化（见图4-6）、非遗文化（见图4-7）具化为各类符号，并应用于新时代文明实践中心设计，既满足装饰的使用所需，又提升了空间品位，同时使文化符号得到了传承、保护及创新性发展。

在历史文化展厅中，博物馆通过陈设战国时代青铜甬钟、"皇恩宠锡"牌匾、20世纪30年代红二、六军团铜族徽等历史文物③，让群众了解本地悠久的历史，

①　据史料记载，清乾隆四十九年（1784年），宣恩万寨伍家台村先民伍昌臣所营的茶叶熟栗香郁、琼液黄绿、清甘滋醇、回甜畅爽，敬献宫廷御案，乾隆品尝后赞不绝口，御赐金匾"皇恩宠锡"，并着请施南府知县每年进贡，从此宣恩贡茶声名鹊起。数百年来，伍家台贡茶制作技艺代代相传、薪火不断，持续至今，宣恩县因此有"贡茶之乡"的美誉。

②　宣恩县博物馆于2020年1月9日建成并开馆，馆藏文物总数1082件，其中一级文物6件、二级文物12件、三级文物242件。博物馆分为"贡茶之乡·绿色宣恩——宣恩风情展厅""溯源千秋·红色宣恩——历史文化展厅""淳朴风情·多彩宣恩——民族民俗展厅"3个主题展厅和1个临时展厅，多角度、多方位展示了宣恩厚重的历史文化。

③　在1935年8月3日，贺龙、任弼时等率领红二、六军团一部，在毗邻湖南龙山县的湖北宣恩县板栗园与国民党85师进行了一场战斗，红军大获全胜，宣告国民党军队对湘鄂川黔苏区"围剿"的失败。这一"板栗园大捷"，成为红军时期和中国革命史上的战争典范。

图 4-5　宣恩县博物馆中的部分历史文化陈列

感受革命文化熏陶，提高自身的文明素养。"红色历程·宣恩革命历史陈列"展馆，以精练的图形、文字方式来提炼和总结红色文化，各式各样的红色文化视觉符号在暖色灯光的作用下，描绘了当年战士们前仆后继、英勇奋斗的感人场景，营造了英雄战士为争取民族解放不畏强敌、不怕牺牲的氛围。这种用符号的直观性、立体感和代入感来丰富文化的价值塑造和现实转化手段，使得红色符号能够跨越时空，让参观者切实体悟到红色文化蕴含的精神力量。[①]

宣恩民族民俗文化符号作为中华民族文化积淀的组成部分，是当地少数民族人文、信仰、风俗和习惯特点的汇集，更是信息时代下的中华文化认同、统一中华民族形象、共享中华民族文化符号的重要传播渠道[②]。宣恩县十分重视乡村民族民俗文化资源的开发，根据文化符号具有图像性、指向性、象征性的特点，在

[①]　覃佳佳：《红色文化视觉艺术研究——以湖湘红色地域文化为例》，2020 年湖南师范大学学位论文。

[②]　王倩：《南岭走廊瑶族民俗文化符号的归纳与解释——民俗文化符号研究系列之一》，《贺州学院学报》2020 年第 4 期。

图 4-6　宣恩县博物馆中的部分民族民俗文化陈列

民族民俗展厅中大量运用节庆符号①、歌舞符号②、服饰符号③、技艺符号④、建筑符号⑤等展示以土、苗、侗三个少数民族为主的民族文化。群众在领悟民族民俗文化符号内涵中，可感受到宣恩人民对神灵的仰慕、对自然的崇拜、对祖先的敬仰，深刻贴近耕作、狩猎、饮食、居住、信仰、娱乐等少数民族气息，让群

①　椎牛节是宣恩县的民族节日，于每年 12 月份举行，主要活动有法事活动、椎牛仪式、踩鼓舞（猴儿鼓舞）、对歌等。苗族"椎牛"盛会是传统文化活动中最庄严、最隆重的祭祀活动，也是苗家人精神生活中的信愿和具有浓厚民族特色的群众性文化艺术活动。

②　宣恩最盛行八宝铜铃舞，其土称"解钱"，即通过土老司主持的祭祀仪式给土家的先祖神灵送钱。它的仪式共有 12 步，包括请师、申法、请水、接路、接马、打大卦、架桥、安营、背娃娃、唱神歌、交官钱、送土王，而仪式过程始终离不开摇铜铃而歌、摇铜铃而舞。

③　宣恩苗族服饰以苗族传统服饰为底蕴，保留了"好五色"、衣服"斑斓""跣足""椎髻"、好银饰的远古遗风，构建了宣恩苗族服饰文化的内核。其服装大多加以图案、刺绣、挑花、纺织、镶衬等多种方式并用，做工十分考究。

④　如纸扎雕塑、割漆、竹麻造纸技艺、复方一口红制作技艺、肖氏接骨膏制作技艺、伍家台贡茶制作技艺等，其大多数技艺延续至今。

⑤　宣恩的典型民居为吊脚楼，这既是土家先民长期同自然共生的结晶，又是对他们坎坷命运的写照，其形式多种多样，有单吊式、双吊式、四合水式、二层吊式、平地起吊式等。

众在感知和领略民族民俗文化的同时增强对中华民族的认同，铸牢中华民族共同体意识。

图 4-7　宣恩县博物馆中的部分非遗文化陈列

非遗文化的显著特征在于根植于各民族长期形成的生活形式之中，是民族特点、生活习俗的可视化呈现。宣恩依托深厚的民族文化，创新文化传播方式，把非遗文化作为文明实践中的重要部分，在保护与传承共赢的原则下，对具有宣恩民族文化特色的非物质文化遗产项目进行挖掘整理，基于各种样式、构成、境界、颜色等搭配抽象概括出具有特殊文化价值的非遗特色标识，合理植入在场馆空间建设之中，实现从二维符号向三维空间的转化。[①] 通过真实空间的打造、历史原貌的再建构和生活场景的再呈现，让非遗贴近群众生活，使之感受到真实浓郁的本土文化氛围和魅力，不断丰富群众的精神生活，还在新生代心中种下热爱非遗、保护非遗、传承非遗的"种子"，让非遗文化薪火相传、源远流长。

---

①　程丽香：《文化景观视角下非遗创新发展策略研究——以漳州非遗传承景观化建设为例》，《闽南师范大学学报》（哲学社会科学版）2021 年第 1 期。

（2）新时代文明实践基地——图书馆①。

基于宣恩的文明城市形象定位是"仙山贡水 浪漫宣恩"，在整个图书馆展厅多以流动的线条和立体的变化展示山水文化元素，并以此暗喻"上善若水·文城一脉"的核心精神。在整体色调上，"志愿红"成为整个展厅的"保护色"，以此表现身着"红马甲"志愿者精神的重要作用。如图4-8所示，宣恩县利用墙壁优势，让"宣恩县新时代文明实践中心""'六传六习'志愿服务覆盖全域""精神加油站""友爱、奉献、互助、进步"等符号上墙，并用红色作为文字的背景墙色，有助于引导群众参观学习，在潜移默化中提升共同缔造美好家园、参与志愿服务活动的热情。

图4-8　宣恩县图书馆中的红色符号元素

在中心主展厅中，每个楼梯间、拐角，每面墙壁都被利用起来并以图文并茂的方式展示文明实践内容，其分为四个篇章：一是"沿革篇"。以时间线的方式展示新时代文明实践大事记，包括从中央、到湖北省再到恩施州与新时代文明实践有关的重要会议和大事记录（见图4-9）。二是"总领篇"。以主流意识形态符号、意象、事件为营造手段，展示习近平总书记关于新时代文明实践工作的重要

① 宣恩县图书馆于2020年1月8日建成并投入使用，设有少儿阅览室、报刊阅览室、综合阅览室、地方文献室、廉政书屋等，目前总藏书量约12万册，并同时配备了瀑布流借阅机、朗读亭、书法体验馆等电子阅读设备。种类多样的藏书、电子互动设备等吸引了众多学生和市民来此畅游书海，该馆也是县新时代文明实践中心的重要阵地。

论述以及其他启发性语录，以增强传播力、引领力、教育力（见图 4-10）。三是"建设篇"。利用"一生一世"的谐音，取字"1314"① 作为宣恩县文明实践品牌，形象地概括新时代文明实践中心的工作机制，再利用其图片的形式展示部分阵地和志愿活动（见图 4-11）。四是"风采篇"。以图片和文字介绍的方式呈现一批具有示范性的志愿服务项目，如"佑苗行动"② "吊脚楼'电义诊'"③ "公益顺风车"④ 等，同时以先进典型人物展的形式展示各类先进个人，更好地营造出崇德向善、见贤思齐、德行天下的浓厚氛围（见图 4-12）。

图 4-9　中心展厅——沿革篇

图 4-10　中心展厅——总领篇

3. 在宣传展板中的应用

宣恩县发挥剧院正门前广场人流聚集的优势，摆放了 9 块宣传展板，以此展

----

① "1"指的是一支队伍，即"文澜"志愿服务总队；"3"指的是三大阵地，即新时代文明实践中心、所、站，窗口学雷锋志愿服务岗，新时代文明实践基地；另外的一个"1"指的是宣恩县文明实践信息平台；"4"指的是四个引领，即"出彩"典型引领、青少年志愿者引领、文旅志愿者引领、巾帼志愿者引领。

② 为了保护传承苗族文化，赓续民族文化基因，苗语传人冯大文带领高罗镇中心小学志愿服务团队，从 2017 年开始实施"佑苗行动"文明实践志愿服务项目。该团队依托乡村学校少年宫平台，针对苗乡青少年，编印苗语教材，成立苗语工作室，开办苗语班，让民族团结进步的观念深入人心，相关活动在"学习强国"中专题报道。

③ 宣恩县地处湖北省西南，是土、苗、侗等少数民族生活地区，有特色木质房屋 5 万多户，木质结构文物保护单位（吊脚楼）42 个。国网湖北宣恩"吊脚楼"共产党员文明实践志愿服务队践行"人民电业为人民"的宗旨，定期为木质房屋、特色民居进行综合性的"体检"，排查线路短路、绝缘老化和设备故障等隐患，确保群众用电安全。

④ 2020 年，在宣恩县高罗镇党委的号召下，镇商会志愿服务队推出"公益顺风车"文明实践志愿服务项目。志愿者在私家车上统一张贴"恩施州公益顺风车"标识，通过线上平台发布信息，免费为群众提供搭载服务，给山区群众的出行带来了实惠与便利。

图 4-11 中心展厅——建设篇

图 4-12 中心展厅——风采篇

示乡镇文明实践成效和志愿服务品牌。在每块展板中，通过版块划分将新时代文明实践所的 LOGO、志愿服务精神标语、活动风采等展示出来，在整体上还注意文字内容的编排、字体的美观度、颜色的搭配、插图的设计等，成为乡镇文明实践所的对外宣传窗口。如图 4-13 所示，在长潭河侗族乡文明实践所的展板中，设计蕴含了侗乡鼓楼、山川河流等特色风貌，配以绿、黄两个主色调，整体展示长潭河的绿水青山和秀丽景色，寓意文明实践志愿服务事业秉承"文明、绿色、健康、向上"的理念。

4. 在景墙中的应用

空间是人在日常活动中形成的物理场域，把景墙纳入人群活动空间打造的场域之一，对群众的生活习惯和价值观形成有着突出的影响。作为文化空间中的独特面饰，景墙拥有诸多的价值特征，如示范性与区别性、聚合性与差异性，而这

图 4-13 宣恩县长潭河侗族乡新时代文明实践所宣传展板

些独有的属性也是利用景墙打造公共场域的有利条件。① 如图 4-14 所示，宣恩县新时代文明实践中心把墙体彩绘与文明实践巧妙结合，通过墙绘的方式，以居民通俗易懂的农家画为主题内容，描绘乡村美景、载歌载舞、好心居民、农忙收获等场景，文明礼仪、勤劳致富、乡村记忆等元素纷纷"登"上了文化墙，一面面颜色灰冷的墙壁变成了美观而又会"说话"的文化墙，群众能够在耳濡目染中得到启示，进而使文明素质和农村文明程度得以提升，同时也为民居面貌改造提升和美丽乡村建设添彩助力。

图 4-14 宣恩县新时代文明实践中心的景墙彩绘

---

① 林震：《城市公共空间中的景墙研究》，2014 年浙江农林大学学位论文。

（三）中心实体空间营建的启示

新时代文明实践中心不仅是推动基层精神文明建设的物理介质，同样是独特的文化空间，能够承袭国家意志和满足群众服务需求。文化场景的魅力，不在于新时代文明实践中心实体空间的完备水平，却在于以怎样的组构形式来塑造与众不同的空间场景。① 不同的空间组合与场景营造不仅能达到中心载体与群众主体之间的有效交流互动，而且还能够提升文明实践活动开展的整体效果，这无疑要求公共空间通过不同的资源组合来释放不同的文化吸引力，从而满足群众特定的文化需求和直观感受。

宣恩县新时代文明实践中心在实体空间营建中，依托深厚的文化底蕴，挖掘优秀文化符号并应用于空间设计中，通过场景的空间表达和情绪触动，内化为群众对空间的接受与认同。这些成功经验的启示在于：在新时代文明实践中心公共场所的建造中，一方面强调其整体完备水平，另一方面还要提升该空间场域的内在意蕴。② 重视传统文化及符号的广泛应用，但也不是简单地对符号的复制和模仿甚至是堆砌，应当围绕文明实践主题的要求，选取鲜明的符号要素，通过"围与透""移位""反复""差叠与韵律""象征与转译""解构与重构"等表现手法以及各要素之间的互相协调与配合，采取互动式的戏剧化呈现，创造出传统与现代文化相交融的空间设计，有效突出新时代文明实践中心场馆"立体名片"的功能作用，达到传播文化、传承文明、成风化俗以及满足现代人审美的目的。

第二节　新时代文明实践中心智慧云平台设计及实现

随着网络传播的日益普及，如何用互联网思维推动文明实践向更高水平迈进成为一项现实课题。"互联网+"是建设新时代文明实践中心的新亮点与新方向，"打造提供低成本、高便捷的信息交互和价值交换的新时代文明实践中心智慧云

---

① 臧航达、寇垠：《文化场景理论视域下公共图书馆空间建设研究》，《图书馆学研究》2021 年第 2 期。

② 陈波、侯雪言：《公共文化空间与文化参与：基于文化场景理论的实证研究》，《湖南社会科学》2017 年第 2 期。

平台，符合时代特点及社会需求"①。有鉴于此，应运用大数据、云计算、移动互联网等新一代信息技术，构建"整合各类资源、覆盖全体居民、致力互通互融"的云上阵地矩阵，打破空间壁垒与条块界限，实现线上线下交互、网上网下联动，为志愿者、受益者与管理者提供安全、快捷、便利、智慧的新时代文明实践管理工具。

一、新时代文明实践中心智慧云平台建设的必要性与可行性

鉴于经济与社会信息化的向前发展，群众对信息化建设的需求越来越强烈，顺应互联网时代发展潮流，建设新时代文明实践中心智慧云平台具有十分重要的意义：首先，有利于打造"掌上"新时代文明实践中心，使群众参与更便捷。智慧云平台作为信息的集成者，能将文明实践阵地、活动、志愿服务等资源融通共享，并实现数据可视化，群众足不出户就能利用云平台实现在线学习、在线报名、在线参与。其次，有利于大数据分析归纳，提供服务更精准有效。依托云平台"文明大脑"中枢系统，可实时分析用户需求，进行个性化图像展示，精确推送热门活动、常用场地、学习课程等信息，促进服务供给与百姓需求无缝对接，提升群众参与度与满意度。② 最后，有利于打破传统工作流程，使组织策划更智能。云平台的使用打破了"活动策划—资源搜寻—群众召集"的传统活动流程，而以资源最优化为目标形成"需求提炼—资源匹配—活动策划"的新模式，既缩短了活动的组织时间，又提高了活动实效。

互联网经济快速的发展还使云计算端信息技术系统在当下已不再专属于最新技术，而通常将其看作原有电子平台的延伸。不仅如此，"时值全球化互联网经济时代的今日，世界各地的技术及经济实现融合，在市场上针对智慧云平台提出了较为完善的体系化技术指导"③。在技术维度上，我国的信息网络技术目前已较为先进，网络基础设施也比较完善，基本上能满足新时代文明实践中心智慧云平台建设的要求；在应用维度上，我国不少发达省份的地区依托本土政策、资

---

① 中国首都网：《互联网+助推新时代文明实践中心创新建设》，见 http：//china. qianlong. com/2018/1224/3022215. shtml。

② 张建芳：《南通新时代文明实践中心建设研究》，《合作经济与科技》2020 年第 4 期。

③ 章丹琳：《基于云计算的智慧电子政务应用研究——以舟山市为例》，浙江海洋大学学位论文 2019 年。

金、人才、科技等优势，通过尝试和创新，初步形成许多文明实践智能化的成熟案例，为建设新时代文明实践中心智慧云平台提供了可复制可借鉴的经验与模式。

二、"一云六屏一播"：新时代文明实践中心智慧云平台的整体设计

（一）设计思路

根据群众实际需求及未来发展趋势，在考虑安全、先进的同时，还要注重其经济实用性，充分利用现有的网络平台和信息化资源，避免重复投资建设，打造基于"一云六屏一播"架构的新时代文明实践中心智慧云平台（见图4-15）。该平台易于拓延升级、便于操作管理和维护、方便用户掌握和推广使用，可实现县乡村各级资源及志愿服务队伍、志愿者和村社群众信息对接，全方位全天候全过程服务于文明实践活动，具体设计思路如下。

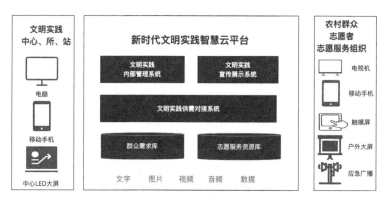

图 4-15　新时代文明实践中心智慧云平台整体架构

"一云"：即新时代文明实践中心智慧云平台。平台在业务功能域、管理功能域、互动功能域、能力提供域支持下，由"文明实践内部管理系统""文明实践宣传展示系统""文明实践供需对接系统"及群众需求库、志愿服务资源库等组成。

"六屏"：即六个终端屏幕。各县（市、区）可根据群众实际需求配套建设，其中电脑屏、手机屏、电视屏为必选终端。（1）电脑屏。由新时代文明实践中心相关管理人员用于文明实践工作的内部运行。（2）手机屏。其服务于文明实践中

心工作人员、社会公众，将文明实践内容以"微服务"方式嵌入手机文明实践App、微信公众号、文明实践微信小程序。（3）电视屏。电视屏服务于广大群众，通过电视端将文明实践活动的触角延伸至家庭院落，电视用户可居家学习党的创新理论、了解方针政策、获取最新讯息、知晓文明实践活动信息、收看活动现场直播、现场连线等，以及互动参与最美个人、最美家庭等电视评选活动。（4）中心 LED 大屏。通过地图标点、数据呈现、图表展示等可视化形式，全方面展示新时代文明实践中心的实时情况，活灵活现地反映新时代文明实践工作的全貌。（5）触摸屏。它通常建设在新时代文明实践中心内部，方便群众自助浏览、查询实践活动资讯，并提供活动报名、群众点单、场馆预约、志愿者招募等交互功能。（6）户外大屏。整合县乡村现有户外大屏资源，推送"五大平台"①活动资讯，播放公益宣传片、公益广告、公益电影等内容。

"一播"：即应急广播终端。应急广播既是公共文化服务体系建设的重要方面，又是新时代文明实践宣传教育的重要渠道。利用该平台向广大群众分时段播发新闻动态、惠农政策和便民信息以及村里的好人好事、喜事，让群众在田间、在庭院、在家门口就可以了解到最新村情消息。

（二）总体架构

1. 新时代文明实践中心智慧云平台技术架构

新时代文明实践中心智慧云平台建基于智慧广电总体技术架构，利用现有云平台资源，实现文明实践内部管理系统、供需对接系统、宣传展示系统等三大业务系统、通用系统与智慧广电平台的有机融合。如图 4-16 所示，结合网络资源，以层次化、模块化、融合化、开放化的理念为导向，新时代文明实践中心智慧云平台整体技术架构可分为应用层、平台层、基础设施层、网络层、终端层和用户层 6 个层次②。

（1）应用层。

应用层分为群众应用板块和工作应用板块，是平台业务功能的总体呈现。其

---

① "五大平台"即理论宣讲、教育服务、文化服务、科技与科普服务、健身体育服务五大平台。

② 严奎：《云网融合探索新时代文明实践信息化建设新方向》，《中国有线电视》2021年第 2 期。

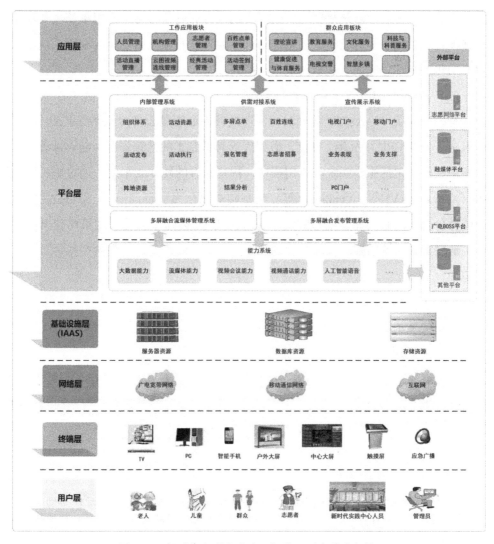

图 4-16　新时代文明实践中心智慧云平台技术架构

中，群众应用板块为广大基层群众、志愿者提供新时代文明实践的各种宣传教育、志愿活动、点单、接单等业务功能；工作应用板块为新时代文明实践的各级工作人员提供相应的人员管理、机构管理、志愿者管理、活动管理等应用功能。

（2）平台层。

平台层是新时代文明实践中心智慧云平台的主体部分，分为内部管理系统、

137

供需对接系统、宣传展示系统和通用系统四大部分。其中，内部管理系统、供需对接系统、宣传展示系统是新时代文明实践专有的业务功能。通用系统主要包括流媒体管理系统、多屏发布管理系统等，可为各种专业应用复用的通用系统，通过集约化、标准化建设，能节约成本、提高效率。

（3）基础设施层。

基础设施层（IAAS）[①]为新时代文明实践中心智慧云平台提供所有云计算基础设施，包括 CPU、内存、存储、数据库等其他基本的计算资源，能够部署和运行所需软件，包括操作系统和应用程序。构建专有的硬件云平台，通过虚拟化技术（XEN[②]、KVM[③]、Vmware[④] 等）把基础资源化为"资源池"，实现按需求进行弹性分配，同时确保安全与隔绝。通过优化 IT 资源分配的调度策略提升利用率；通过实时系统监控，及时发现系统故障并排除隐患，确保系统平稳运行和扩展应用。

（4）网络层。

网络层是基于广电宽带网、移动通信网、互联网等开放的网络结构。

（5）终端层。

终端层包括超高清、高清数字电视机顶盒、计算机、智能手机、户外大屏、触摸屏、中心 LED 大屏、应急广播等各类终端呈现设备，共同实现新时代文明实践智慧云平台业务的全域覆盖及全方位立体传播。

（6）用户层。

---

① IAAS 即基础设施服务（Infrastructure as a Service）的英文缩写，指把 IT 基础设施作为一种服务通过网络对外提供，并根据用户对资源的实际使用量或占用量进行计费的基础设施服务模式。

② XEN 是一个开放源代码虚拟机监视器，由剑桥大学开发。它在单个计算机上运行多达 100 个满特征的操作系统。操作系统须进行显式地修改（"移植"）以在 XEN 上运行（但是提供对用户应用的兼容性），这使其无需特殊硬件支持，就能达到高性能的虚拟化。

③ KVM 是 Keyboard Video Mouse 的缩写，代表键盘（Keyboard）、显示器（Video）和鼠标（Mouse），即利用一组键盘、显示器和鼠标实现对多台设备的控制，在远程调度监控方面发挥着重要作用。KVM 技术可向远程终端发送调度信息网中的各项数据资料，为下一级调度机构提供方便，这样即便下级调度机构没有建立调度数据网，也能实现信息共享。

④ VMware（Virtual Machine Ware）是"虚拟 PC"软件公司，总部位于美国加州帕洛阿尔托（Palo Alto），是全球云基础架构和移动商务解决方案厂商，专门提供服务器、桌面虚拟化解决方案。

用户层包括所有使用新时代文明实践中心智慧云平台的各个用户，即广大群众、文明实践志愿者、文明实践工作管理员等。

2. 新时代文明实践中心智慧云平台业务系统

（1）供需对接系统。

供需对接系统将线下文明实践活动与线上传播引领相融合，通过电视、手机、电脑等终端为群众提供"四点"（点单、点赞、点评、点播）、"两加"（加入活动项目、加入志愿队伍）、"两助"（我要求助、我来帮助）服务，为群众全程参与文明实践活动提供平台支撑与个性化选择，实现了文明实践供需精准对接。其系统包括用户访问模块、业务逻辑模块和业务资源模块三类子模块，如图 4-17 所示。

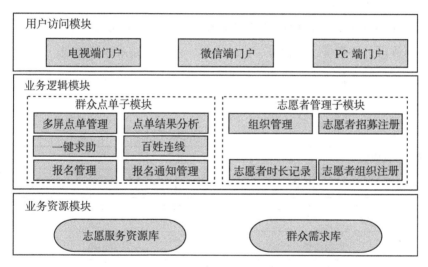

图 4-17　新时代文明实践中心智慧云平供需对接系统

（2）内部管理系统。

内部管理系统以县（市、区）级新时代文明实践中心、镇（街道）级新时代文明实践所、村（社区）级新时代文明实践站的三级阵地为框架，以文明实践活动管理为核心，采用统一集中管理的方式对文明实践内部服务流程进行封装，方便中心管理人员快速使用平台，并为文明实践业务的各项管理流程提供技术保障，以实现流程化、信息化、立体化服务新时代文明实践。该系统由应用逻辑模块和用户使用模块组成，如图 4-18 所示。

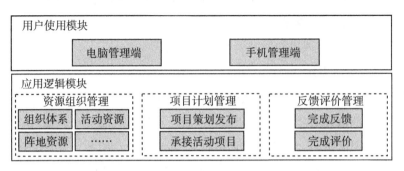

图 4-18 新时代文明实践中心智慧云平台内部管理系统

（3）宣传展示系统。

如图 4-19 所示，宣传展示系统由业务表现模块和业务支撑模块组成。其系统利用电视屏、手机屏、触摸屏、户外大屏、应急广播系统等终端，达到活动发布一处生成、信息传播多处呈现，能够实现新时代文明实践全用户、全空间、全终端、全网络宣传与展示。

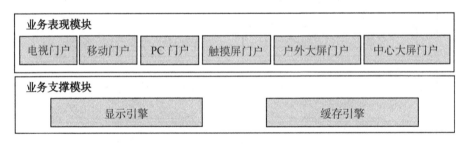

图 4-19 新时代文明实践中心智慧云平台宣传展示系统

3. 新时代文明实践中心智慧云平台通用系统

（1）多屏融合流媒体管理系统。

多屏融合流媒体管理系统负责系统推流，能支持对不同来源的视频进行格式编转码、协议翻译适配、流媒体分发处理，为电视端、手机端、PC 端、中心大屏端提供融合视频内容的点播、直播、回放服务，可无缝对接多屏融合发布能力和宣传展示系统，快速实现文明实践的视频信息快速传播。

（2）多屏融合发布管理系统。

多屏融合发布管理系统提供统一的内容采集、内容组织、编审发布、用户分组、数据统计等功能（见图4-20）。此系统与广电网络公司的流媒体能力、视频会议能力、视频通话能力、大数据能力、人工智能语音能力、BOSS系等集成连接，并与市县民生数据进行对接交换，实现面向多屏多用户分组的统一业务发布。多屏融合发布管理系统还可为文明实践活动、智慧乡镇、智慧社区、电视交警等业务提供多屏发布技术支撑。

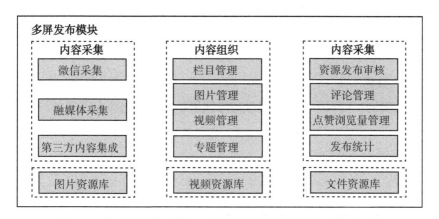

图4-20　新时代文明实践中心智慧云平台多屏融合发布管理系统

（三）平台展示

1. 电视平台

在电视平台利用手机端进行分享和转发，结合大小屏终端进行宣传展示的再次扩大。通过电视平台的文明实践板块，可精准查询新时代文明实践中心、所、站的活动情况，点播公益节目，扫码关注文明实践内容，让用户可足不出户实现居家实践。①

2. 手机微信端

手机端打通线上、线下文明实践中心，为文明实践点单提供多种渠道和参与途径，让群众可以随时随地参与到文明实践中来。

3. 中心LED大屏

---

① 吉文柱：《新时代文明实践的"金湖模式"》，《中国有线电视》2020年第11期。

通过地图标点、数据呈现、图表展示等可视化形式，实时展示新时代文明实践活动状况及相关数据。连接中心与活动现场工作人员，实现文明实践现代化视频实时连线与指挥调度。

4. 后台管理系统

内部管理系统分为电脑管理系统和手机管理系统。一方面，电脑管理系统用于固定场所办公和移动办公，建立"中心—所—站"的组织网络，实现分级管理；另一方面，工作人员使用手机小程序较于电脑版相对简单便捷，通过登录微信小程序操作，账号权限和电脑管理后台同步一致。

（四）技术要求

1. 用户数据同步

用户数据同步的数据来源于本地的志愿服务平台，内容为志愿者与志愿组织信息等。

2. 平台网站及移动端

表4-1

编号	项目名称	项目细项	功 能 说 明
1		搜索框	可以搜索实践活动和实践场所
2		Banner	首先有 Banner 页面，可以设置，能够跳转到其他链接
3	系统首页	实践动态	展示最新资讯
4		当前活动	展示最新活动，分为招募中、进行中、公示中
5		实践风采	展示最新活动风采
6		服务驿站	展示县市区新时代文明实践中心、实践站、实践所
7	实践动态	资讯内容	展示资讯公告，查看公告详情
8		活动列表	展示志愿活动列表，包含活动主要信息，可点击查看详情，展示热门活动和志愿者喜欢的活动（需志愿者登录）
9		分类筛选	可以对活动进行分类筛选，如项目类型、所属区域等
10	活动信息	活动详情	展示活动详细内容，活动详情里的发起组织可点击查看组织详情
11		报名参加	志愿者可以报名参加志愿活动，或取消报名
12		活动分享	可以分享活动项目信息

续表

编号	项目名称	项目细项	功 能 说 明
13	服务驿站	场所列表	展示实践场所列表，包含场所主要信息，可点击查看详情
14		分类筛选	可以根据场所类型等进行分类筛选
15		场所详情	展示场所详情内容，可以查看场所介绍、场所照片（视频）、场所对应服务团队，在该场所开展的文明实践活动，活动风采及服务数据等
16		加入团队	志愿者可以申请加入场所所对应的团队或者退出
17		场所分享	可以分享场所信息
18		场所活动列表	展示在该场所开展的文明实践活动列表
19	签到打卡	打卡提示	志愿者报名参加的活动，在签到页面显示签到开始和结束时间
20		按钮签到	用户可以在指定的时间和地点范围，在活动页面点击签到按钮签到。时间、地点由对应的团队管理员设置。用户需签到签出，时长为二者时间差。支持活动时间段内多次签到签出。支持集中签入，集中、分散签出
21		打卡补签	未能及时签到的志愿者，可以在活动结束后进行补签申请，经过活动管理员审核同意后即记录时长
22	积分管理	积分转换	活动时长按照系统转换为积分，积分＝活动时长＊活动类型系数＊定制活动系数
23		积分查询	志愿者可以查看当前积分以及积分来源和消费明细
24	实践风采	风采列表	展示风采列表，可点击查看详情
25		风采详情	显示风采详细内容，包含发布组织，标题为活动标题，点击标题可跳转对应活动
26	实践排行	分类排行	展示场所活动次数排行，按照累计、年度、当季、当月分类显示
27	用户中心	注册登录	用户通过手机号注册，可以使用证件号码登录，证件支持内地身份证、港澳台居住居民证、护照
28		用户信息管理	展示个人信息，可修改
29		我的团队	展示用户加入的志愿团队列表，点击可查看详情

续表

编号	项目名称	项目细项	功能说明
30	用户中心	我的活动	展示用户参加过的活动
31		志愿时长明细	展示用户获得的志愿服务时长明细
32		时长补录申请	用户可以发起补录时长申请，选择参加过的活动，填写补录申请内容，提交相关活动负责人审核，审核结果抄送上级组织
33		志愿证书	证书展示用户姓名、获得的志愿服务时长、认证机构信息等志愿服务信息
34	共享课堂	课程列表	展示课程内容，可点击查看详情
35		课程详情	显示课程详细内容，支持图片、文字、视频混排

3. 管理员管理端

表 4-2

编号	项目名称	项目细项	功能说明
1	团队管理（高级团队权限）	团队信息管理	管理已经注册并认证通过的下级志愿团队信息，以列表的形式展现，并可以搜索查询、导出信息、修改团队信息
2		团队权限管理	设置下级志愿团队权限，权限为项目免审权，新增及注销团队管理员
3		审核团队	对初次注册的团队，进行审核，审核通过后，该团队才有权限进行相关操作
4		注销团队	对不合适的团队，进行注销，注销后该团队不再在有效组织体系内
5	活动管理	活动信息管理	管理已发布的文明实践活动，以列表的形式展现，并可以搜索查询，修改、删除活动信息
6		创建活动	创建一个文明实践活动，可设置：（1）活动免报名设置；（2）限制活动报名志愿者范围（组织内、组织外）；（3）报名人数限制
7		审核活动	对下级没有活动免审权的团队发布的活动进行审核，审核通过，活动才能对外展示，志愿者可以报名参加

续表

编号	项目名称	项目细项	功 能 说 明
8	活动管理	招募管理	可以对本组织的成员按照不同分组或特定志愿者进行招募
9		录用管理	对报名该活动的志愿者进行录用管理，操作录用或者拒绝（免审核除外）
10		签到管理	设置每个活动的打卡参数，包括打卡时间段、打卡地点范围、打卡方式等
11		补签申请	对因故未能及时打卡的志愿者，提交的补签申请进行审核或拒绝
12	志愿者管理	志愿者信息管理	管理已注册志愿者信息，以列表的形式展现，并可以搜索查询、导出信息，修改志愿者注册信息；可以查看志愿者参加的活动、加入的团队、获得的志愿服务时长
13		志愿者审核	审核申请加入团队的志愿者
14	实践场所管理	对应团队管理	绑定、变更对应志愿服务队伍
15		场所信息管理	上传场所照片、视频、架构、介绍等信息
16	信息管理	活动小结	发布活动小结和风采
17		新闻资讯	发布新闻资讯
18	需求管理	需求列表	管理已提交的活动需求
19		提交需求	提交活动需求
20		处理需求	处理下级提交的活动需求，解决或提交上一级
21	工作提醒	工作量提醒	系统预设每个实践场所的年工作量，团队登录后自动提醒当前完成数
22	统计报表	活动统计	显示本场所服务数据

4. 管理后台

表 4-3

编号	项目名称	项目细项	功 能 说 明
1	基础支撑	公众号基础配置	为相关的公众号配置系统
2		短信发送管理	获取验证码
3		消息推送	用户的报名行为、活动发布等，会收到系统的信息通知

续表

编号	项目名称	项目细项	功能说明
4	注册管理	批量导入	可以批量导入志愿者信息
5		数据同步	与本地志愿者服务平台数据同步
6	团队管理	团队信息管理	管理已注册团队信息，以列表形式展现，并可以搜索查询
7		创建团队	创建一个志愿者团队，并分配管理员
8	活动管理	活动信息管理	管理已发布的活动信息，以列表形式展现，并可以搜索查询、修改、删除等
9	志愿者管理	志愿者信息管理	管理已注册的志愿者信息，以列表形式展现，并可以搜索查询、导出信息，修改注册信息，可以查看志愿者参加的活动、加入的团队、获得的志愿服务时长
10	场所管理	场所信息管理	管理实践场所信息，可以搜索查询、修改资料及绑定对应服务团队
11	系统管理	管理员选项设置	设置不同的管理员使用权限
12		Banner 管理	设置网站及移动端首页 Banner

三、新时代文明实践中心智慧云平台建设的未来进路

作为网络时代科技革命的标志性产物，互联网首先是作为信息传播工具逐步进入人类社会实践的各个领域，有力地促进了社会信息化的进程。无论是国家主流意识形态还是各种社会思潮，都将网络媒介作为精神文化内容的生产和传播的新工具，致力于打造网络阵地和平台，争夺网络空间的话语权，意识形态的存在空间从现实向网络不断延伸。① 正如 2013 年习近平总书记在全国宣传思想工作会议上所指出的，"互联网已经成为舆论斗争的主战场，要根据形势发展需要，把网上舆论工作作为宣传思想工作的重中之重来抓"②。我们应把意识形态逐步进入网络领域的进程视为国家主流意识形态的生成路径之一，将意识形态的存在场域从现实空间延伸至网络空间，引导其生成新的正向发展形态。面对机遇与挑

---

① 张瑜：《网络意识形态的内在逻辑与正确导向》，《马克思主义研究》2021 年第 4 期。

② 中共中央党史和文献研究院：《习近平关于网络强国论述摘编》，中央文献出版社 2021 年版，第 50-51 页。

战，必须深刻理解互联网治理的极端重要性，从思想和行动上予以重视，将新时代文明实践中心智慧云平台作为意识形态的主战场、主阵地、最前沿着力打造。

从某种程度上说，创新就是文明实践的灵魂，新时代文明实践中心智慧云平台建设，不仅要坚持在线下创新，更需要把创新的维度、内容和技术运用到线上。这就要求文明实践应顺应数字时代潮流，工作措施上注重与现实社会需求接轨，使整个文明实践过程尽可能体现"新时代"的特征，这样才能便于让更多群众接受，吸引年轻人参与，进而产生正向的辐射效应。[1] 实践也已经证明，通过创新传播载体，用互联网思维拓展文明实践，利用"云服务"来创新模式再造流程，拉长公共服务链条，促进供需双向互动，能够进一步提升精神文明建设在网络空间的影响力和传播力，促进新时代文明实践中心建设持续引向深入、提档升级。

新时代文明实践中心要融入网络时代理念，综合应用云计算、大数据、移动互联网、物联网以及广电网络等新一代信息技术，以数字电脑屏、手机屏、电视屏等多终端为呈现方式，打造面向基层群众、多级文明实践组织、文明实践志愿者的融业务流转、数据管理、信息共享、在线指挥等多功能于一体的新时代文明实践中心智慧云平台。在"十四五"时期全面推进乡村文化振兴中，要围绕文明乡风、良好家风、淳朴民风建设，运用互联网平台进行大众化宣传教育，把新时代文明实践中心、所、站建设成兼具思想引领、道德教化、文化传承等功能的基层综合网络平台，筑造"传播思想、实践文明、成就梦想"的百姓之家，筑牢意识形态主阵地，让网络文明实践之花绽放。[2]

第三节 把天线接到地上：新时代文明实践中心
"线上+线下"建设的陇南模式

陇南市与川陕毗邻，地处甘南山区，虽不属于甘肃省的富裕地区，但近年来大力发展"互联网+政务"，在新时代文明实践工作中先行先试、大胆探索，取

---

[1] 铜陵文明网：《"云"考察文明实践是顺应时代的创新之举》，见 http://tl.wenming.cn/wmpl/202004/t20200402_6388152.html。

[2] 杨淑栋：《文明实践筑牢意识形态阵地》，《大众日报》2019 年 10 月 16 日。

得了良好成效。陇南市通过上接"天线"、下接"地气"，整合"四大资源"，依托"陇南发布"平台，打通"两个中心"，推动全媒体融合、全流程互动、全域化覆盖，实现平台融通、终端联通、渠道贯通，将党的创新理论和文明实践活动信息、服务动态及时传递到户、传送到人，形成了独具特色的新时代文明实践中心"线上+线下"建设的陇南经验。

一、整合"四大资源"，建设"线下"文明实践中心

陇南市以群众需求为出发点和落脚点，因地制宜整合"四大资源"，把场所、人才、部门、活动资源用好用足，打造了基于"六向""四有""七讲""五进"的"线下"新时代文明实践中心（见图4-21）。

（一）整合场所资源，打造"六向"所站

陇南市集约利用红色革命纪念馆、村史馆、乡镇文化站及村文化活动室、党员活动室、农家书屋、道德讲堂等现有公共文化场所，建成市级新时代文明实践中心1个、县（区）级9个、乡镇（街道）新时代文明实践所199个，村（社区）新时代文明实践站3288个，实现了四级全覆盖。从组织机构、工作人员、活动场所、醒目标识、管理制度、活动资料六个方向标准化规划建设，为文明实践活动提供了坚实平台。

（二）整合人才资源，组建"四有"队伍

一方面，陇南市充分发挥党员干部的率先垂范作用，成立党员干部文明实践队、理论宣讲队、五老①文明实践队，结合本职工作和自身经验开展文明实践活动；另一方面，充分调动志愿者、乡村精英、模范人物的积极性，成立了志愿者文明实践队、新乡贤文明实践队、先进典型文明实践队，让文明实践看得见，摸

---

① "五老"系老党员、老干部、老军人、老模范、老教师。陇南市充分发挥五老人员具有的政治、经验、威望、时间、亲情等优势，助力开展新时代文明实践活动。全市五老人员共3961人，其中1300多名进入各级关工委领导班子，组成了五老宣讲团、五老关爱团、五老义务网吧监督员、新时代五老文明实践队、五老脱贫攻坚志愿者服务队，深入农村、社区、校园开展各类主题教育活动，在结对帮扶弱势群体、参与基层社会治理、开展精神文明创建等方面成为了不可或缺的人才资源。

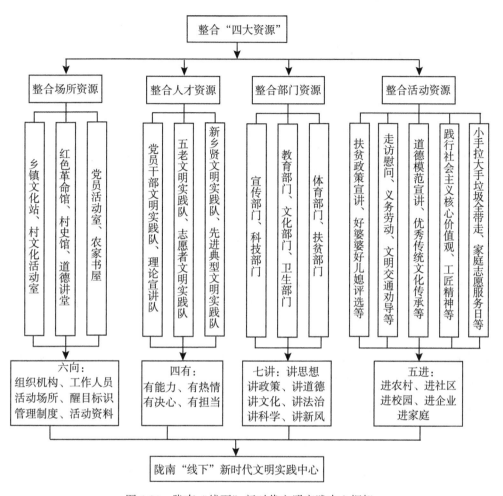

图 4-21　陇南"线下"新时代文明实践中心框架

得着，具有亲和力。市县（区）、乡镇（街道）分别成立各类志愿服务队 775
个、333 个，活跃在村（社区）的志愿者人数达 3.3 万人，形成了一支有能力、
有热情、有决心、有担当的"四有"文明实践军。

（三）整合部门资源，开展"七讲"活动

陇南市通过整合宣传、科教、文旅、卫健等多部门的教育资源，根据不同群
体需求，开展了"七讲"文明实践活动：一是讲思想。开展理论宣讲论坛，让习

近平新时代中国特色社会主义思想直达乡村与社区。二是讲政策。宣讲惠民惠农政策，助推乡村振兴。三是讲道德。宣传社会主义核心价值观，提高公民思想道德素质。四是讲文化。传承优秀传统文化、红色文化和民俗文化，增强群众文化自信。五是讲法治。开展普法宣传教育，引导群众知法、学法、懂法、守法；六是讲科学。开展科普知识、实用技能宣传推广和培训活动，提升群众生产生活质量；七是讲新风。开展精神文明创建，倡树文明风尚。全市90多支文化志愿服务队开展了形式多样的"七讲"活动，如"唱响新时代、礼赞新中国"新时代文明实践广场活动，以"小节目"演绎"大道理"，用"陇南话"唱出"大政策"。

（四）整合活动资源，实现"五进"覆盖

陇南市按照"时时有活动、人人都参与"的目标，在农村重点开展三农政策宣讲、好婆婆好儿媳先进典型评选、拆危治乱、移风易俗等活动；在社区重点开展走访慰问、义务劳动、文明交通劝导等活动；在学校重点开展道德模范宣讲、优秀传统文化传承等活动；在企业重点开展践行社会主义核心价值观、弘扬工匠精神等活动；在家庭重点开展"小手拉大手、垃圾全带走"、家庭志愿服务日等活动，通过上述活动，推动实现文明实践进农村、进社区、进校园、进企业、进家庭。

二、紧扣"互联网+"，建设"线上"文明实践中心

（一）依托"陇南发布"微信公众号，创建文明实践中心线上平台

陇南市面对农村人员大量外出务工，呈现村民"不在村里在（微信）群里"的新特点，主动应变，立足"互联网+宣传"工作的自身优势，依托"陇南发布"微信公众号，① 开发设计出"指尖式"的陇南市新时代文明实践中心线上平台。线上文明实践中心设立1个市级门户、9个县（区）级门户、199个乡镇

---

① "陇南发布"微信公众号作为甘肃省陇南市委、市政府的官方微信公众号于2014年2月正式上线（认证主体为中共陇南市委对外宣传办公室、市人民政府新闻办公室）。在人民网舆情检测等各类权威机构发布的政务微信影响力排行榜中，"陇南发布"均名列前茅。

（街道）门户、3288个村级门户，设置了8个板块以及多个栏目（见图4-22）。用户可根据实际情况认证成为所在地的新时代文明实践中心（所、站）线上用户，在线参与各类活动，接受系统提供的便捷服务。

图4-22　陇南"线上"新时代文明实践中心界面

1. "新思想"板块

"新思想"是陇南"线上"新时代文明实践中心平台设置的首要板块，其内容准确、全面且更新及时，为群众学习贯彻习近平新时代中国特色社会主义思想提供了信息资源。在该板块中设有"重要讲话""重要活动""重要会议""重要文章"四个栏目，分别以专题的形式转载习近平总书记在历次重要会议或活动中的讲话全文，报道习近平总书记赴各地考察调研、出国访问等活动，记录习近平总书记出席的各类会议情况，梳理习近平总书记所发表重要理论文章的核心要义及思想内核。

2. "实践活动"板块

该板块中设有五个栏目，其中"推荐"功能是从其他板块中挑选出最重要的活动信息推置首页，避免用户疏漏掉相关重要信息；"宣讲活动"包括发布关于学习党史、学习习近平总书记系列重要讲话精神、解析最新政策、普及科学知识等活动；"文明创建"以图文并茂的方式展现各地开展文明实践的活动动态情况；"乡村少年宫"的设置目的是将青少年群体开展的实践活动作为宣传材料，展示新时代文明实践进校园的风采；"移风易俗"主要是反映群众遏制农村陋习、涵养文明新风的状况。

3. "志愿服务"板块

志愿服务板块设有六个栏目：一是"志愿组织"。其主要介绍志愿队伍、志愿者、服务项目的名称及数量，列出相关信息。二是"志愿风采"。其主要展现志愿活动的最美瞬间。三是"学习交流"。详细介绍关于志愿服务的"政策法规"，如民政部印发的《志愿服务记录办法》。通过点击"交流培训"，志愿者可结合已参与志愿服务或培训情况进行互动交流。四是"活动报名"。其能集中发布如入户帮扶残疾人、社区环境整治等志愿活动信息。五是"预约服务"。群众可针对不同的服务类型按需随时在线预约。六是"微心愿"。平台能集中受理群众的维修电脑、爱心理发、代领快递等各种微小心愿，实现"小事不出社区、大事不出街道"。

4. "陇南榜样"板块

"新时代新作为""光荣榜""好人好事"三个栏目共同构成了该板块的内容，用于集中展示陇南先进人物、单位及其事迹，传播正能量，营造向榜样学习的浓厚氛围。其中，"新时代新作为"主要宣传各地开展文明实践活动的先进经验，把抽象的说教变成形象的示范；"光荣榜"定期公布年度评选的陇南好人、最美退役军人、优秀志愿服务组织、十大慈善企业等先进个人和集体的名单，把空泛的概念变成实在的样板；"好人好事"聚焦报道获得表彰的身边善行义举，把精神的感召变成具体的行动。

5. "陇南文化"板块

陇南文化底蕴深厚，文化资源颇丰，且门类较齐全。该板块中设置了六个栏目："文化资源"分设"推荐""历史文化""红色文化""民俗文化""文物保护"等内容，全景呈现陇南文化；"文体活动"展示群众个人或团体的艺术风影；"陇南诗词"设有"陇南市诗词学会简介""诗词常识""诗词鉴赏""陇南诗词""特色专题""学会动态""诗人留足""陇南诗人""茶话时间"等内容，为用户提供赏析诗词文化的机会；"书香陇南"展示诗词创作成果和诗词研讨会等活动；"书画摄影"艺术展现陇南书法、陇南摄影、陇南绘画的特色；"音乐视频"以"快闪""抖音"短视频、"专题片"等方式记录陇南新时代文明实践的生动影像。

6. "陇南旅游"板块

旅游可以为文明实践活动提供素材，同时，文明实践活动又可助推旅游品质的提升，二者密不可分、相得益彰。该板块通过详细介绍陇南旅游目的地必玩去处、最佳旅游时间、旅行预算、吃喝住行娱等相关信息，为游客提供完整细致的旅游攻略，进而为陇南文化旅游业的发展增力添火。

7. "基层党建"板块

该板块中及时更新已注册党员的人数和党支部的数量，并分设"三会一课""组织生活""党务公开""工作动态""学习培训""工作安排"等具体内容，从党务、政务、村务三个方面实现信息公开，推动基层党建与新时代文明实践同频共振。

8. "百姓服务"板块

该板块根据群众所需所盼，开设多类便民服务栏目，如"办事指南""政务大厅""陇南赶集""法律服务""拼车顺带""农家乐""电子健康卡""外出务工""在线问诊""VR旅游景观"①"村喜事""网上陵园"等，打通服务群众"最后一公里"。

（二）打通"两个中心"，增强文明实践活动的"线上"传播力

新时代文明实践中心和融媒体中心，是推动宣传思想工作守正创新，进一步

---

①　VR即虚拟现实技术（Virtual Reality）的英文缩写，亦称灵境技术，是指通过计算机技术深度挖掘数据，产生电子信号，并使之与头显设备对接形成直观鲜活的影像画面感，给人以环境沉浸感，实现人机交互的现代综合信息技术。陇南市新时代文明实践中心利用"VR+旅游"的形式，立体展现西和乞巧文化苑、红军长征哈达铺纪念馆、文县白马人习俗馆、大堡子山遗址墓群等景点，使用户足不出户就能身临其境地领略陇南历史文化、红色文化、民俗文化和文物文化，从而增强"情景式+体验式"文明实践效果。

巩固社会主义意识形态阵地的两大平台载体。新时代文明实践中心为融媒体中心提供新闻素材，融媒体中心凭借在互联网、大数据技术以及先进传播工具方面的优势，扩大文明实践的影响力，"两个中心"的融合趋势日益明显。2019年12月，陇南市按照中宣部和省委关于开展融媒体中心建设试点工作的要求，在扎实推进县级融媒体中心建设的基础上，找准市级媒体在省、县两级中的价值定位，又率先建成市级融媒体中心。

陇南市通过组织融合、资源共享、前端推广、服务带动、技术支撑、渠道融合等方面探索创新，构建了基于"3平台1系统"（融媒体生产平台、数据交换平台、前端发布平台和融媒体指挥管理系统）的陇南市融媒体中心运行机制（见图4-23）。其中，融媒体生产平台集成线索汇集、指挥调度、素材采集、多形态加工、多渠道发布、传播效果分析、舆情监测功能，真正体现了"融"的要义；数据交换平台共享全网数据、历史数据、本地上传数据和政务数据，形成了海量数据富地，为新闻生产提供源源不绝的数据"金矿"；前端发布平台是"陇上江南"小程序。用户只需关注"陇南发布"，点击下方的"陇上江南"，即可进入。该小程序集成资讯、政务、生活、视频、用户（我的）5大功能，提供个性化服务；融媒体指挥系统即对全网数据、新媒体进行专题分析，为决策者提供实时数据参考和新闻热点事件。[①]

陇南市保持报社、广播电视台现有机构及运行机制不变，通过采编发流程再造，与"线上"新时代文明实践中心、陇南"乡村大数据系统"打通，建立集政务、宣传、服务为一体的融媒体综合服务平台，探索形成了融媒体与新时代文明实践相通相融、相互促进的新模式。经过两年运营，全市宣传资源得以整合，省、市、县、乡四级媒体服务功能逐步对接，聚指成拳、张手成网，形成了一个贯通新时代文明实践中心、所、站，资源共享、信息互通、业务协作的融合体。这种新模式的运行，有助于把服务延伸至基层，提升全市新时代文明实践的传播力、引导力，加快推进市域和乡村治理现代化。

（三）构建"乡村大数据系统"，为文明实践提供精准服务

2017年7月，陇南市抓住网络化、智能化带来的新机遇，利用互联网和大数

---

① 陇南市人民政府网：《陇南市融媒体中心揭牌暨上线启动仪式举行》，参见 https：// www. longnan. gov. cn/4448256/26247824. html。

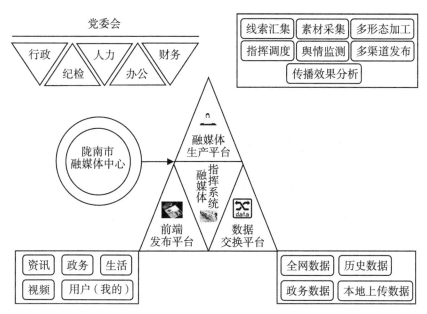

图 4-23 陇南市融媒体中心运行机制

据技术，按照"让数据多跑路、让群众少跑腿"的原则，完成了陇南"乡村大数据系统"的基础建设。该系统作为一个集陇南市精准扶贫、基层党建、信息公开、乡村电商、本地服务、供求大厅、领导信箱、法律援助、民情民意、通知公告、服务大厅等信息于一体的服务平台，通过自上而下开设的市、县、乡和村（社区）四级门户，提供政策咨询和服务，收集掌握社情民意，使信息服务职能下延到每一个村社。截至目前，"乡村大数据系统"共拥有 74 万用户，覆盖了陇南市 70% 以上家庭。

"文明实践"是陇南"乡村大数据系统"的主要功能模块之一，该模块全面展示新时代文明实践动态数据，包括实时显示当前全市志愿服务综合数据（注册人数、参与率、活动开展数量、活跃人数、活动人次、活动开展热力图、群众需求统计等），滚动显示当前活动、群众需求、微心愿等实时信息。陇南市新时代文明实践中心管理人员通过后台可以在线了解群众的需求、志愿服务活动状况等，能及时掌握各阵地、队伍、志愿者活动的数据变化，通过全市新时代文明实践活动综合数据分析，实现活动供需精准对接和内容定向发布，激发了群众的主体意识，提升文明实践活动实效。

（四）建立运行管护机制，为"线上"文明实践保驾护航

陇南市为确保"线上"新时代文明实践中心长效稳定运行，建立了系统运行管护机制。其主要做法如下：一是建立运维队伍。按照"属地管理、分级负责"的原则，分别由市、县（区）、乡镇（街道）、村（社区）专兼职人员担任系统管理员。二是建立内容更新机制。数据挖掘和用户发布的信息占到更新内容来源的85%以上，其中大部分为陇南本地信息，截至目前，"线上"新时代文明实践中心上传各类信息15.3万条，文明实践活动的覆盖面及影响力不断扩大。[①] 三是建立系统安全保障机制。在硬件方面，将服务器安置在陇南市云计算中心，确保安全；在内容方面，设置关键词过滤功能，自动屏蔽不良信息。四是建立数据统计分析机制。运用大数据技术统计相关指标，对各栏目进行比较，定期优化设置，为用户提供优质服务。对各乡镇（街道）、村（社区）使用情况进行排名，促进比学赶超，提高了运行效率。

三、文明实践"线上+线下"融合的陇南模式及启示

如图4-24所示，陇南市新时代文明实践中心融合"线上""线下"两种资源，实现"线下活动、线上展示""线下需求、线上下单""线上活动、线下参与""线上问题、线下解决"，形成了文明实践"线上+线下"融合模式，该模式对新时代文明实践中心建设具有较强的启示意义。

（一）推动渠道融合，实现"线下活动、线上展示"

陇南市新时代文明实践中心在强化传统媒体功能的同时，把握新媒体特点，顺应媒体融合发展趋势，打造传播渠道矩阵，贯通连接互联网、视联网、屏媒网，同步发布文明实践活动新闻，实现"一次采集、多维生成、全媒传播"的线下线上同频共振。应借鉴陇南经验，发挥各地在科技、教育、人才和IT产业方

---

① "陇南发布"依托陇南市大数据平台，打造"村大数据"栏目，系统设置了1个陇南市市级门户、9个县（区）级门户、199个镇（街道）级门户、3288个村（社区）级门户，基本为陇南市的县区、乡镇、村（社区）都建立了移动互联网门户，形成了全方位、全覆盖的乡村大数据网络。

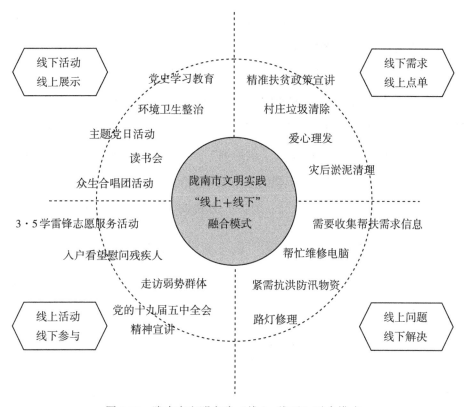

图 4-24 陇南市文明实践"线上+线下"融合模式

面的优势，加快媒体自身建设和发展，一方面整合电台、电视台、报纸、书刊等传统媒体资源，另一方面使之与"两微一端"（微博、微信与移动客户端）、政府官方网站、融媒体中心、文明实践智慧云平台等新兴媒体的传播渠道无缝对接，建立覆盖广播、电视、网络、客户端等媒体的立体传播矩阵，为新时代文明实践提供全方位舆论阵地。通过借助融媒体平台，将"线下"开展的各类文明实践活动通过动画、长图、H5、互动、短视频等集中展示，更好引导群众参与新时代文明实践。

（二）推动服务融合，实现"线下需求、线上点单"

陇南市新时代文明实践中心推动线上线下服务融合，成功解决过去"陇南发布"微信平台使用率低、采集群众需求信息不及时、志愿服务精准化水平不高等问题，其经验值得学习。要推动志愿服务从"派单"向"点单"转变，完善群众在线上提交"订单"、政府集中配送"清单"、志愿服务认领"买单"的"三单式"服务机制，促进"线上"和"线下"互动融合，让群众成为新时代文明实践的"当家人"。例如，文明实践"需求侧"菜单由实践站、所收集形成，将无法满足的需求菜单定期报送至市文明办。市文明办参照各乡镇、街道提供的"需求侧"菜单和市直单位提供的"供给侧"菜单，进行"配菜"派单，通过各线上平台精准配送到群众，保证供需双方有效匹配。此外，根据个性化需求，通过"智慧+志愿服务"App，以"一对一"方式满足群众多样化服务需求。

（三）推动信息融合，实现"线上活动、线下参与"

陇南市整合政府各部门的文明实践信息，并及时在新时代文明实践中心线上平台中发布，号召群众积极报名参加，以最短时间集结志愿服务力量。整合的活动包括：宣传部门的"全民阅读活动""学习身边典型""先进个人评选"；卫健部门的"健康义诊""食品安全宣传""新冠疫苗接种知识普及"；科技部门的"科技活动周""科技服务送田间""5G 基础知识普及"；文化部门的"传承优秀传统文化""艺联百姓""公益电影主题放映"；等等。可借鉴陇南的做法，把群众线下参与作为新时代文明实践的"生命线"，依托文明实践综合数字平台，统筹发布活动信息，通过对需求紧急度、志愿者集聚度、活动覆盖面等进行智能分析，进一步健全"社区吹哨、街道主导、相关主管部门参与"的工作机制，以"线上活动"为驱动载体，增强网上活动宣传力度，吸引更多群众参与文明实践活动，达到线上线下两头热的目标。

（四）推动人员融合，实现"线上问题、线下解决"

新时代文明实践的主体是人民群众，群众哪里有需求，新时代文明实践活动就开展到哪里。同样，群众急难问题产生在哪里，为群众排忧解难的人就应该安排到哪里。陇南市新时代文明实践中心建设成功的关键在于，以群众实际问题为导向，整合形成了一支线上线下融合的人员队伍。要把习近平总书记在武汉市青和居社区考察时强调的，"抓好工作就是要把人民群众大大小小的事情办好。为民的事无小事，大量工作在基层。要改革创新基层治理，提高治理能力，更好地服务于人民群众"的要求落实到位。在社区精心打造"24h新时代文明实践点"，完善"线上问题快速收集、线下及时解决处置"的服务机制，协调社区网格员和下沉党员干部两大工作力量，整合社工、志愿者、物业保安、业委会、楼组长五支骨干队伍参与到实践点的服务中，将服务群众"最后一公里"缩短为"最后一百米"。

第四节　新时代文明实践中心建设的方法与手段创新

一、新时代文明实践中心建设的实体化运作

（一）建好"场子"：整合公共文化设施，发挥阵地资源优势

这里所谓阵地资源，是指精神文明建设活动可利用的物理空间载体的总和。建设新时代文明实践中心不能另起炉灶、重复建设，要以"激活、整合、下沉、共享"为原则，盘活县、乡镇、村现有公共基础设施，[①] 发挥其功能作用，增强乡村公共资源的使用率、管理能力及经济社会两大效益，[②] 因地制宜打造集约化的新时代文明实践阵地。具体施工和建设主体要按照有标识、有场所、有设备、有制度、有管理、有档案的"六有"标准，对整合的阵地进行同步改造、同步提升、同步挂新时代文明实践中心、所、站的标识，突出文明实践功能，实现相互联结、串联聚集，构建便民式、多元化、共享型的"大中心"，形成功能整体大于局部之和的文明实践空间群（见图4-25）。

---

① 《中华人民共和国公共文化服务保障法》（2017年）定义公共文化设施为用于提供公共文化服务的建筑物、场地和设备，主要包括图书馆、博物馆、文化馆（站）、美术馆、科技馆、纪念馆、工人文化宫、青少年宫、妇女儿童活动中心、老年人活动中心、乡镇（街道）和村（社区）基层综合性文化服务中心、农家（职工）书屋、公共阅报栏（屏）、广播电视播出传输覆盖设施、公共数字文化服务点等。

② 陈立旭、潘捷军：《乡风文明：新农村文化建设——基于浙江实践的研究》，科学出版社2009年版，第146页。

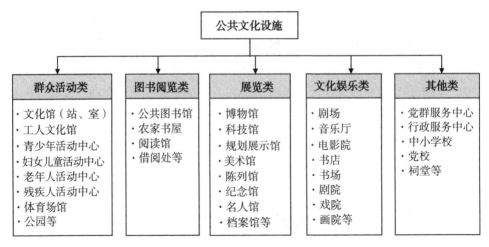

图 4-25 新时代文明实践中心整合的公共文化设施

[建在"家门口"的文明实践中心]①

曾几何时，兰州市城关区雁北街道雁西路社区的居民们提到社区阵地都连连叹气，"以前我来社区要穿过长长的巷子，还要爬上一个简易钢制楼梯，到雁滩商贸城西侧建筑的二楼才能找到，那种'弯弯绕'的感觉真不好"，常来参加社区活动的张大爷说。"现在可就不一样了，咱们社区新建的阵地有 1450 平方米，大得很咧！"如今的雁西路社区阵地，同时也作为新时代文明实践站，建有党群服务中心、社区老年人活动室及妇女儿童活动机构，内设城关书房、家长学校指导站、中医理疗室、老人就餐室、心理咨询室、社区影音室等，多功能设施一应俱全，为辖区居民带来了更加全面优质的服务。

（二）挂好"牌子"：创造品牌视觉符号，营造共通空间意象

新时代文明实践所表述的思想观念属于上层建筑，其内容抽象宏大、解读难度高，为此，新时代话语需用浅显化、接地气的手段表达出来，使之走进群众生活、深入群众脑海。要把 LOGO、图腾柱、雕塑、指示牌、形象墙、吉祥物、志

① 中国甘肃网：《兰州城关区新时代文明实践活动落地生根》，见 http：//gansu. gscn. com. cn/system/2021/01/23/012533775. shtml。

愿服务亭、宣传栏、告示栏等视觉识别标志利用起来，结合历史文化、地理文化、国家文化等元素，通过新时代文明观的符号化解读，将抽象的价值观化为"大众化"① 的符号载体，形成独特的新时代文明实践中心视觉识别系统。要发挥集中教育方面的优势，用文明故事、道德资源、生活素材唤起人们对共同价值追求的共识，提炼并总结文明实践的抽象价值，彰显文化的育人功能，拓展升华群众的切身感触。诸如，将红色作为室内空间的主色调，加之党徽、党旗，与敞亮的照明系统配合，布设党政宣传展板、志愿者活动图片墙、服务导引指示牌、文明宣传海报、荣誉墙等公共家具，宣传党的理论方针，弘扬社会主义核心价值观、习近平新时代文明观，营造富有"共通感"的空间教育意境。②

[这里的墙壁会讲故事]③

在晋江东石镇新时代文明实践所里，一批新添的多彩文化墙绘正在安静地讲述着故事。这是继开辟文化长廊后，该文明实践所巧妙利用闲置场地空间进行的再创造。走进东石镇新时代文明实践所楼梯间，每个拐角、每面墙壁，在文图并茂的"讲述"下有了"生命"。它们有的以"不忘初心、牢记使命"为主题，宣传党的思想路线；有的结合传统文化，弘扬良好家风家训；有的介绍了东石历史人文特色；有的呈现了各村（社区）的发展历程……可谓内容丰富、精彩纷呈。

（三）举好"旗子"：挖掘社会公益资源，组建志愿服务队伍

要举好志愿服务这面旗帜，遵循党和政府引领、社会组织和群众积极参与的

---

① 习近平新时代中国特色社会主义思想不仅坚守马克思主义基本原理，不断推进马克思主义中国化，而且还在不断推进马克思主义大众化。新时代文明实践中心在空间设计过程中应当善于运用大众化的符号语言来表达深刻的道理，如形象概括、反向比喻、逻辑分析、警示话语、可视化语言等，以加强空间教育性的营造。参见辛向阳：《习近平新时代中国特色社会主义思想大众化叙事的多维视角》，《北京社会科学》2021 年第 6 期。

② 贺诗阳：《新时代"群众空间"品牌化建构研究——以朝阳区新时代文明实践中心为例》，2021 年上海师范大学学位论文。

③ 晋江文明网：《东石新时代文明实践所"上新"一批多彩墙绘》，见 http：//fjjj. wenming. cn/jjwm/201911/t20191129_3096780. html。

原则，广泛动员具有不同专业技能及优势特长的各类人士积极加入志愿者队伍中（见图4-26）。① 从纵向上来看，要以各级党组织为引领，发挥党员志愿服务队伍的"领头雁"作用，依托三级新时代文明实践组织设置，建立以县（区）委书记为总队长的志愿服务总队、以乡镇（街道）党委书记为队长的支队、以村（社区）支部书记为队长的分队，确保志愿服务全县各级各部门全覆盖；从横向上看，要鼓励涉农、宣传、教育、文旅、住建部门和各类学校、党校（行政学院）等单位的在职人员，以及乡土人才、科技能手、咨询律师、基层"五老"人员、优秀个人、文艺工作者等社会人士成立志愿服务队，如政策理论宣讲队、乡风文明倡导队、科协科技科普队、先进典型示范队、红色基因传承队、非遗文化传播队、文艺轻骑兵服务队等。② 广泛吸纳辖区热心居民、治安积极分子、红十字生命救护员、出租车司机、快递员、外卖员等成立治安社、生命护卫队、爱心车队、快递小哥、外卖骑兵连等志愿服务组织，引导他们在立足本职工作的同时投身社会公益事业，参与新时代文明实践活动，展现社会责任担当与文明服务形象。

[高擎志愿红旗 打造新时代文明实践"昌江样本"]③

2018年11月，昌江在成为海南省级新时代文明实践中心建设试点县之后，大力创建新时代文明实践志愿服务队，引导全县干部职工群众，特别是广大党员、道德模范、"五老"同志、科技能人、产业大户、本土乡贤、本地乡土文化人才、返乡创业者等社会力量参与其中，壮大志愿者队伍。根据志愿者的专业、技术等，建立了专家学者、党员干部、道德模范、法律援助、文体宣传、木棉青年等12支专业志愿服务大队，开展210项志愿服务类型工作，实实在在地打通了服务群众的"最后一公里"，使志愿者旗帜在各行各业高高飘扬。

---

① 邓帅：《加强志愿者队伍建设 椎进新时代文明实践中心有效运行》，《中共青岛市委党校 青岛行政学院学报》2020年第3期。

② 夏劲松：《新时代文明实践中心建设的探索与思考》，《马鞍山日报》2019年12月30日。

③ 林书喜：《打造新时代文明实践"昌江样本"》，《海南日报》2020年3月25日。

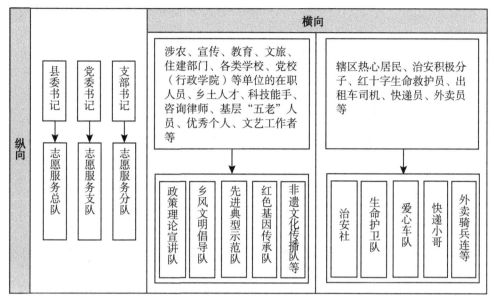

图 4-26 文明实践志愿服务队伍纵横体系

（四）汇集"单子"：征集群众多样需求，设计文明实践菜单

如图 4-27 所示，要打造以征求群众意见为出发点、以满足群众需求为落脚点的完整环链，形成"群众点单，中心统单、制单、派单，志愿者接单，群众评单"的"六单"模式：首先，强化线上需求收集。要联动社会诉求服务中心平台、文明实践中心网络平台、融媒体中心新闻舆论平台，依托微信群、电子邮箱、各级公众号和智慧 App 等方式分类研判民生需求。① 其次，强化线下需求收集。要充分利用村民会议、周一升国旗、干部下沉入户等有利时机，通过群众面对面交流，第一时间把握群众反映的问题。通过在新时代文明实践中心附近人流密集区域设立群众意愿箱、心愿墙、心愿树等多种形式，及时收集群众微心愿。最后，完善需求处理机制。要围绕群众需求巧妙设计文明实践活动菜单，并提交上级平台，由上级平台配单，再由各志愿者团队接单后完成，其效

---

① 张晓慧、刘兴宇等：《新时代文明实践中心建设的"林西"模式》，《实践》2021 年第 2 期。

果由群众来点评。

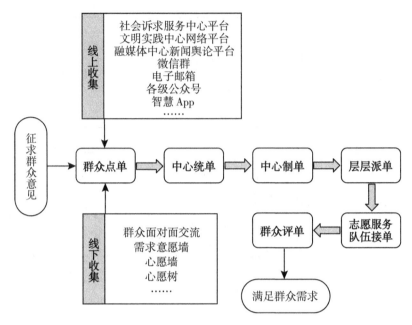

图 4-27 需求导向的文明实践志愿服务"六单"模式

["菜单式"管理：最大程度满足群众需求]①

"这是我们专门为辖区行动不便的老人和孤寡老人、小孩洗衣服用的。"在永登县城关镇南街社区新时代文明实践站的爱心洗衣坊，工作人员郁秦芳指着一台全自动滚筒洗衣机说。"我们采取的是百姓点单、站点派单、志愿者接单的方式，只要老人们有需求，群众可以通过电话、微信以及相关平台进行点单，我们会派志愿者进行上门取衣物。"这种"点单—派单—接单"的工作流程，将相应服务送到老百姓家门口，能够最大程度地满足群众需求，让老百姓享受到真真切切地、既有普惠性又有特惠性的志愿服务。

---

① 每日甘肃网：《永登新时代文明实践阵地建设扫描》，见 http：//gansu. gansudaily. com. cn/system/2020/11/06/030195852. shtml。

（五）开动"轮子"：围绕不同教育主题，开展形式多样的活动

1. 理论政策传文明

理论政策宣传须适应基层的"土质"、当地的"气候"，找准群众熟知和喜闻乐见的方式。一是要发挥各级党校的阵地、聚力、辐射作用，利用"流动党校"开展送教上门、送党课下村活动，深入阐释党的大政方针、惠民利民政策。① 二是要善于以地方戏剧、山歌、快板、小品等形式，开展文艺表演、田间课堂、农家夜话等活动，把抽象的理论政策与鲜活的表演、和谐的互动结合起来，用群众听得懂的话语、能学习的身边榜样来宣讲。三是要把理论政策宣讲与生产生活结合起来，使群众从中掌握致富本领，潜移默化地促进人们生产生活方式的转变。②

［理论山歌唱出最炫民族风］③

"五中全会像灯塔，照亮征程暖万家；红旗插满小康路，万里征程飞彩霞。"广西各地利用基层群众爱山歌、唱山歌的文化习俗和历史传统，召集活跃在广西 360 多个歌圩的 4000 多名山歌手，把党的理论政策编排成通俗易懂、脍炙人口的山歌，用原生态的山歌来传唱党的理论政策，引导群众准确理解新时代新思想新目标新征程，展现出独特的民族文化、浓郁的人文风情，成为促进民族团结和谐、边疆巩固安宁、社会安定有序、人民安居乐业的一道亮丽风景线。

2. 核心价值树文明

第一，深入开展德育创建活动。以道德感召为抓手，聚焦强化公德意识、职

---

① 敬志伟：《充分发挥党校在新时代文明实践中的作用》，《青岛日报》2019 年 6 月 21 日。

② 全国宣传干部学院：《宣传思想文化工作案例选编（2016）》，学习出版社 2017 年版，第 16 页。

③ 广西新闻网：《理论山歌唱出最炫民族风》，见 http://culture.gxnews.com.cn/staticpages/20181019/newgx5bc91147-17733068.shtml。

业精神、优秀家风、个体品质提升举办活动。第二，深化学雷锋志愿服务活动。把学雷锋和志愿服务结合起来，以相互关爱、服务社会为主题，围绕留守老人、留守儿童、留守妇女、贫困职工、残障人士等组织开展关爱困难群体的志愿服务活动。① 第三，深化群众性精神文明实践活动。常态化开展"文明乡镇""文明社区""文明之家""文明标兵"等评比活动，带动群众提高思想道德觉悟及文明素养，在全社会形成浓厚的人人争创文明的氛围。

[蓝淋家庭：绣出壮美新天地]②

蓝淋家庭是一个融合了壮、汉、瑶、布依四个民族的大家庭，通过五代人匠心接棒，让濒临失传的壮绣技艺重获新生，使广西的壮美文化在20多个国家和地区传播弘扬，成为传递爱情、亲情、友情的民族文化使者，并带领当地贫困户成功脱贫。南宁市精神文明建设委员会联合新时代文明实践中心、南宁新闻网、文明网在开展文明家庭创建活动之时，把蓝淋家庭的先进事迹树立为学习标杆和价值导向，推进了社会主义核心价值观在家庭生根。

3. 优秀文化育文明

要以"红色文化"化"政风"，打造红色教育示范阵地，开展学习党史、国史等信仰文明实践活动；以"本土文化"化"乡风"，保护本土文化基因，注重文化标识的重塑和乡土记忆的延续；以"乡贤文化"化"民俗"，结合新时代文明实践活动，对新乡贤先进事迹进行宣传报道，发挥其示范引领作用；以"家训文化"化"家风"，开展系列关于"家风"的主题活动，传承优秀家风家训文化；③ 以"传统文化"化"民风"，深挖和传承民族优秀历史文化，加强美德塑造，提升公众的公共精神，增强文明程度。

---

① 颜晓峰：《坚持中国特色社会主义文化》，重庆出版社2019年版，第149页。
② 南宁新闻网：《南宁市深化文明家庭创建——蓝淋家庭：绣出壮美新天地》，见 http://www.nnnews.net/yaowen/p/3048329.html。
③ 刘胜梅：《新时代文明实践中传统家风家训传承研究》，《泰山学院学报》2020年第4期。

[以红色文化涵养文明实践]①

近年来，高村镇以红色文化引领文明实践，把传承红色基因作为革命老区新时代文明实践的任务。以红色文化为主线，串联村史馆、革命老城、堡垒户、招兵站旧址等红色资源，形成了新时代文明实践精品体验线，将红色文化融入各类实践活动中去，使红色成为文明实践的底色。发挥红色教育的作用，相继开展了具有特色的乡土文化教育课，营造良好的育人环境，把红色基因融入血脉，在广大干部群众心间埋下一颗颗充满希望、饱含力量的种子。

4. 移风易俗倡文明

要修订乡规民约、居民公约，充实婚事新办、丧事简办等内容，出台具体约束性措施，对天价彩礼、大操大办、铺张浪费、厚葬薄养、人情攀比等进行治理。建立乡贤参事会、红白理事会、道德评议团等组织，引导群众签订承诺书，规约村民人情行为。倡导文明健康生活方式，宣传普及文明礼仪规范，加快形成乡村文明新风尚。弘扬科学精神，宣传科学思想，加强无神论教育，引导群众自觉抵制封建迷信和伪科学。

[红白理事会"理"出文明新风]②

"过去村里办红白喜事，烟抽得多，饭也吃得多，既浪费，又忙得焦头烂额。这些年好多了，红白喜事多功能厅派上了大用场，有时候还得几家商量着提前预订哩！"村民李凤庆高兴地说。该村在文明实践移风易俗活动推动下成立了"红白理事会"，筹集50多万元购置了桌椅板凳、锅碗瓢盆，把闲置房屋改建为红白喜事多功能厅，专为村民操办红白喜事。红白理事会成立以来，先后操办了700余场红白喜事，共为村民节省开销40多万元，使村里的风气焕然一新。

---

① 文登传媒网：《高村镇以"红色文化"促文明实践》，见 https：//baijiahao. baidu. com/s？id＝1681487860841240020&wfr＝spider&for＝pc。

② 中国文明网：《红白理事会"理"出文明乡风》，见 http：//www. wenming. cn/wmcz2017/xf/202005/t20200520_5583380. shtml。

5. 便民惠民助文明

要加大对低保残疾人、空巢老人的走访，开展邻里互助等活动，帮助解决他们的实际困难；定期组织开展文体、娱乐、心理辅导等活动，通过用心陪伴走进留守儿童的世界，让他们感受到快乐与关怀，消除内心的孤独感和无助感；面对广大普通群众，积极开展健康义诊、法律咨询、免费理发、心理疏导、家电维修等活动，千方百计排忧解难，让他们从便民惠民活动中得到实惠，增强获得感与幸福感。

[空巢老人吃上放心三餐]①

"村里的空巢老人占了全村人口的三分之一，他们经常不是饥一顿饱一顿，就是剩菜剩饭热了一遍又一遍，用火用电也很不让人放心。"西焦村党支部书记张树亮直言。原以为很简单的吃饭问题，不仅让在外打拼的子女时刻牵挂，更是老人们每天需面对的现实问题。为了让老人们能吃上新鲜放心的饭菜，西焦村结合新时代文明实践，成立了爱心基金，办起了"幸福食堂"，村里生活困难的老人都可以在这里以每天 5 元的价格享用一日三餐，村民们感受到了浓浓的幸福感。

二、新时代文明实践中心建设的立体化呈现

(一) 手机端+文明实践

各式各样的 App 为人们的生活与学习带来了诸多便利，新时代文明实践中心建设要顺应这一新趋势，引入专业技术团队，结合当地群众的使用习惯，设计拥有获取文明实践信息、群众点单、活动预约等功能的 App，如浙江省湖州市安吉县制作了"爱安吉"手机文明实践客户端（见图 4-28）。中心负责人可通过微信群发布活动信息，群众可及时获取信息并参加文明实践活动，也能就近享受生活

---

① 海报新闻网：《曲阜西焦村以孝德为原点开展移风易俗等活动 空巢老人吃上放心三餐》，见 https：//hb. dzwww. com/p/4147993. html。

及服务便利，实现文明实践融入百姓生活。要完善微博、微信梯队建设，形成以官方微博、微信为中心，多级别、多层次的农村"双微矩阵"，充分发挥它们在主流意识形态宣传中的正向作用①。

爱安吉微信　　　爱安吉App　　　安吉发布微信　　　安吉发布微博

图 4-28　　"爱安吉" App 融媒体矩阵

["最后一厘米"：指尖上的文明实践]②

高要区在"看高要" App 内设置了"文明实践"专栏，为群众提供活动预约、志愿招募和微心愿等服务，完善"群众点单、中心接单"服务供需对接模式。依托"文明高要"微信公众号，定期推送文明健康知识，开展线上文明家庭、文明村镇、文明单位创建活动，使新时代文明实践不再受时间和空间的制约，更便捷服务百姓，实现文明实践网上网下同步、线上线下互动，打通了服务群众、关爱群众的"最后一厘米"。

（二）PC 端+文明实践

在数字化时代，建立新时代文明实践中心网站顺应了科技发展趋势的需要，其拥有如下优势：其一，信息量大。相较于纸质宣传册，网站可以利用动画、视频等方式全方位、全天候地介绍新时代文明实践中心各项内容，也可以与其他网站建立链接，方便用户获取更多信息。吉林省延边朝鲜族自治州延吉市通过自主

---

①　郭学旺：《农村主流意识形态宣传机制创新研究》，中国社会科学出版社 2018 年版，第 259 页。

②　肇庆文明网：《肇庆高要：文明实践"不打烊"春风化雨润人心》，见 http：//www.wenming. gd. cn/zx/ywjj/2021-07-03/119339. html。

设计研发新时代文明实践中心网站，为文明实践工作提供了文明宣传、信息查询等多项线上功能，参见图4-29。其二，信息更新快。网站更新信息相比报纸、广播等传统媒介要快得多，中心负责人能够在最短时间内发布最新信息，群众也可及时获取这些信息。其三，效率高。网站的建成可以方便中心工作人员管理活动流程，包括群众需求的收集、活动信息的发布、志愿者的招募、志愿服务时长的统计等，提高了活动运行效率。

图4-29 延吉市新时代文明实践中心网站截图

[北京海淀文明实践服务平台上线]①

距离家最近的新时代文明实践站在哪儿、唐诗宋词朗读活动去哪儿报名、志愿服务能报名哪些项目……这些问题登录文明实践平台即可解决。北京市海淀区新时代文明实践中心服务管理平台日前上线，可为居民提供随时随地的服务，成为便民服务的"掌中宝"。文明实践线上平台内容丰富，包括点单派单、活动报名、基地预约、服务地图、VR展厅、慕课中心、志愿海淀、实践动态等十多个功能。

---

① 中国文明网：《北京海淀文明实践服务平台上线》，见 http：//www.wenming.cn/wmsjzx/sjqy/201910/t20191029_5299413.shtml。

（三）电视端+文明实践

在享受数字电视的用户家庭中，电视机不再是过去只用来收看节目的工具，而变成了一个集公共传播、信息咨询、学习娱乐、互动评论于一体的多媒体信息服务平台。① 要利用数字电视画面清晰、功能强大、收看自主、成本低廉、覆盖面广的优势，打造新时代文明实践电视端融平台。例如，山东省日照市东港区在新时代文明实践中心电视平台中设置"理论宣讲""红色故事""实践活动""先进典型""道德讲堂""文明创建"等板块，开展电视直播、现场连线、文明知识竞答、电视评选、扫码分享等文明实践活动，把群众关心的身边事、身边人传播到千家万户，让群众及时了解文明实践信息（见图4-30）。

图4-30　日照市东港区新时代文明实践中心电视平台截图

[**打开电视，随享专属"红色套餐"!**]②
"你为人民服务首先得为人民办事，要和农民有感情，你得把心交给他，老百姓也会把心交给你……"老人们边聊天，边津津有味地看着电视上正在

---

① 王联：《电视台数字化后的发展方向》，《现代电视技术》2005年第6期。
② 鲁网：《日照东港区新时代文明实践融平台正式上线》，见 http：//rizhao. sdnews. com. cn/rzxq/202105/t20210519_2907436. html。

播放的对原日照县委书记牟步善的专访——《老牟来了》。在党史学习教育中，东港区委宣传部积极探索新时代文明实践新路子，依托"灯塔—东港先锋"智慧党建平台，建设新时代文明实践电视端融平台，使其成为宣传群众、引导群众、服务群众的新渠道。在具备收看条件的电视上，开机后，点击开机屏幕上的"日照先锋"或"新时代文明实践"栏目，选择"直通区县"，就可纳入精神文明建设网络平台，选择感兴趣的节目，《老牟来了》正是该平台里的短片。

（四）融媒体端+文明实践

在互联网技术的推动下，融媒体中心找准自身定位，完全可以成为现代化新媒体的"地方军"以及党和政府联系人民群众的桥梁纽带，在巩固筑牢基层舆论阵地上发挥巨大作用。① 新时代文明实践中心要借助融媒体强大的传播能力和多样化的传播方式，通过媒体平台征集和分析群众需求、发布志愿活动信息、在线招募志愿者、收集服务质量反馈意见等，适时调整服务项目形式，增强文明实践的针对性与有效性，优化群众的体验度。如图 4-31 所示，武汉市武昌区利用动画、长图、H5、互动短视频等多种新媒体形式丰富文明实践传播渠道，提升了志愿服务的传播力。②

［从化区融媒体中心成"掌上"文明实践阵地］③

在广州市从化区街口街新城小学，一堂别开生面的思政课——"走读长征万里行"正在这里举行。同学们陆陆续续上台分享自己家乡的美好、歌颂长征精神。这堂思政课的听众，除了学生以及附近社区群众外，还有通过区

---

① 马玉平：《建设县级融媒体中心，打造基层新型主流媒体》，《传播力研究》2018 年第 36 期。

② 2021 年 7 月 16 日，武汉市全市中心城区（功能区）新时代文明实践中心建设推进会在武昌区召开。"新时代文明实践中心建设研究"课题组成员应邀参加了武昌区志愿服务融媒体数据平台现场观摩和座谈交流。

③ 广州文明网：《广州市区融媒体中心成"掌上"新时代文明实践阵地》，见 http：//gdgz. wenming. cn/gzjj/202001/t20200106_6229760. htm。

图 4-31　武汉市武昌区文明实践志愿服务融媒体数据平台

融媒体中心客户端——"新花城"观看直播的用户。"新花城"上线后，着力通过"线上+线下"模式，打通"最后一公里"，如今已成为群众的"掌上"文明实践阵地。

第五章 从单一到综合：新时代文明实践中心建设的目标与结果子系统

作为实施质量控制的手段，绩效评估的关键是"目标-结果"比对，旨在察验任务实现既定目标与否，公共服务接受者是否认可，具体活动是否处于全面掌握之中，以及在哪些方面可接续改进等问题。① 目标达成与结果评价是新时代文明实践中心建设工作的必要环节，目标与结果子系统在这一母系统中发挥着激励保障作用。目前，绝大多数地方尚未适应新时代文明实践中心的功能定位从单一宣传思想工作拓展为融政治领导、思想引领、文化熏陶、社会践履等于一体的复合型治理平台的变化，尤其缺乏对新时代文明实践目标结果导向的考核管理，以致活动主体无法形成有效激励，进而影响中心建设的效果及可持续性。鉴于此，亟须通过构建系统完备的综合绩效评估指标体系，不断健全考核体制机制，以提升新时代文明实践中心建设的质量。

第一节 新时代文明实践中心建设绩效评估的意义及难点

一、新时代文明实践中心建设绩效评估的意义

（一）建立有效的文明实践绩效评估制度、程序和方法

对新时代文明实践中心建设进行绩效评估，可以细化每一个文明实践活动过程的具体环节，有利于党委、政府部门建立务实管用的文明实践绩效评估制度、

---

① 陈昌盛、蔡跃洲：《中国政府公共服务：体制变迁与地区综合评估》，中国社会科学出版社 2007 年版，第 3 页。

程序和方法。一方面，以文明实践绩效评估的考核细则、流程及实施办法为"指挥棒"，可以明确各地新时代文明实践中心（所、站）各自工作的重点内容，避免陷入文明实践工作"广撒网"、却收效甚微的窘境；另一方面，通过客观公正和精准地评价当地新时代文明实践中心工作的开展，上级可以依据评估结果采取有针对性措施，实现人才、资金、阵地等资源统筹调配，助推文明实践绩效评估制度、程序和方法的进一步完善。与此同时，新时代文明实践中心建设绩效评估有助于更好地总结经验教训，形成系统、全面且能反映各地文明实践特点的包容性政策体系。

（二）达到文明实践工作人员对绩效评估的认可、了解及运用的娴熟

加强对新时代文明实践中心建设的绩效评估，可以进一步厘清相关部门之间的责任边界，使评估主体在追责过程中确定对各部门责任权限的划分，核实低效主体部门及主要责任人，避免建设不达标事件的错漏与责任划分的失误，使文明实践工作人员对评估结果更为认同和理解。新时代文明实践中心绩效综合评估指标体系的构建，能使评估结果更直观地呈现在文明实践工作人员的面前，他们可根据对每一项建设任务流程步骤的描述与自身所知道的现实联系起来，对评估结果进行反思，强化对操作的熟知。绩效评估制度中的具体考核指标、评分细则、奖惩制度的量化处理，是文明实践工作责任确定的有效工具，有利于确保文明实践责任落实到位，帮助相关人员树立正确的绩效观念和工作态度。

（三）新时代文明实践中心建设整体绩效的完善与提升

从根本上说，新时代文明实践中心建设的绩效评估，有利于文明实践形成更加清晰的目标，使质量管理理念转化为有形的评估考核体系，增强工作的针对性和实效性。党委、政府部门可以根据综合绩效评估指标体系对新时代文明实践中心建设全过程各环节的内容进行量化测评，并按照评估指标分门别类地将评估结果反馈给各中心（所、站），克服以往文明创建活动过于依赖定性判断以及政府部门内部绩效考核主观随意性。通过制定标准化的评分细则，实施精细化的考核评价，能切实提高绩效评估的客观性，改进与提升新时代文明实践中心建设的整

体工作绩效。① 内容全面、指标合理、方法科学的评估考核体系能为新时代文明实践中心工作人员的行为指明方向，有助于将绩效考评结果纳入落实全面从严治党主体责任情况监督检查和巡视巡察内容，纳入党政领导班子、领导干部综合考核评价内容，通过绩效评估奖励先进、惩戒后进，把"软指标"变为"硬约束"。②

二、新时代文明实践中心建设绩效评估的难点

（一）绩效评估标准不科学、衡量性差

由于新时代文明实践中心工作涉及面广、内容覆盖面多，需联动多种类型的职能部门，目前我国没有建立起系统综合的新时代文明实践中心建设绩效评估指标体系。具体考核指标的设计不也尽全面，现有的评估指标或偏重资源的整合，或强调志愿者队伍的打造。有些地方制定评估指标倾向于主观决策，较少使用客观测评等方法，且注重对经费投入、人员配置、面积大小等"硬指标"的考察，轻视宣传活动效果、基层治理成效等"软指标"的评价，尤其是对群众获得感和社会认可感的评估指标设计不足。具体来说，有的指标过于笼统，难以作为客观评价的依据；有的指标设置过于简单，使很多项目没有囊括进来，不能充分反映新时代文明实践中心建设的状况；有的指标则过细过杂、不系统，考核的操作性不强。

目前，有的地方党委、政府部门制定了新时代文明实践中心相关绩效评估制度，但其缺乏科学性，难以用统一标准对工作目标的完成和结果进行客观、合理的判断，同时相关绩效评估手段也具有单一性、片面性，评估主体在绩效评估过程中缺乏有力依据③。比如，更多的是依靠工作人员的主观意志，这种做法给绩效评估带来不确定性，使结果缺乏参考价值，甚至影响文明实践活动的规范化开展。有的地方新时代文明实践中心建设起步晚、任务急，没有绩效评估标准、指

---

① 蓝志勇、胡税根：《中国政府绩效评估：理论与实践》，《政治学研究》2008 年第 3 期。

② 新华网：中共中央 国务院印发《关于新时代加强和改进思想政治工作的意见》，见 http：//www.xinhuanet.com//mrdx/2021-07/13/c_1310057700.htm。

③ 范柏乃：《政府绩效管理》，复旦大学出版社 2012 年版，第 45 页。

标体系、计量模型、测评方法和技术，大多是摸着石头过河，没有成熟的经验可复制。① 文明实践绩效管理存在着特殊性，要求评估制度制定者具备多学科专业背景，但依目前来看，文明实践评估者多为行政官员，其知识结构单一，关注焦点过于片面，没有触及文明实践工作的方方面面，也没有充分理解文明实践的目标定位与作用机理，难以为评估的开展提供有效指导，其过程流于形式，效果不佳。

（二）评估主体的非理性行为影响评估效果

新时代文明实践中心建设的绩效评估主体多样，涉及人员和部门众多，需要多元评估主体来进行统筹。不同主体所对应的评估内容和方式存在很大差异，如果确定不清评估主体，评估过程及结果就无法得到有效管理和预判，评估工作可能出现人为主观性。当前，很多地区的文明实践绩效评估，依然局限于宣传部门，一般由文明办包揽，多为系统内部的评价，即"上下垂直"评估，缺乏系统外的参与式评估，导致评估主体单一，无法获得客观公正、真实可靠的数据资料。这种评估可能沦为地方政府内部政绩考核，以及获得年度预算经费支持的特殊手段，从而背离了评估初衷，更谈不上评估功能的实现。尽管个别地方尝试引入第三方评估，但缺乏明确的法律角色和配套的制度规范，评估机构的专业性及独立性不强，评估对象信息收集的渠道和方式有限，严重依赖于政府主管部门，从而影响了获取信息的客观性。在形式上吸纳所谓专家评估，而请来的专家目的往往是为其"唱赞歌"，提出的批评意见少或无关痛痒，这些都导致第三方评估往往中立性和客观性不足。②

（三）绩效评估过程走形式

可以说，多数地方党委、政府把主要精力仍放在新时代文明实践中心业务工作的推进上，而对绩效评估等具体举措"不感冒"、不上心、不积极，没有把绩效评估定位于一项重要工作来做，导致评估质量大打折扣。部分新时代文明实践

---

① 胡景涛、董楠：《公共绩效管理文献回顾与综述》，《财政研究》2013 年第 2 期。

② 戴艳清、何晓霞、郑燃：《公共数字文化服务效能提升的制度优化》，《图书馆论坛》2021 年第 8 期。

中心固守传统的管理模式，对活动质量的认识停留在表面，对绩效考核的作用及意义认识不到位，抱着"干多干少都一样"的态度，不愿随着工作进一步的深入不断优化提升；部分地方只针对本地新时代文明实践中心建设自行出台了各不相同的考评办法，对评估过程缺乏统一规划和详细指导，绩效评估"被分散在社会承诺制、工作目标责任制等多种日常管理制度中，考核评估程序形式大于内容"①。此外，文明实践绩效评估的政治性较强，其过程容易趋于封闭，加之媒体和群众在线监督不足，同时，评估的主要来源真实性有待考证，统计结果的透明性、完整性和易得性都存在匮乏，假如要查询全国范围统一口径的新时代文明实践中心建设数据（如投入经费、资源规模、参与人次等）非常困难，难以确保绩效评估过程严谨、周密。

（四）绩效评估的反馈不足

对新时代文明实践中心运行状况的评估重在结果应用，其对整个精神文明建设工作的提升至关重要。新时代文明实践中心建设尚处于探索阶段，在体系设计、目标确定、机制构建和监督方案制订等方面有待深化，其中，绩效评估结果的实际应用与党委政府想要获得的效果相差甚远。比如，新时代文明实践中心建设绩效评估的有效反馈与应用机制不健全，对建设效果的评估结果多作为年底单位评比及向上级申请活动经费的参照依据，而利用这一结果反馈检视新时代文明实践中心建设存在的问题、预判存在风险、把握未来发展态势、促进文明实践工作创新发展等方面还远远不够。现有各地评估指标体系和考评办法过于宽泛，容易造成各搞一套、各管一段，缺乏标准化的设计模块、执行流程、内容要点和其他规定，采取这种差异化的绩效评估方案，无法反映出新时代文明实践中心建设整体绩效水平和可能存在的共性及个性问题，其分散的绩效评估结果对政策决策、总体规划和经验总结等无法提供有价值的信息反馈和决策参考。

第二节　新时代文明实践中心建设绩效评估指标体系构建

我国新时代文明实践中心的建设处于初步摸索阶段，各地发展与实践经验相

①　吴高、林芳、韦楠华：《公共数字文化服务绩效评价现状、问题及对策分析》，《图书情报工作》2019 年第 2 期。

对不足。其中，缺乏科学完善、简明易行的绩效评估指标体系，导致全面科学的评估不能有效实施，这不利于对精神文明创建工作的中后期考核、反思及总结。新时代文明实践中心建设综合绩效考核指标体系是以系统全面的评估指标体系及其方法为基础，这种特点决定了它比单一治理方案和政策规则更具有可操作性。因此，构建综合绩效评估指标体系既能反映文明实践志愿服务开展的现状，鉴别基层宣传思想工作过程中的问题和不足，还能全面获得群众对新时代文明实践中心建设的信息，衡量文明实践活动开展目标达成和效果评价，这无疑有利于党委政府及时调整政策，提高新时代文明实践中心服务群众的精准度和满意度。

一、指标体系的构建原则及方法

（一）构建原则

1. 以人为本

新时代文明实践中心打造了一个以人为本、以人民群众参与和共享为特征的新型志愿服务平台，人民性是其核心要义。"新时代文明实践中心建设的突出使命、价值功能、组织体系都要全面彰显以人民为中心的思想，如中心布局、站所设置、实践方式等应围绕服务民生、方便居民展开，教育内容、公益活动、志愿行为也应回应群众所思所想、所需所望。"① 在构建新时代文明实践中心建设绩效评估指标体系中，必须坚持以人为本的价值取向，将群众对中心建设的实际满意度作为首要考量因素。

2. 可操作性

设计出的指标不仅要能够科学评估新时代文明实践中心目标达成状况，做到全面系统，而且要具有可操作性，即指标本身尽可能清晰明确，用尽量少的显著性和易获性的内容反映尽量多的事实。定量指标简明直接、易于考核，但难以把握服务对象的内心活动和切实感受，而定性指标虽能测评服务对象的需求、偏好及满意度，但主观性太强，须根据其状态属性转换为相应的参数指标予以量化评估。因此，新时代文明实践中心建设绩效评估指标体系应兼顾定性与定量，确保可操作性。

---

① 章寿荣、程俊杰：《推动新时代文明实践中心标准化建设：理论本质与实现路径》，《现代经济探讨》2020 年第 3 期。

3. 科学系统

一方面，绩效评价体系的构建要体现科学化、精准化和公正性的特点，同时重视过程和结果，通过有效评估新时代文明实践中心建设的真实情况及关键影响因素，科学设置权重系数，为最终指标体系获得广泛认可奠定基础；另一方面，要能系统地反映和揭示新时代文明实践中心建设需要与资源、主体与结构、方法与手段、目标与结果等维度，各个指标之间要融会贯通、分工明确、重点突出，指标所涉及的范围清晰，且依附性弱。

4. 动态调整

随着社会的发展和群众服务需求不断变化，新时代文明实践中心建设要求也会延伸拓展，根据这种阶段性特点，新时代文明实践中心建设绩效评估指标体系也要不断修正与完善。因为不同地区发展快慢程度不一，区域性政策存在差异，新时代文明实践中心的运作方式与管理水平参差不齐，因而对许多评估指标不应作出"一刀切"的标准值要求，新时代文明实践中心建设绩效评估指标体系的设计须考虑指标的动态调整性。

（二）构建方法

1. 文献资料分析法

首先我们采用文献资料分析法，即围绕"新时代文明实践中心建设"这一主题词，查阅中国知网、中国文明网及相关地方融媒体网站等，检索自 2018 年中央提出建设新时代文明实践中心以来的有关文件、文献和新闻报道，为绩效评估指标的选取和确定提供参考依据。所收集的文献资料包括各种文件、制度章程、工作总结、通知公告、宣传报道等。

2. 德尔菲法

德尔菲法作为当今社会科学广泛应用的经验判断法，它指经反复征求多位学者或相关领域专家意见，并由发起人整理汇集，并就特定事件得出比较趋同的预测方案。由于传统德尔菲方法成本较高、时间耗费长，本研究倾向采用修正后的德尔菲法，即首先以文献梳理和研究规划来设计出结构性问卷来代替第一轮的开放式问卷调查，从而直接通过对资料汇总，筛选出指标的影响因子，然后根据填写问卷匿名专家的打分，并运用量化分析整合处理专家建议，最后实现对新时代文明实践中心建设绩效评估指标设计的共识。

3. 层次分析法和 Yaahp 软件的应用

为充分体现评估指标的科学合理性，本研究运用层次分析法对各项指标的权重予以厘定。层次分析法（The Analytic Hierarchy Process，AHP），是通过把复杂决策事件按照过程进行要素细分，形成分层分类解析模型。如表 5-1 所示，1~9 标度法的含义是指由一至九及其倒数对每项指标进行相邻对比和一致性检验，得出不同要素的重要程度，为多目标决策提供数据参照。所以，笔者根据层次分析法的研究脉络，按步骤对指标细分、内容条块化及权重明确。

表 5-1　　　　　　　　　　　　　1~9 标度法的含义

标度	意　义	备　注
1	两者同等重要	
3	两个指标相比，一个指标比另一个指标稍微重要	倒数的含义与表中意义相反
5	两个指标相比，一个指标比另一个指标明显重要	
7	两个指标相比，一个指标比另一个指标重要得多	
9	两个指标相比，一个指标比另一个指标极端重要	
2，4，6，8	取上述两相邻判断的中值	

Yaahp 软件是一种具有层次模型判断矩阵打分、再演算、集体演绎、罗列具体数据、数据传输及灵敏感剖析等功能的 AHP 图像化数理模型构建与公式计算软件。其同时附加判断矩阵一致性检验功能，因而使用简易，能节约很多矩阵计算时间，为确定新时代文明实践中心绩效评估指标权重提供便捷。笔者将问卷赋分结果录入 Yaahp 软件系统，进而自动生成各个指标权重。

二、指标体系的设计与筛选

（一）评估指标的勘定

笔者遵循上述原则，在文献梳理的基础上，从新时代文明实践中心建设的目标定位出发，考虑精神文明建设的系统性与文明实践推进的整体性，围绕"在哪做""谁来做""怎么做""做多久"的问题，将新时代文明实践中心建设绩效评估指标体系的主要维度确定为"需要与资源""主体与结构""方法与手段""目标与成果"。

为体现指标体系的完整性、系统性和逻辑性，我们将 4 个主要维度深度分解，形成了 8 个一级指标和 29 个二级指标。依据研究目的对部分新时代文明实践中心、所、站的负责人士及相关领域的专家交流，了解当前其站点建设的现状与问题，再以问卷的形式，邀请他们对指标本身的内涵进行解释，以及对体系设计的理由、各级指标划分的标准进行研讨说明。① 由此形成了包含 4 个主要维度、8 个一级指标、24 个二级指标的新时代文明实践中心建设综合绩效评估指标体系，详见表 5-2。

表 5-2　　　　　　新时代文明实践中心建设综合绩效评估指标体系

主要维度	一级指标	指标编号	二级指标
需要与资源 （在哪做）	需要满足（A1）	B11	服务供给精准度
		B12	服务需求满意度
	资源整合（A2）	B21	人才资源整合
		B22	资金资源整合
		B23	阵地资源整合
主体与结构 （谁来做）	主体建设（A3）	B31	志愿组织动态管理
		B32	志愿者专业化培训
		B33	志愿服务激励措施
	结构优化（A4）	B41	党委领导
		B42	政府协同
		B43	社会参与
方法与手段 （怎么做）	方法创新（A5）	B51	实体空间布局合理
		B52	符号标识特色鲜明
		B53	活动形式喜闻乐见

---

① 由于篇幅所限，笔者考虑到略去对专家访谈及打分过程的描述并不影响结果的准确性，故而其具体过程在此不再赘述。

主要维度	一级指标	指标编号	二级指标
方法与手段 （怎么做）	手段先进（A6）	B61	大数据应用
		B62	新媒体运营
		B63	云平台打造
目标与结果 （做多久）	目标达成（A7）	B71	科学理论学习实践
		B72	党的政策宣传宣讲
		B73	主流价值培育践行
		B74	文化生活丰富活跃
		B75	移风易俗深入落实
	成果考核（A8）	B81	考评制度健全
		B82	考核方式科学

（二）评估指标的内容解释

1. 维度之一："需要与资源"（在哪做）

在该维度中，我们设计了"需要满足"和"资源整合"2个一级指标。其中，需要满足是指新时代文明实践中心聚焦群众所思所想所盼，突出效果导向，把志愿服务与城乡居民所需结合起来。它包括"服务供给精准度"和"服务需求满意度"2个二级指标。对老百姓合理诉求回应的精准与否是考验新时代文明实践中心建设水平的重要标尺。服务供给精准度指标不仅包含建立群众需求采集和反馈机制，收集和征求群众的诉求意愿，而且包括通过群众点单、中心派单的方式，联动回复群众关切，助推群众服务供给侧与需求侧无缝对接，从而实现全域化服务"精准滴灌"，使文明实践触角随群众延伸、精神文化资源按需求配置。[①] 服务需求满意度指标强调在发挥人民群众主体作用的同时，切实把需求收集好、分析好，化解群众身边生产生活的难题，提高群众对文明实践活动开展的

---

① 仇景锐：《坚持为民服务 强化阵地建设 以新时代文明实践助力乡村振兴》，《新长征》2021年第3期。

满意度。①

　　资源整合是指整合盘活现有资源，建立资源之间的共享机制，最大限度凝聚各方力量，及时有效调动资源，满足群众服务多样化要求，全面持久开展文明实践志愿服务活动。它包括"人才资源整合""资金资源整合""阵地资源整合"3个二级指标。新时代文明实践中心建设是一项系统工程，离不开人员参与、资金支持和阵地载体。② 人才资源整合指标包括加大人员投入，通过增设机构编制，解决"有人干"的问题，广泛召集专业志愿人员参加，创建以基层党干部、行业专家、村级骨干为主，各类爱心力量为辅的志愿者队伍；资金资源整合指标包括加大专项资金支持，配套设立文明实践专项资金，拓宽资金保障渠道和途径，多方筹措社会资源，争取民间机构、企业及个人资金支持，提高新时代文明实践中心的运行效率；阵地资源整合指标包括集中县乡村现有公共阵地资源，突出文明实践的综合集聚功能，配套完善活动设施，提升新时代文明实践中心建设资源配置的效率。

　　2. 维度之二："主体与结构"（谁来做）

　　在该维度中，我们设计了"主体建设"和"结构优化"2个一级指标。其中，主体建设是指，文明实践主要构成体系的元素是从事志愿服务的人，其形式是志愿服务，为此要解决好志愿者"从哪里来""来了做什么""怎样做得好"的问题。它包括"志愿组织动态管理""志愿者专业化培训""志愿服务激励措施"3个二级指标。志愿组织动态管理指标除了包括创建以人民为中心、以满足群众需求为首要目标，根植于本地的文明实践志愿队伍，③ 还包括健全志愿者管理机制，做好注册和招募工作，满足文明实践项目要求，确定志愿者数量，记录服务时长，提高文明实践活动的整体效能；志愿者专业化培训指标包含提高服务意识、技术含量、效果程度，对接专业资源，进行业务实训；志愿服务激励措施指标包括激发能动性，创新激励保障机制，促进开展稳定持久的志愿服务。例

---

　　① 宋昕松：《打造"小平台"发挥"大作用"基层新时代文明实践中心的建设与完善》，《人民论坛》2020年第36期。

　　② 熊若愚：《如何提高新时代文明实践中心建设质量研究述要》，《中共宁波市委党校学报》2020年第6期。

　　③ 杨达：《贵州省新时代文明实践中心建设的基层治理探索》，《红旗文稿》2019年第24期。

如，通过建立荣誉机制，提高志愿者参与活动及作出奉献的积极性和成就感；实施积分制管理，发放志愿补贴，采取物质奖励，增加志愿者的获得感，等等。

结构优化包括"党委领导""政府协同""社会参与"3个二级指标。党委领导指标是指各级党委形成强力组织保障，健全新时代文明实践中心、所、站三级组织架构，发挥志愿服务活动的组织者、实践者和推动者作用，促进活动有序高效；政府协同指标是指集中力量解决文明实践活动部门资源分散、各自为政的问题，建立联席会议部门机制，形成党政统一领导、各部门配合协调、下级部门各负其责的文明实践工作体系；社会参与指标是指通过各种途径激励全社会参与新时代文明实践中心创建，并不断变革方式、创新载体、丰富内容，增强群众对文明实践工作的认可度。

3. 维度之三："方法与手段"（怎么做）

在该维度中，我们设计了"方法创新"和"手段先进"2个一级指标。其中，方法创新是指文明实践活动的开展坚持正确工作导向，把握不同地区发展差异，与时俱进地创新工作方式和手段。它包括"实体空间布局合理""符号标识特色鲜明""活动形式喜闻乐见"3个二级指标。实体空间布局合理指标包括把分散的活动阵地整合好、利用好，通过有效挖掘和运用平台这个"物理空间"，形塑乡风道德文明整体空间，具体表现为将党的方针政策、社会主义核心价值观、英雄人物事迹等变为可视的、独特的符号，以艺术形式装束雕塑、墙绘、图标等，赋予新时代文明实践中心实体的感召力和吸引力；符号标识特色鲜明指标是指各地中心、所、站遵循简化、形象原则，设计特色鲜明的符号标识，集中体现新时代文明实践中心的功能定位，设计出与当地传统、文化特征相吻合的标识；活动形式喜闻乐见指标是指新时代文明实践中心围绕群众最关心最关切的问题展开"大众化""接地气"的活动，多给群众露脸的机会、激发百姓参与的热情。①

手段先进包括"大数据应用""新媒体运营""云平台打造"3个二级指标。大数据应用指标是指整合信息资源，利用数据分析技术打造文明实践项目"资源池"，建立线上平台，有效鉴别群众服务需求，提高文明实践效果；新媒体作为

---

① 贺绍磊、刘磊：《高质量建设新时代文明实践中心》，《潍坊日报》2021年4月11日。

新型宣传模式与传统媒体相比有两大优势：一是形式各异的新媒体有其相对应的用户群体和传播优势。二是不同平台互为犄角，相互联动。新媒体运营指标是指建立健全以微信、微博、短视频为代表的新媒体矩阵，并依托县级融媒体中心实现新媒体或云传播，最终形成传播合力，增强传播优势；① 云平台打造指标是指构建县、乡、村三级组织结构体系线上工作云平台，"发挥 App 集成功能，使文明实践活动概况、网上报名、平台点单、活动招募等信息通过云平台及时输入、发布"②。

4. 维度之四："目标与结果"（做多久）

在该维度中，我们设计了"目标达成"和"成果考核" 2 个一级指标。其中，目标达成包括"科学理论学习实践""党的政策宣传宣讲""主流价值培育践行""文化生活丰富活跃""移风易俗深入落实" 5 个二级指标。科学理论学习实践指标是指文明实践活动紧贴群众生产生活实际，紧扣群众所思所想所盼，适应对象化、差异化、分众化特点，搭建科学理论与群众连接贯通的桥梁，增强基层群众对科学理论的理性认同；党的政策宣传宣讲指标是指系统阐释党的基本理论、基本路线、基本方略，把党中央的重大决策部署、普惠于民的政策纲领传送到基层，使群众知晓政策、学好会用政策；主流价值培育践行指标是指培育主流意识形态，深化"中国梦、劳动美、幸福路"主题教育和社会主义核心价值观宣传教育，引导人民群众更加坚定理想信念；文化生活丰富活跃指标是指坚持以文化人、滋养心田，组织各种群众性文化娱乐活动，让群众当主角、开眼界、悟道理、受教育、得实惠；移风易俗指标是指大力开展人情风等专项治理，弘扬社会正能量，改变旧俗陋习，尽显现代文明引领生活新风尚的作用。

成果考核指标是指建立健全新时代文明实践中心建设考核激励制度，调动组织者、参与者和志愿者的积极性，促进新时代文明实践持续开展。它包括"考评制度健全"和"考核方式科学" 2 个二级指标。考评制度健全指标一方面包括强化监督检查，将新时代文明实践中心建设工作作为地方政府经济社会发展绩效考核、干部任用考核、思想政治工作责任制落实情况监督检查以及文明创建考评体

---

① 卢好亮、陈雷：《新时代文明实践活动传播体系构建及其意义研究》，《城市党报研究》2020 年第 5 期。

② 李玲：《新时代文明实践中心精准化供给的困境与路径——以浙江临海市为例》，《太原城市职业技术学院学报》2021 年第 1 期。

系的重点内容。另一方面，构建科学、公平、有效的监督体系，奖励先进、鞭策后进；考核方式科学指标是指坚持把"一切为了人民群众"作为根本要求，兼顾上级部门和同级单位的横向比较，采取定期评估、考核和互评等方式进行成绩排序，形成有效激励，同时通过开展试点工作，归纳经验，做好典型示范带头作用，积累可复制可推广的经验做法。[①]

三、指标权重的确定

（一）层次结构模型构建

模型的建立不仅有利于问题的结构化，还能够推动将问题转化为数量化的关系。绩效评估体系构建的最重要的一环是运用层次分析法建立层次结构模型并确定各项指标的权重。

结合前文，笔者已利用修正后的德尔菲法获得了新时代文明实践中心建设综合绩效评估指标体系。那么结合实际工作情况，可搭建起逻辑顺畅的层次结构模型：第一层是目标层，即新时代文明实践中心建设综合绩效评估；第二层是准则层，主要包括"需要满足""资源整合""主体建设""结构优化""方法创新""手段先进""目标达成"和"成果考核"8 个一级指标；第三层是因素层，即各个一级指标下设的具体评估指标，共计包括"服务供给精准度""服务需求满意度""人才资源整合""资金资源整合""阵地资源整合"等 24 个二级指标，详见图 5-1 所示。

（二）构造两两比较的判断矩阵

依据上述建模思路，笔者制作了《"新时代文明实践中心建设绩效评估指标体系"专家调查打分表》，引导专家以"背对背"打分的形式发表关于评估指标重要性的意见。在调查问卷表中，专家可就同一层次的各项指标的权重关系赋分（或画"√"），打分尺度按照重要性程度由"高""较高""一般""较低"及"低"5 个等级，相应标注 9、7、5、3、1 的奇数分值。当然，假如态度介于上

---

①　宋昕松：《打造"小平台"发挥"大作用"基层新时代文明实践中心的建设与完善》，《人民论坛》2020 年第 36 期。

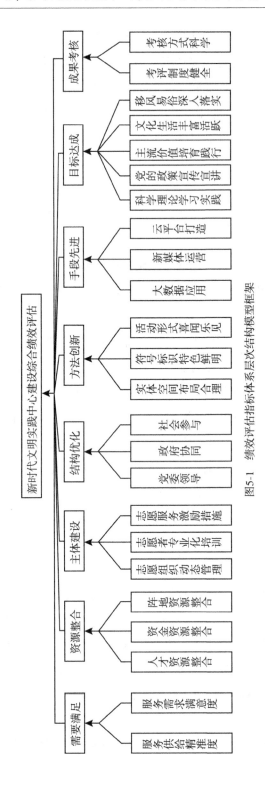

图5-1 绩效评估指标体系层次结构模型框架

述相邻分值之间，也可标注 8、6、4、2，而填写分值的倒数则意味着不重要的程度。

然后，将打分表发放给参加过前期指标筛选的 20 位专家，共计邮寄了 20 份，成功回收 17 份，回收率为 85%。在得到专家的调查结果后，再进行汇总并利用 Yaahp 软件进行处理，得出两两比较判断矩阵及各元素初始权重 W。

（三）判断矩阵的一致性检验

为确保调查信度，要对问卷的一致性进行检验，换言之验证由专家赋分所形塑的二维列阵是否呈现一致性。唯有符合一致性规律，专家的判断才具有数理上的意义。所以，需导入一致性指标 CI，公式如下：

$$CI = \frac{\lambda_{max} - n}{n - 1}$$

当 CI＝0 时，则判断矩阵具有完全一致性，并且随阶数值的上升，应当参照矩阵阶数值调整一致性指标 CI，也就是实现 CI 与平均随机一致性指标 RI 的对比，RI 的取值见表 5-3。

表 5-3　　　　　　　　　　　　　　**RI 的取值表**

阶数 n	1	2	3	4	5	6	7	8	9	10	11
RI	0.00	0.00	0.58	0.90	1.12	1.24	1.32	1.41	1.45	1.49	1.51

如果判断矩阵 CR＝CI/RI<0.1 时，则此判断矩阵具有满意的一致性。

（四）层次分析的结果

按照以上层次分析法的步骤，依据本次研究的目的，利用 Yaahp 软件得到各判断矩阵。

1. 判断矩阵 F-A（相对于总目标而言，各准则之间相对重要性的比较）

总目标"新时代文明实践中心建设综合绩效评估"下各一级指标之间的判断矩阵如表 5-4 所示。

表 5-4　　　　　　　　　　　**F-A 比较判断矩阵**

F	A1	A2	A3	A4	A5	A6	A7	A8	W_i
A1	1	1	1	2	2	4	1	1	0.1550
A2	1	1	1	3	3	5	1	2	0.1889
A3	1	1	1	3	3	5	1	2	0.1889
A4	1/2	1/3	1/3	1	1	2	1/3	1	0.0719
A5	1/2	1/3	1/3	1	1	2	1/3	1	0.0719
A6	1/4	1/5	1/5	1/2	1/2	1	1/5	1/3	0.0363
A7	1	1	1	3	3	5	1	2	0.1889
A8	1	1/2	1/2	1	1	3	1/2	1	0.0982

一致性比例：0.0084；$\lambda_{max} = 8.0834$。

2. 判断矩阵 Ai-Bij（相对于准则层的各因素来说，指标层子因素之间的重要性比较）

（1）需要满足（A1）下二级指标之间的判断矩阵如表 5-5 所示。

表 5-5　　　　　　　　　　　**A1-B 比较判断矩阵**

A1	B11	B12	W_i
B11	1	2	0.6667
B12	1/2	1	0.3333

一致性比例：0.0000；$\lambda_{max} = 2.0000$。

（2）资源整合（A2）下二级指标之间的判断矩阵如表 5-6 所示。

表 5-6　　　　　　　　　　　**A2-B 比较判断矩阵**

A2	B21	B22	B23	W_i
B21	1	6	2	0.5869
B22	1/6	1	1/4	0.0893
B23	1/2	4	1	0.3238

一致性比例：0.0089；$\lambda_{max} = 3.0092$。

（3）主体建设（A3）下二级指标之间的判断矩阵如表 5-7 所示。

表 5-7　　　　　　　　　　　　**A3-B 比较判断矩阵**

A3	B31	B32	B33	W_i
B31	1	2	4	0.5714
B32	1/2	1	2	0.2857
B33	1/4	1/2	1	0.1429

一致性比例：0.0000；$\lambda_{max} = 3.0000$。

（4）结构优化（A4）下二级指标之间的判断矩阵如表 5-8 所示。

表 5-8　　　　　　　　　　　　**A4-B 比较判断矩阵**

A4	B41	B42	B43	W_i
B41	1	5	5	0.7143
B42	1/5	1	1	0.1429
B43	1/5	1	1	0.1429

一致性比例：0.0000；$\lambda_{max} = 3.0000$。

（5）方法创新（A5）下二级指标之间的判断矩阵如表 5-9 所示。

表 5-9　　　　　　　　　　　　**A5-B 比较判断矩阵**

A5	B51	B52	B53	W_i
B51	1	1	1/5	0.1492
B52	1	1	1/4	0.1606
B53	5	4	1	0.6902

一致性比例：0.0053；$\lambda_{max} = 3.0055$。

（6）手段先进（A6）下二级指标之间的判断矩阵如表 5-10 所示。

表 5-10   **A6-B 比较判断矩阵**

A6	B61	B62	B63	W_i
B61	1	1/2	1	0.2611
B62	2	1	1	0.4111
B63	1	1	1	0.3278

一致性比例：0.0516；$\lambda_{max} = 3.0537$。

（7）目标达成（A7）下二级指标之间的判断矩阵如表 5-11 所示。

表 5-11   **A7-B 比较判断矩阵**

A7	B71	B72	B73	B74	B75	W_i
B71	1	1/3	1	6	5	0.2121
B72	3	1	4	9	8	0.5118
B73	1	1/4	1	5	4	0.1833
B74	1/6	1/9	1/5	1	1	0.0442
B75	1/5	1/8	1/4	1	1	0.0486

一致性比例：0.0203；$\lambda_{max} = 5.0911$。

（8）成果考核（A8）下二级指标之间的判断矩阵如表 5-12 所示。

表 5-12   **A8-B 比较判断矩阵**

A8	B81	B82	W_i
B81	1	2	0.6667
B82	1/2	1	0.3333

一致性比例：0.0000；$\lambda_{max} = 2.0000$

以上的各判断矩阵均通过一致性检验。

（五）求取评估指标的权重

在这些矩阵通过一致性检验之后，我们便可以采用特征向量法求取各评估指标的权重值。经过 Yaahp 软件的运算，直接获得了 8 个一级指标的权重，24 个二级指标的权重，详见表 5-13 所示。

表 5-13　　　　新时代文明实践中心建设的综合绩效评估指标权重分配

目标层	一级指标	权重	指标编号	二级指标	二级指标权重	
					维度内权重	全体权重
新时代文明实践中心建设综合绩效评估	需要满足（A1）	0.1550	B11	服务供给精准度	0.6667	0.1033
			B12	服务需求满意度	0.3333	0.0517
	资源整合（A2）	0.1889	B21	人才资源整合	0.5869	0.1109
			B22	资金资源整合	0.0893	0.0169
			B23	阵地资源整合	0.3238	0.0612
	主体建设（A3）	0.1889	B31	志愿组织动态管理	0.5714	0.1080
			B32	志愿者专业化培训	0.2857	0.0540
			B33	志愿服务激励措施	0.1429	0.0270
	结构优化（A4）	0.0719	B41	党委领导	0.7143	0.0513
			B42	政府协同	0.1429	0.0103
			B43	社会参与	0.1429	0.0103
	方法创新（A5）	0.0719	B51	实体空间布局合理	0.1492	0.0107
			B52	符号标识特色鲜明	0.1606	0.0115
			B53	活动形式喜闻乐见	0.6902	0.0496
	手段先进（A6）	0.0363	B61	大数据应用	0.2611	0.0095
			B62	新媒体运营	0.4111	0.0149
			B63	云平台打造	0.3278	0.0119
	目标达成（A7）	0.1889	B71	科学理论学习实践	0.2121	0.0401
			B72	党的政策宣传宣讲	0.5118	0.0967
			B73	主流价值培育践行	0.1833	0.0346
			B74	文化生活丰富活跃	0.0442	0.0084
			B75	移风易俗深入落实	0.0486	0.0092
	成果考核（A8）	0.0982	B81	考评制度健全	0.6667	0.0654
			B82	考核方式科学	0.3333	0.0327

四、考核细则的制定

（一）指导思想

推动习近平新时代中国特色社会主义思想和党的二十大精神贯彻落实，坚持新时代文明实践中心的人民主体性原则，对全面推进新时代文明实践中心建设中的需要满足、资源整合、主体建设、结构优化、方法创新、手段先进、目标达成和成果考核等内容进行考核，强化责任意识，持续用力，久久为功，以扎实的实际成效推动实现"举旗帜、聚民心、育新人、兴文化、展形象"的使命任务。

（二）考核对象

新时代文明实践中心（所、站）。

（三）考评内容及计分办法

笔者根据前文所构建的新时代文明实践中心建设综合绩效评估指标体系及相应权重分配，进一步厘定考核项目与内容、分值、考评方式，设计出新时代文明实践中心建设综合绩效考核细则，以供参考使用，详见表5-14。

表5-14　　　　　**新时代文明实践中心建设综合绩效考核细则**

考核项目	考 核 内 容	分值	考评方式
一、需要满足（13分）			
服务供给精准度	推广完善群众"点单"、部门"派单"、志愿者"领单"、群众"评单"的新时代文明实践工作模式	4	材料审核实地考察
	文明实践活动要做到主题突出、内容具体，活动开展要以群众实际需求为导向，能经常性赴基层调研、交流访谈、摸底调查，把服务送下去、把问题带回来，实现精准服务	4	材料审核
服务需求满意度	群众对文明实践活动开展的满意度	3	问卷调查座谈访谈
	群众对新时代文明实践中心服务的满意度	2	问卷调查座谈访谈

续表

考核项目	考核内容	分值	考评方式
二、资源整合（16分）			
人才资源整合	建立新时代文明实践中心（所、站）管理服务制度，保障专人负责，工作队伍基本稳定	4	材料审核
	积极吸纳志愿者参与其中，建立以机关党员、专家学者、基层干部为主，社会力量广泛参与的志愿者队伍	4	实地考察
资金资源整合	县级财政有效统筹使用中央、省、市、县各级新时代文明实践中心建设资金，做到专款专用、管理规范、账目明晰	1	材料审核
	拓宽资金保障渠道和途径，多方筹措社会资源，争取民间机构、企业及个人资金支持	1	材料审核
阵地资源整合	开发闲置场地资源，充分利用老建筑、古民居、旧厂房、旧库房、廊道等空置场地	2	实地考察 材料审核
	加强公共文化资源集约化管理，用好用活区域教育资源和娱乐健身设施	2	实地考察 材料审核
	保护性激活红色遗址资源，发挥纪念场馆、名人故居、烈士陵园等教育基地的作用	2	实地考察 材料审核
三、主体建设（16分）			
志愿组织动态管理	对文明实践志愿服务组织进行有效管理，有实施计划、有定期活动	3	材料审核
	加强文明实践志愿者招募注册工作，进行登记注册。每支志愿者队每年服务时长不少于36小时	3	材料审核
	及时收集整理文明实践志愿活动计划、活动记录、活动总结、视频图片等有关资料，建立志愿组织活动的档案台账	2	材料审核
志愿者专业化培训	县（市、区）要对文明实践所、站新招募的志愿者进行培训，集中培训不少于每月2次	2	材料审核 实地考察
	常态化开展志愿服务队伍建设和专业服务技能培训，培训内容要多样化、专业化	2	材料审核
	对培训效果运用检查评定、满意度反馈、资格认证等方式评估志愿服务培训实效	1	座谈访谈 问卷调查

续表

考核项目	考 核 内 容	分值	考评方式
志愿服务 激励措施	制定志愿服务嘉许激励措施，定期对优秀志愿者进行评选表彰	3	材料审核
四、结构优化（11分）			
党委领导	把新时代文明实践中心建设工作纳入意识形态工作责任制，摆上突出位置，党委高度重视	2	材料审核 座谈访谈
	按照中央和地方各级党委要求，制定印发具体实施方案，有活动清单、有日常安排、有活动记录，明确服务内容	2	材料审核
	构建县乡村三级新时代文明实践中心组织架构，实现组织全覆盖，各级党组织书记任中心（所、站）主任、所长、站长	2	材料审核
	建立党委领导挂点联系制度，明确指导联系中心（所、站），率先垂范开展志愿服务活动	1	座谈访谈
政府协同	建立联席会议部门联动机制，统筹协调农业、科技、教育、人社、卫健等相关部门资源	1	材料审核
	推动形成党委统一领导、宣传部门牵头、政府各司其职、社会广泛参与的共建机制	1	座谈访谈 问卷调查
社会参与	工会、共青团、妇联、科协等人民团体的文明实践参与度	0.5	座谈访谈 材料审核
	协会、社团等社会组织的文明实践参与度	0.5	座谈访谈 材料审核
	企事业单位、高校和研究机构的文明实践参与度	0.5	座谈访谈 材料审核
	社会公众的文明实践参与度	0.5	座谈访谈 材料审核
五、方法创新（9分）			
实体空间 布局合理	因地制宜打造规范化、标准化文明实践办公场所，做到中心、所、站硬件设施建设符合标准，环境整洁	1	实地考察
	新时代文明实践中心内部设施完善，做到管理制度上墙、组织架构上墙、统一标识上墙	0.5	实地考察
	新时代文明实践中心配有理论类、文化类、科普类、法制类等报刊书籍，供广大干群阅读	0.5	实地考察

续表

考核项目	考核内容	分值	考评方式
符号标识 特色鲜明	新时代文明实践中心要有专门设计的符号标识，志愿服务队有队徽和队旗	1	实地考察 材料审核
	符号标识要简化、形象，集中体现新时代文明实践中心的基本定位、主要功能以及鲜明的地域特色，悬挂位置要醒目	1	实地考察 材料审核
活动形式 喜闻乐见	大力培养、选树先进典型和文明实践特色活动，每个县区至少要选树 1~2 个项目	2	实地考察 座谈访谈
	在重要节庆、节日等时间节点，集中组织文明实践活动，全年不少于 10 次	2	实地考察 座谈访谈
	文明实践活动的群众覆盖面广、参与度高、体验感好、黏合性强	1	问卷调查 座谈访谈
六、手段先进（6分）			
大数据 应用	依托融媒体数据库，收集文明实践数据，匹配文明实践供需，支撑文明实践管理，提高文明实践精准度	2	材料审核 实地考察
新媒体 运营	依托融媒体矩阵，发挥微信、微博、抖音等功能，形成立体式、全方位宣传态势，增强文明实践互动性	2	材料审核 实地考察
云平台 打造	依托融媒体中心云平台，拓展参与渠道，增强参与体验，激发参与活力，提升文明实践参与度	2	材料审核 实地考察
七、目标达成（20分）			
科学理论 学习实践	把习近平新时代中国特色社会主义思想的科学内涵讲清楚、讲明白，让老百姓听得懂、能领会，形成理论掌握群众、群众运用理论的生动局面	4	材料审核 座谈访谈
党的政策 宣传宣讲	深入宣传解读党的基本理论、基本路线、基本方略，宣传阐释党中央大政方针、为民利民惠民政策，帮助人民群众了解政策	8	材料审核 座谈访谈 实地考察
主流价值 培育践行	广泛开展中国特色社会主义和中国梦宣传教育，深入推进社会主义核心价值观宣传教育，引导群众坚定理想信念，传承伟大民族精神	4	材料审核 座谈访谈

考核项目	考核内容	分值	考评方式
文化生活丰富活跃	精心组织群众乐于参加、便于参与的文化活动，让群众在多姿多彩、喜闻乐见的活动中获得精神滋养、增强精神力量	2	材料审核座谈访谈实地考察
移风易俗深入落实	大力开展移风易俗、弘扬时代新风行动，破除陈规陋习、传播文明理念、涵育文明风尚	2	材料审核座谈访谈实地考察
八、成果考核（9分）			
考评制度健全	新时代文明实践中心建设工作是否纳入党政领导班子和领导干部实绩考核，是否纳入意识形态工作责任制落实情况考核	6	材料审核
考核方式科学	探索制定工作量化指标和测评体系，定期开展工作量化评估	1	座谈访谈
	采取聘请社会监督员、引入第三方测评、开展群众满意度调查等多元化考核评估方式	2	材料审核

（四）考核方法

1. 日常调度

按照新时代文明实践中心工作部署，以问题为先导，挂图作战，强调过程管理，不定期深入各中心（所、站）指导、考核与监督。

2. 月度考核

根据新时代文明实践中心建设综合绩效考核细则对各中心（所、站）进行月度考核。

3. 年度总评

将各新时代文明实践中心（所、站）本年度月度考核成绩平均分作为年度总评得分。

（五）结果运用

1. 日常调度

结果通报全县（市），并对问题的整改进度和成效予以跟踪调查。

2. 月度考评

各新时代文明实践中心（所、站）月度考核成绩纳入宣传思想文化季度绩效考核，月度考核成绩排名前三名的，全县（市）通报表彰，对相关负责人给予一定的物质奖励。排名最后一名的中心（所、站）（成绩在 60 分以下），全县（市）通报批评，并对相关负责人进行惩罚。

3. 年度总评

各新时代文明实践中心（所、站）年度考核成绩排名前三名的，全县（市）通报表彰，分别奖补新时代文明实践中心建设工作经费，对新时代文明实践中心（所、站）负责人给予物质奖励，并且评出该年度文明实践工作先进个人若干名，分别颁发先进个人证书和奖金。排名最后一名的中心（所、站）（成绩在 60 分以下），全县（市）通报批评，并对该中心（所、站）相关负责人进行惩罚。

（六）组织领导

新时代文明实践中心建设综合绩效考核工作在县（市）党委行政领导下进行。成员单位由县（市）委办、宣传部、组织部、文旅局、科技局、农业农村局、教育局、人社局等单位组成，宣传部牵头落实。各成员单位应明确分管领导和专兼职人员，定期研究绩效考核工作中出现的新情况新问题，注意在平时工作中收集被考核单位相关信息，建立实绩考核的台账，为年终综合评分打牢基础。严格执行评估季报公示制度，对单位和群众反映的问题要及时调查核实。如发现弄虚作假或采取其他不正当手段的，经查实，取消其所获奖励待遇和政治荣誉，依有关规定追究相关人员纪律责任。

第三节　武汉市黄陂区新时代文明实践中心建设绩效考核的实证检测①

本节在对武汉市黄陂区新时代文明实践中心建设的现状和问题分析的基础上，通过实证检测，以验证笔者前文所提出的新时代文明实践中心建设综合绩效

---

① 本节内容整理自笔者赴湖北省武汉市黄陂区新时代文明实践中心获得的调研资料。

评估指标体系及考核细则的可行性。

一、武汉市黄陂区新时代文明实践中心建设背景与现状

（一）建设背景

黄陂区位于武汉市北部，总面积 2261 平方公里，人口 115 万，分别占全市的 1/4、1/8，共辖 19 个街乡（场）、669 个村（社区），是武汉面积最大、人口最多的新城区。黄陂山清水秀、生态大美。北枕大别山，南临长江，河湖密布，山水相拥，森林面积占全市 1/2，水域湿地面积占全市 1/4，大气环境质量常年保持在国家一级标准以上，有"武汉后花园"之称；黄陂区位独特、交通便捷。拥有中部最大的门户机场天河国际机场、全国最大内河港武汉新港，以及亚洲最大铁路货运编组站三大国家级交通枢纽。随着机场扩改提速、高铁进机场、国际会展中心规划建设和国家级临空经济示范区获批，黄陂进入发展的快车道；黄陂历史悠久、人杰地灵。出土的盘龙城遗址可追溯至距今近 4000 年的殷商时期，被誉为"炎黄文明之南都精魂，中部重镇武汉之根脉"。木兰替父从军、"二程"故里是武汉厚重历史文化的靓丽名片。① 近年来，黄陂相继涌现出"信义"兄弟、"孝悌"兄弟②等一批全国、省市道德模范人物，引起广泛的社会反响，成为武汉的道德高地。2019 年，黄陂被列为武汉市首批开展新时代文明实践中心

---

① 据清代《忠孝勇烈奇女传》记载："木兰朱姓，为湖广黄州府西陵县双龙镇人。"黄陂城北 20 里为木兰故乡，古时曾置木兰县。在今黄陂区双龙镇有木兰山，山北坡有一土冢，冢前墓碑铭刻"敕建木兰将军墓碑序"，山上尚存"唐木兰将军坊"，上镌"忠孝勇节"。"二程"即北宋"程朱理学"的创始人程颐、程颢，其父于北宋仁宗时担任黄陂县尉，二程出生于黄陂县草庙巷（今黄陂区前川街道文教巷）。现黄陂区前川街的街名就取自于程颢的著名诗作《春日偶成》中的"随花傍柳过前川"。黄陂区以木兰文化博物馆、二程书院为平台载体，将两大文化巧妙融入新时代文明实践中，形成了独具地域文化特色的工作模式。

② 俗话说，"诚信二字丢，莫在世上走"。2009 年底，黄陂人孙水林为赶在年前给农民工结清工钱，在返乡途中遭遇车祸遇难。弟弟孙东林为了完成哥哥的遗愿，在大年三十前一天将工钱送到了农民工手中。兄弟俩的诚信之举深深打动了全国人民，被人们称为"信义兄弟"。刘培、刘洋兄弟俩也是黄陂人，他们的父亲刘盛均于 2013 年 6 月 18 日在工厂劳作时发生意外，身上 96% 的皮肤重度烧伤，兄弟两人义无反顾先后偷偷为其"植皮"，其义举感动了周围很多人，争相"割皮救父"的兄弟被网友称作"孝悌兄弟"。孙水林、孙东林和刘培、刘洋两对兄弟无私可贵的品质是黄陂区开展新时代文明实践活动的重要精神资源。

建设试点的新城区之一。同年，中共武汉市委宣传部、市文明办关于全市新时代文明实践中心建设现场推进会在黄陂召开，有力推动了文明实践在黄陂这片热土上生根开花。

（二）建设现状

1. 推动文明实践活动规范化

2019 年 2 月，黄陂区组织专班赴江苏学习考察新时代文明实践中心工作，区委书记高度重视，亲自听取汇报。5 月，区委常委会研究通过了《关于成立黄陂区新时代文明实践中心的通知》《关于成立黄陂区新时代文明实践志愿服务队的通知》两个文件，并以区委区政府名义印发《黄陂区关于新时代文明实践中心试点工作实施方案》，以区委文明委名义印发《黄陂区新时代文明实践中心试点工作实施方案》，以区委文明委名义印发《黄陂区关于深化拓展新时代文明实践所、站建设工作的实施方案》。随即成立了区文明实践服务中心，明确为公益一类正科级事业单位，配备人员编制 21 名。

自开展新时代文明实践工作以来，黄陂区在制度建设上发力，探索以下三种制度：（1）建立文明实践工作联席会议制度。每季度召开专题会议，听取项目运行、队伍建设、活动开展情况，提出针对性解决方案。根据工作需要，临时召集相关责任单位开会，研究解决群众的新需求和新期待。（2）建立志愿服务轮流值班制度。按照各单位工作特点，围绕脱贫攻坚、污染防治、疫情防控、平安建设、科学普及、城市管理等中心工作，结合元宵节、端午节、中秋节和国家扶贫日、环保日等重大节日，开展系列文明实践活动。2020 年以来，分别由区委宣传部、区委组织部、区卫健局等 20 个单位牵头，组织开展文明实践活动 43 期，惠及群众 20 余万人次。（3）创新文明创建工作考核制度。黄陂区委文明委规定，文明单位考核更加注重文明实践活动开展，变过去以查看台账资料的"静态"考核方法，为综合考查文明实践活动开展情况的"动态"考核方法，强力推动文明实践工作落地落实。

2. 推动文明实践活动精准化

一是整合阵地资源。黄陂区按照"部门建、街道管、中心用"的原则，对区、街乡、村（社区）和各部门 1000 多处阵地统筹利用，打造理论宣讲、文化服务、教育服务、科普服务、健康和体育服务五大文明实践平台。① 文明实践中心举办村党组织书记培训班，德兴社区文明实践站开展读书交流活动，全区整合木兰文化博物馆、二程书院等公共文化资源与龙潭青少年空间等教育服务平台，利用科普特色基地刘小丫家庭农场开展培训，在黎元洪广场开展全民健身活动。

二是优化要素配置。黄陂区推动部门单位、企业以及各行业结合自身资源禀赋，瞄准群众所需，设计多样化的服务菜单，结合群众需求横向发力，打造 300 余个专业服务项目。例如，前川街德兴社区新时代文明实践站是武汉市首个挂牌试运行的文明实践站。该站点以党员群众活动中心、红色大舞台、妇女之家等社区活动场所为平台，整合辖区单位惠民资源，打造文艺、义诊、培训、讲座等实践项目，居民不出社区就能在文明实践站的网络平台上点击自己需要的项目，享受优质便捷服务。

三是融合"两个中心"，线上线下同频共振。黄陂区融合推进新时代文明实践中心和融媒体中心"两个中心"建设，把志愿服务模块优化融入媒体便民服务，实现新时代文明实践平台与群众"一键相连"。居民群众可以通过"掌上黄陂"手机客户端，在文明实践窗口"你呼我应"栏目反映需求，区文明实践中心工作人员收集归类，成熟项目通过社区志愿服务队直接完成，复杂项目通过中心孵化器孵化，然后派单上门服务。② 考虑到部分人特别是中老年人不会上网，所、站统一实行"三个一"办法：配备 1 名文明实践专干、设置 1 个微心愿记录本、一天收集 1 次群众需求。通过精准把握群众需求，中心、所、站定向服务配送，变过去"大水漫灌"为"精准滴灌"，让老百姓通过文明实践乐在其中、分享成果。

3. 推动文明实践活动常态化

黄陂区新时代文明实践中心精心打造"周三有约"项目，形成受到群众热烈欢迎的品牌。2019 年，"周三有约"文艺志愿者宣讲队获评中宣部全国基层理论

① 武汉文明网：《文明新风拂面来 武汉黄陂推进新时代文明实践中心建设》，见 http：//hbwh. wenming. cn/jiaodiandt/202010/t20201019_6765766. html。

② 湖北省人民政府网：《黄陂推进新时代文明实践中心拓面提质》，见 http：//www. hubei. gov. cn/hbfb/xsqxw/202012/t20201207_3071825. shtml。

宣讲先进集体称号。截至目前，全区共开展"周三有约"系列宣讲活动300余场，受众近100万人次。中心还打造了"新乡贤巡演巡讲巡展""流动的舞台"等多个项目，服务乡村振兴；选树了"文明实践 周三有约特别节目——最美逆行者巡演巡讲巡唱""文明实践 立德树人——抗疫故事百校百场"等品牌项目，受到群众和社会好评，"一周一主题，一月一活动""全城共做一件事 清洁家园大扫除""千家万户大宣讲 我为创城献力量""节俭惜福好风尚 文明健康有你我""彻底清除牛皮癣 我给城市洗净脸"等文明实践活动在中国文明网进行了详细报道。[①]

黄陂区各街道文明实践所、站也纷纷打造系列品牌项目，常态化开展活动。王家河街文明实践所"红色面对面"项目，以阳光驿站为依托，发挥本地丰厚红色文化优势，组织华农学生常年驻站轮岗开展小规模、接地气、面对面宣讲活动；横店街建国社区文明实践站"站企一家亲"项目，与周边企业联建联动，志愿者组织居民进企业学习技能、学习管理，帮企业外地职工照顾老人、孩子，增强年轻职工归属感，实现生人变熟人、熟人变亲人的转变；李家集街文明实践所"泥塑幼苗"项目，传承泥塑之乡的非遗文化，开展泥塑工艺进校园志愿服务活动，通过传习技艺与文化，让传统艺术在孩子们心中生根发芽；姚家集街杜堂村文明实践站"靓丽杜堂"项目，发挥山水资源优势，组织村民开展文明旅游宣传服务，引导村民自发美化村容村貌，营造文明乡风。

4. 推动文明实践活动全民化

黄陂区依托文明实践三级架构，由党组织书记引领志愿服务队，建立由书记担任队长的总队、分队、小队三级队伍；同时，依托文明单位，横向发力，打造883支、涵盖1000多个具体服务项目的志愿服务队伍。黄陂区还坚持力量下沉、重心下移，以基层群众为主体主力，广泛动员青年、律师、教师、乡贤能人、道德模范、热心人士等群体积极参与志愿服务，推动文明实践活动深入群众生产生活。志愿者均来自群众，他们了解群众，善用群众听得懂、喜欢看、真受益的形式开展文明实践活动，打造了一支群众身边不走的"工作队"，让文明实践更聚

---

① 中国文明网：《打造新时代文明实践中心建设"武汉样板"》，见 http：//www. wenming. cn/dfcz/hb_1679/202012/t20201205_5874968. shtml。

人气、更接地气、更有底气。

二、武汉市黄陂区新时代文明实践中心建设绩效考核

(一) 考核方式说明

新时代文明实践中心建设综合绩效考核细则包括定性指标和定量指标两部分构成。对于定性考核的数据，笔者通过入户走访和拦街问卷来进行获取。课题组按照随机抽样原则，在黄陂区新时代文明实践中心周边居民群众中发放调查问卷30份，其中回收有效问卷27份。问卷含7个题项，每题代表一个考核内容，评价集包括"非常满意""满意""一般""不满意""非常不满意"。采用里克特五级量表法统计问卷结果（"非常满意"=5，"满意"=4，"一般"=3，"不满意"=2，"非常不满意"=1），具体考核情况详见表5-15；对于定量考核的数据，通过参观黄陂区新时代文明实践中心、所、站，与工作人员面对面访谈，收集文件材料等方式获取。

表5-15　　武汉市黄陂区新时代文明实践中心建设定性指标满意度值

考 核 内 容	满意度值
(1) 文明实践活动的开展	92%
(2) 新时代文明实践中心的服务	89%
(3) 把习近平新时代中国特色社会主义思想的科学内涵讲清楚、讲明白，让老百姓听得懂、能领会，形成理论掌握群众、群众运用理论的生动局面	86%
(4) 深入宣传解读党的基本理论、基本路线、基本方略，宣传阐释党中央大政方针、为民利民惠民政策，帮助人民群众了解政策	88%
(5) 广泛开展中国特色社会主义和中国梦宣传教育，深入推进社会主义核心价值观宣传教育，引导群众坚定理想信念，传承伟大民族精神	86%
(6) 精心组织群众乐于参加、便于参与的文化活动，让群众在多姿多彩、喜闻乐见的活动中获得精神滋养、增强精神力量	92%
(7) 大力开展移风易俗、弘扬时代新风行动，破除陈规陋习、传播文明理念、涵育文明风尚	87%

（二）考核内容及分值

1. 定性考核内容分值的计算

定性考核内容分值的计算是通过对满意度值的确定，再乘以各项考核内容的分值。对于满意度值的计算将采取以下方法：各指标满意度 = ∑各因素不同评价等级样本数×相应评价等级的赋值分÷总样本数。

计算公式为：

$$S = \sum_{i=1}^{n} P_i L_i \times 100\%$$

式中，S 为新时代文明实践中心建设相关项目满意度，P_i 为第 i 个评价等级样本数占总样本数的比例，L_i 为第 i 个评价等级的赋值分，n 为评价等级数。本书评价等级分为 5 级，所以 $n = 5$，评价等级的赋值可以有多种，本书选取 $L_1 = 100$、$L_2 = 80$、$L_3 = 60$、$L_4 = 0$ 和 $L_5 = (P_1 L_1 + P_2 L_2 + P_3 L_3 + P_4 L_4)/(1 - P_5)$（即平均分），$P_1$、$P_2$、$P_3$、$P_4$ 和 P_5 分别为选择"非常满意""满意""一般""不太满意"和"非常不满意"的样本数占总样本数的比例，据此获得关于新时代文明实践中心建设各项满意度值。

2. 定量考核内容分值的计算

定量考核指标分数主要是基于实地考察、与工作人员近距离访谈，收集文件材料等方式赋分计算获得，以此最终得出黄陂区新时代文明实践中心建设绩效考核百分制得分表，如表 5-16 所示。

表 5-16　　　　武汉市黄陂区新时代文明实践中心建设绩效考核得分表

绩效指标	考核项目	考 核 内 容	分值	得分情况
一、需要满足（13分）	服务供给精准度	推广完善群众"点单"、部门"派单"、志愿者"领单"、群众"评单"的新时代文明实践工作模式	4	4
		文明实践活动要做到主题突出、内容具体，活动开展要以群众实际需求为导向，能经常性赴基层调研、交流访谈、摸底调查，把服务送下去、把问题带回来，实现精准服务	4	3
	服务需求满意度	群众对文明实践活动开展的满意度	3	2.8
		群众对新时代文明实践中心服务的满意度	2	1.8

续表

绩效指标	考核项目	考核内容	分值	得分情况
二、资源整合（16分）	人才资源整合	建立新时代文明实践中心（所、站）管理服务制度，保障专人负责，工作队伍基本稳定	4	4
		积极吸纳志愿者参与其中，建立以机关党员、专家学者、基层干部为主，社会力量广泛参与的志愿者队伍	4	4
	资金资源整合	县级财政有效统筹使用中央、省、市、县各级新时代文明实践中心建设资金，做到专款专用、管理规范、账目明晰	1	1
		拓宽资金保障渠道和途径，多方筹措社会资源，争取民间机构、企业及个人资金支持	1	0.5
	阵地资源整合	开发闲置场地资源，充分利用老建筑、古民居、旧厂房、旧库房、廊道等空置场地	2	2
		加强公共文化资源集约化管理，用好用活区域教育资源和娱乐健身设施	2	2
		保护性激活红色遗址资源，发挥纪念场馆、名人故居、烈士陵园等教育基地的作用	2	1
三、主体建设（16分）	志愿组织动态管理	对文明实践志愿服务组织进行有效管理，有实施计划、有定期活动	3	3
		加强文明实践志愿者招募注册工作，进行登记注册。每支志愿者队每年服务时长不少于36小时	3	2
		及时收集整理文明实践志愿活动计划、活动记录、活动总结、视频图片等有关资料，建立志愿组织活动的档案台账	2	2
	志愿者专业化培训	县（市、区）要对新时代文明实践所、站新招募的志愿者进行培训，集中培训不少于每月2次	2	1
		常态化开展志愿服务队伍建设和专业服务技能培训，培训内容要多样化、专业化	2	0.5
		对培训效果运用检查评定、满意度反馈、资格认证等方式评估志愿服务培训实效	1	0
	志愿服务激励措施	制定志愿服务嘉许激励措施，定期对优秀志愿者进行评选表彰	3	2

续表

绩效指标	考核项目	考核内容	分值	得分情况
四、结构优化（11分）	党委领导	把新时代文明实践中心建设工作纳入意识形态工作责任制，摆上突出位置，党委高度重视	2	2
		按照中央和地方各级党委要求，制定印发具体实施方案，有活动清单、有日常安排、有活动记录，明确服务内容	2	2
		构建县乡村三级新时代文明实践中心组织架构，实现组织全覆盖，各级党组织书记任中心（所、站）主任、所长、站长	2	2
		建立党委领导挂点联系制度，明确指导联系中心（所、站），率先垂范开展志愿服务活动	1	1
	政府协同	建立联席会议部门联动机制，统筹协调农业、科技、教育、人社、卫健等相关部门资源	1	1
		推动形成党委统一领导、宣传部门牵头、政府各司其职、社会广泛参与的共建机制	1	1
	社会参与	工会、共青团、妇联、科协等人民团体的文明实践参与度	0.5	0.3
		协会、社团等社会组织的文明实践参与度	0.5	0.3
		企事业单位、高校和研究机构的文明实践参与度	0.5	0.5
		社会公众的文明实践参与度	0.5	0.5
五、方法创新（9分）	实体空间布局合理	因地制宜打造规范化、标准化文明实践办公场所，做到中心、所、站硬件设施建设符合标准，环境整洁	1	1
		新时代文明实践中心内部设施完善，做到管理制度上墙、组织架构上墙、统一标识上墙	0.5	0.5
		新时代文明实践中心配有理论类、文化类、科普类、法制类等报刊书籍，供广大干群阅读	0.5	0.2
	符号标识特色鲜明	新时代文明实践中心要有专门设计的符号标识，志愿服务队有队徽和队旗	1	1
		符号标识要简化、形象，集中体现新时代文明实践中心的基本定位、主要功能以及鲜明的地域特色，悬挂位置要醒目	1	1

续表

绩效指标	考核项目	考 核 内 容	分值	得分情况
五、方法创新（9分）	活动形式喜闻乐见	大力培养、选树先进典型和文明实践特色活动，每个县区至少要选树1~2个项目	2	2
		在重要节庆、节日等时间节点，集中组织文明实践活动，全年不少于10次	2	2
		文明实践活动的群众覆盖面广、参与度高、体验感好、黏合性强	1	1
六、手段先进（6分）	大数据应用	依托融媒体数据库，收集文明实践数据，匹配文明实践供需，支撑文明实践管理，提高文明实践精准度	2	1
	新媒体运营	依托融媒体矩阵，发挥微信、微博、抖音等功能，形成立体式、全方位宣传态势，增强文明实践互动性	2	2
	云平台打造	依托融媒体中心云平台，拓展参与渠道，增强参与体验，激发参与活力，提升文明实践参与度	2	2
七、目标达成（20分）	科学理论学习实践	把习近平新时代中国特色社会主义思想的科学内涵讲清楚、讲明白，让老百姓听得懂、能领会，形成理论掌握群众、群众运用理论的生动局面	4	3.4
	党的政策宣传宣讲	深入宣传解读党的基本理论、基本路线、基本方略，宣传阐释党中央大政方针、为民利民惠民政策，帮助人民群众了解政策	8	7
	主流价值培育践行	广泛开展中国特色社会主义和中国梦宣传教育，深入推进社会主义核心价值观宣传教育，引导群众坚定理想信念，传承伟大民族精神	4	3.4
	文化生活丰富活跃	精心组织群众乐于参加、便于参与的文化活动，让群众在多姿多彩、喜闻乐见的活动中获得精神滋养、增强精神力量	2	1.8
	移风易俗深入落实	大力开展移风易俗、弘扬时代新风行动，破除陈规陋习、传播文明理念、涵育文明风尚	2	1.7

续表

绩效 指标	考核项目	考　核　内　容	分值	得分 情况
八、 成果 考核 （9分）	考评制度 健全	新时代文明实践中心建设工作是否纳入党政领导班子和领导干部实绩考核，是否纳入意识形态工作责任制落实情况考核	6	6
	考核方式 科学	探索制定工作量化指标和测评体系，定期开展工作量化评估	1	0.5
		采取聘请社会监督员、引入第三方测评、开展群众满意度调查等多元化考核评估方式	2	0
合　　计			100	84.7

由以上对黄陂区新时代文明实践中心建设绩效的赋分加总，得出考核得分为84.7分。黄陂区通过打造"周三有约"等文明实践特色活动，对文明实践志愿服务组织进行有效管理，形成了群众"点单"、部门"派单"、志愿者"领单"、群众"评单"的新时代文明实践中心工作模式。2019年11月1日，中央广播电视总台央视《远方的家》系列节目《长江行》以《山水木兰·生态黄陂》为题推介了武汉市黄陂区新时代文明实践中心建设的成功经验。

三、武汉市黄陂区新时代文明实践中心建设的绩效优化

（一）拓宽活动资金渠道和途径

黄陂区新时代文明实践中心在武汉市内是首批建设试点单位，但其汲取和整合社会资源的能力有限，自身筹集资金的渠道少，很难满足文明实践逐步拓展的需要。黄陂作为远城区经济总量较之中心城区有不小差距，社会力量注入文明实践的动力不足。黄陂区要在争取国家及省市支持的基础上，开掘文明实践资金来源，多途径引入社会资本。一方面，市级财政应专项列支经费，保障黄陂区新时代文明实践中心建设及其正常运行，用于新时代文明实践中心、所、站的场地建设、志愿者培育、文明实践菜单孵化、大型文明实践活动开展、网络文明实践平台开发及运营。另一方面，黄陂区党委政府要增强资金投入的开放性，鼓励引导

民间资本、企业事业单位、群众及社会各界爱心人士等社会力量参与到新时代文明实践中心建设中来，驱策各类力量共同开展文明实践志愿服务。要通过建立健全经费管理制度和监督机制，将资金使用情况定期公开，主动接受上级及群众监督，确保发挥经费使用的最大效益。

(二)　加强志愿者专业技能培训

黄陂区要鼓励有专业技术能力的居民参加或组建志愿者服务队，与卓尔控股、湖北恒泰天纵、武汉东方建设等知名集团公司对接合作，开展专业化志愿服务。根据政策宣传讲解、科技文化传播、法制知识培训、保护青少年、扶危济困、运动文体、保护环境、改俗迁风等项目要求，分层分类制定培训计划，并对志愿者进行基础知识、综合素质、专业技能和安全教育培训。结合城乡社区防疫、木兰生态文化旅游区打造、为在外务工人员及在黄陂务工外地就业者服务等内容，整合街道（社区）文明实践所站与基层群团组织、慈善社团、专业服务机构力量，持续开展"提高警惕控输入严防死守拒反弹""车容洁靓车貌美文明新风永相随""就地过年爱在身边"等系列志愿服务活动，实现培训与服务并重，让志愿者在志愿服务中不断提升技能。常态化开展党政领导、专家学者、行业精英、志愿者、服务对象面对面"问诊会"，真诚吸纳建设性意见。

(三)　强化大数据技术深度融合

黄陂区致力于科创引领高质量发展，近年来在推动工业转型升级，提质布局先进制造业，优化产业结构方面进展明显，但在新一代光电子信息技术（互联网、大数据、AI人工智能）等相关领域底子较薄，这也成为该区新时代文明实践中心建设的短板。黄陂区新时代文明实践中心建设要超前谋划，补齐数字短板，通过开发数据可视化云图，在全区各街道、社区新时代文明实践所（站）对接大数据平台，整体呈现文明实践实时动态，为文明实践工作开展提供技术支持。具体而言，可以运用便捷式全域数据采集，以用户行为分析、用户画像分析、转化渠道分析等智能化洞察文明实践活动各方的精准信息。其主要数据包括：工作人员履职尽责情况、"五大平台"（理论宣讲、文化服务、教育服务、科普服务、健康与体育服务）情况、活动资源使用情况、群众需求情况、所

（站）组织开展的重点工作项目情况、重点工作项目群众参与人数、志愿者数量、志愿服务时长、志愿者活跃度、志愿服务组织活跃度等。

（四）引入第三方测评机制

经过实地调查发现，由于黄陂区本地高教、科研等资源匮乏，新时代文明实践中心建设绩效考核工作缺乏智力支持。与此同时，部分偏远乡村居民参与文明实践活动的意识有待提升，该区距市中心较远，与其他城区（功能区）文明实践交流也明显不足。为此，黄陂区应加强与市内外高校、研究机构、社会组织合作，以公开招标、定向委托、邀标等形式吸纳专家、学者、行业从业人员组成第三方评估团队，对新时代文明实践中心建设的绩效进行科学诊断与客观评价，形成文明实践考核的第三方测评机制。要有效调动评估组织者、参与者、志愿者的积极性，多为偏远乡村居民排忧解难，拓宽群众参与评估的渠道与方式。坚持文明实践中心人民建、人民评，通过发挥文明实践需求和满意度调查的作用，让群众的"金点子"能够及时、完整的表达出来，彰显公民作为文明实践参与者的中心地位。此外，要把"输出"与"引进"相结合，进一步加强与市内外新时代文明实践中心的交流互鉴。立足建设高水平武汉空港新城、城市花园、产业强区，让新时代文明实践中心更好为黄陂人民提供优质公共服务，将良好的社会评价结果转化为促进精神文明创建工作迈台阶上水平的动力，实现经济社会高质量发展。

第四节　新时代文明实践中心建设绩效评估体系构建的策略

绩效评估体系的科学化能够促使新时代文明实践中心建设目标的顺利达成及其结果的全面、客观评价，引导文明实践所、站自觉规范运行，调动工作人员积极性，有效盘活现有资源，提高基层治理效能。本节针对新时代文明实践中心建设绩效评估中存在的难点问题，从如下五个方面提出优化策略，以期为推动文明实践高质量发展提供参考。

一、提升文明实践绩效评估的重视度

在新时代文明实践中心建设绩效评估过程中，必须首先提升对绩效评估的重视程度。具体表现为：通过将绩效评估工作在新时代文明实践中心内部进行广泛宣传，使工作人员意识到绩效评估的作用，并在理论学习与实践行动中保证绩效评估工作的有序开展；① 强调评估制度在绩效评估工作中的作用，从战略角度出发，从顶层设计层面给予评估工作充分的重视。

一方面，要加大新时代文明实践中心绩效评估工作的重视程度，全力推进政策讲解和知识培训，从上到下提高开展绩效评估的必要性。深入细致地做好新时代文明实践中心工作人员的思想工作，争取各级领导的重视支持，培养主动参与绩效评估的良好意识，协同推进评估工作落实落地。评估双方要持续加深对绩效评估的认识，在实践中深刻体会到绩效评估不仅是一种质量管理的工具，更是一种质量管理哲学，是促进工作人员在文明实践中不断进步，使文明实践中心管理水平逐步优化，达到理想目标的过程。另一方面，要提升新时代文明实践中心工作人员的专业素养，将组织绩效与个人绩效相结合。工作人员素质及能力是绩效能否得到改进提升的必要条件之一，也是新时代文明实践中心建设高质量推进的重要保障。广大工作人员必须加强自身建设，通过参加培训、座谈和自学等多种方式加强理论知识储备和实操能力积累。党委政府要关注组织的整体绩效，结合岗位设置，全面梳理和完善职责，使之充分体现开展文明实践的战略意图。工作人员要明确绩效评估的目的，对文明实践的整体发展有更透彻全面的了解，主动将自身发展融入文明实践的全局之中。

要着力完善和落实文明实践绩效评估制度，使评估结果有权威依据，并进一步凸显绩效评估在新时代文明实践中心建设工作中的战略地位。② 在评估制度优化方面，要根据文明实践活动目标，明确评估范围、细节以及程序，掌握评估重点，细化措施，增强制度针对性，精准评估文明实践活动开展的各个环节，检视中心建设的不足。从评估实际出发，结合新时代文明实践中心建设要求，将目标

---

① 张建芳：《南通新时代文明实践中心建设研究》，《合作经济与科技》2020 年第 8 期。
② 孙良溦、钟沛康：《赣州新时代文明实践中心建设研究与实践》，《创新创业理论研究与实践》2020 年第 5 期。

转化为评估任务，提高相关部门工作的责任感，使其自觉遵守相关制度，实现文明实践有条不紊地开展。在制度实施前，"要进行可行性测试，预测制度实施中可能发生的问题，预设处理方案，及时纠正、改正错误，确保绩效评估制度高质量实施"①；在评估制度落实方面，要完善平时考核，对新时代文明实践中心建设工作进行阶段性记录和总结性分析，围绕文明实践履职尽责存在的各种问题，随时跟进目标完成情况。按照"双随机、一公开"规则，建立文明实践专项监督检查机制。根据文明实践工作的定期考核结果，以每星期小结、每月测评、每季考核等方式，将新时代文明实践中心常态工作信息总结汇合，形成年度绩效评估的重要来源。参加评估过程的工作人员必须加强与新时代文明实践中心的互动交流，常态化开展实地调研、及时知晓当地情况，只有把日常监管和年度测评有机结合，才能对被调查者的工作概况进行综合的考核评估，为后续奖惩活动提供有效参照。

二、构建文明实践多元绩效评估模式

当前，绩效评估主体的多元化和以社会公众满意度为考量标尺，已成为诸多国家及地区绩效评估改革的大势所趋。② 新时代文明实践中心绩效评估要充分利用党委、政府、社会和公众资源，发挥人民群众和媒体舆论的监督作用，改变传统自上而下仅由上级主管部门单向度考察新时代文明实践中心建设的绩效状况，确保评估过程上下结合、内外协调，进而形成党委政府、服务受众、社会共同参与的新时代文明实践多元绩效评估模式。

在我国，精神文明创建活动的考核主体是宣传部门，这种上下级对口蜂窝煤式考核模式的弊端在于其内部性强，难以客观准确衡量工作实绩。新时代文明实践中心具有开放性、群众性等特点，党委政府应当按照不同职能部门的参与和分工，采用360度绩效考核法，在新时代文明实践中心内部由上级领导、下级工作

① 刘东超、闫晓：《整体推进和提升新时代文明实践中心建设》，《辽宁日报》2020 年 7 月 9 日。

② 吴高、林芳、韦楠华：《公共数字文化服务绩效评价现状、问题及对策分析》，《图书情报工作》2019 年第 2 期。

人员、同级同事以及对象共同进行评估，① 建立文明实践整体式监督评估工作机制。例如，将新时代文明实践中心建设绩效评估结果和个人绩效评估结果有机结合起来并进行进一步优化，纳入政府部门内部评估系统，以明确有关人员在日常工作中所承担的职责，这有利于"加强与上下级的沟通交流，提升工作人员的积极性，促进文明实践工作强基础、上水平、争一流"②。对评估主体的确认须注意归属问题，比如，明确区分市和区县之间的管辖权，以及相关项目的审批权；确定初步的绩效评估由哪个部门进行，最终的绩效评估结果由哪个部门负责报告等。

群众高兴不高兴、满意不满意是文明实践的"回音壁"。新时代文明实践中心建设绩效评估，要发动人民群众广泛参与，针对工作性质、业务内容各异、所处环境不尽相同的问题，寻求各方诉求的"最大公约数"，使新时代文明实践中心不断完善，提升服务群众能力，同时也让绩效评估体系更加合理化，让评估结果更有现实意义。③ 把人民群众引入到评估机制中，不仅使文明实践的信息变得公开化和透明化，而且也能将群众的建议和想法完整表达出来，让民众的需求得以满足，体现公民作为文明实践参与者的重要地位。建立以人为本的评估机制，群众才会真正地从社会主人的角度对绩效评估提出要求，让新时代文明实践中心做到为人民提供细致入微的优质服务，促使文明实践工作质量的改善。在具体操作环节中，可增加民意调查分值比重，设置公众、社会满意指标，以此验证新时代文明实践中心功能是否切实最大发挥。

第三方评估是指跳出政府及其职能部门范畴，依托利益无关方开展的客观性较强的评估。作为体制外的评估，其形式主要分为独立与委托两种。"独立方的超脱性被视作确保评估客观公平、准确有效的逻辑始点，弥补政府部门内部专业

---

① 韵卓敏、王甜甜：《浅谈公共部门绩效管理的问题及对策》，《中国集体经济》2019年第2期。

② 宋香君：《淄博市新时代文明实践中心建设地方经验探析》，《新西部》2019年第35期。

③ 孙向荣：《探索新时代文明实践中心建设的新路径——以烟台市芝罘区为例》，《上海城市管理》2019年第3期。

性缺失的优势被视作是第三方评估权威性的根基。"① 发挥第三方评估的优势，可从以下几个方面来助推新时代文明实践中心建设绩效评估工作更加客观、公正以及全面：要明确文明实践第三方评估的法律地位及权力，树立评估结果的权威性；完善新时代文明实践中心建设的信息公开和配套制度，以法律形式规定文明实践活动公开的数据，破除评估信息不对称的障碍；② 根据文明实践工作第三方评估特点制定管理制度，加强资质审核，建立第三方评估依法委托制度等；吸纳高校专家学者、研究机构的专业人员组成第三方评估团队，对新时代文明实践中心建设的绩效做出科学诊断与合理评价。

三、增强文明实践绩效评估指标的科学性、可行性

构建新时代文明实践中心建设综合绩效评估指标体系应当注意处理三组关系：一是准确把握好文明实践工作中共同性与差异性的关系，对共同部分和差异部分进行充分调研，并根据考核重点，合理确定各自的比重，使评估指标与文明实践工作性质及岗位实际相吻合；二是准确把握好定量指标与非定量指标的关系，对难以量化的内容和活动情况，要强化逻辑推理，探寻多种方法，如采取细化、流程化的分段考核指标来聚焦过程考核，针对服务项目适当加入一些定性指标，使定性与定量指标紧密结合起来；③ 三是正确处理好主观打分与客观公正的关系。对各个考核主体应当进行相关培训，使其掌握相对一致的考核标尺，避免考核打分差异悬殊。为防止分值出现较大差异，建议通过强制分步法，即考核结果各等级都须有一定比例，或者四分法，即优秀、良好、合格、不合格，来进行评估结果表示。④ 总的来说，要按照新时代文明实践中心建设的主要维度，通过进一步细化考核指标，依据经济（Economy）、效率（Efficiency）、效益（Effectiveness）、公平（Equality）4E 原则，借鉴多种评价方法，研究制定科学

---

① 张知众：《筑牢"六要"基石 全力抓好新时代文明实践中心试点建设工作》，《新长征》2020 年第 6 期。

② 吴高、林芳、韦楠华：《公共数字文化服务绩效评价现状、问题及对策分析》，《图书情报工作》2019 年第 2 期。

③ 李广义：《绩效考核的量化定位与抉择思考》，《中国流通经济》2011 年第 5 期。

④ 刘逗逗：《公益性事业单位绩效管理实施经验与难点分析——以交通运输部某救助局为例》，《经济师》2019 年第 5 期。

性、可行性强的指标，构建以提升群众满意度为导向的新时代文明实践中心建设综合绩效评估指标体系。①

四、推进文明实践绩效评估信息化

文明实践绩效评估信息化，有助于加速评估信息的集合、导出与校正，构建绩效评估反馈证据库或观点库，支持文明实践活动的持续推进。党委政府要根据文明实践活动的特征、网络技术的普及以及新时代文明实践中心组织覆盖范围适时推进绩效评估信息化。新时代文明实践中心工作的开展是一个综合性工作，其绩效评估工作的良性运转，有赖于实现包括党委政府部门、公民及社会组织、第三方机构、新时代文明实践中心等评估信息在内相关数据的互通互享，通过大数据、物联网等智能技术形成关系可视化信息网络，形成新时代文明实践中心绩效评估信息协同系统（见图5-2）。

新时代文明实践中心建设绩效评估信息协同系统包括具有信息集成、数据分析应用、决策知识和证据检索等功能的文明实践活动评估信息交互平台和知识交互平台。前者可以实现多源流信息的交互、清洗、集成，聚集成为统一格式的网络绩效评估信息数据仓库，推进跨部门评估信息壁垒破除及数据共享；后者可以实现文明实践信息交互分析，通过人工智能等技术辅助生成描述性画像、政策预警或预测结果，再经过政府、智库或专业分析中心评估筛选，② 得出文明实践评估信息的合理化反馈。新时代文明实践中心建设绩效评估信息协同系统的运行，关键在于两大平台的耦合，使文明实践数据、知识、决策交互联动，以及关键信息与知识交叉复现，经过专业化分析导出可操作性的证据、文本或政策建议，为新时代文明实践中心建设的重大决策和深化拓展提供强有力的支撑。

新时代文明实践中心建设绩效评估信息协同系统建立在参与新时代文明实践中心建设相关党政部门的合作联动及信息技术应用的基础上。在实体建设层面，应尝试设立网络绩效评估信息协调联动中心，由其专门负责文明实践资源调配与整合，推进相关决策部署，为新时代文明实践中心建设构建政策联动组织运行机

---

① 李海、古小东：《乡村振兴背景下广东梅州新时代文明实践中心建设的内涵、路径与经验》，《南方农村》2020年第4期。

② 顾丹丹、傅广宛：《网络问政的价值增量与实现条件：基于数据资源挖掘的视角》，《中国行政管理》2021年第4期。

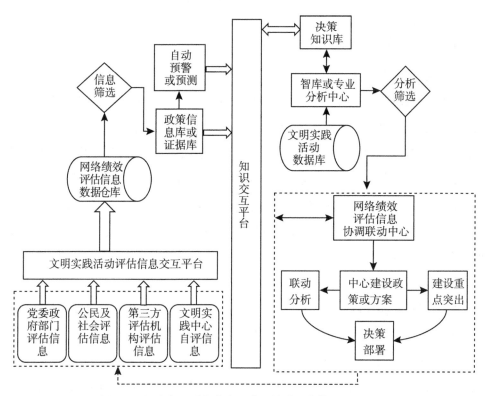

图 5-2　新时代文明实践中心建设绩效评估信息协同系统

制和架构。同时，与专业智库或企业合作，促进技术与信息互享，为分析评估信息产出运用提供有效保障，借助智库在评估信息反馈应用中的保障作用；在虚拟技术层面，可藉由区块链等信息技术建设文明实践活动评估信息交互平台，构建以网络绩效评估信息数据仓库为核心资源的知识交互平台，实现信息技术在绩效评估数据挖掘中的科学化、专业化利用。这在某种程度上为构建开放的文明实践绩效评估系统提供技术基础，对于文明实践活动的常态化发展与创新具有深刻作用。

五、构建文明实践绩效评估沟通反馈机制

各级党政部门要强化新时代文明实践中心建设绩效评估结果的应用，如果评估结果缺乏权威性，就无法形成约束力，也就难以对新时代文明实践中心建设产

生实质激励。为增强评估的权威性，不仅要设置独立的评估机构，还要将评估结果反馈到实际工作中。具体论之，可通过新闻报道、微信、微博、电视、网站等多样化方式，以网页报告、统计年鉴、年度评估报告、纸本文本等形式，将评估结果向社会公众公开发布，使新时代文明实践中心、所、站主动接受群众的监督。[①] "通过评估结果的应用，加强与公众的互动，让更多群众了解新时代文明实践中心建设的进展、成效及短板，以更好推动文明实践的发展。"[②] 要充分利用绩效评估报告，规范评估结果的复查沟通。例如，多向上级党委政府相关领导请示汇报，加强各部门特别是宣传、组织、民政等重点领域部门在激励政策制定方面的扶持力度。对于绩效考核结果优异的新时代文明实践中心，切实兑现奖励；对于成绩落后的，则督促其改进提高。鉴于区、县一级党委政府在新时代文明实践中心绩效评估配套政策方面难以实现有效突破，急需上级进一步加强指导，为评估提供权威性政策依据。

将新时代文明实践中心建设绩效评估结果与奖惩制度挂钩，既要奖励先进，促进互鉴互学，发挥正面引导作用，又要问责落后，采取适当的约束惩罚措施，发挥警示鞭策作用，也要避免简单化的"末位淘汰""一票否决"。激励机制要灵活多样，以满足物质与精神不同层次的需要。比如，新时代文明实践中心的评估结果可与绩效工资分配挂钩，并重点推进评估结果与工作人员评优评先、培训、晋升以及岗位调整、干部选拔等多角度关联。[③] 通过多种激励方式引导工作人员将个人绩效评估结果与中心整体绩效评估结果结合起来，发挥绩效评估的"杠杆"作用，调动他们的工作热情，增强其大局意识与团队意识。

绩效评估结果须通过动态反馈系统来及时分析发现问题，并提出相应改进策略，以增强对公众需求的敏感性与回应性，提升党委政府的回应力与应变力，从而实现文明实践活动的动态调整，形成"以评促建"的常态化机制。[④] 传统的绩

①　吴高、林芳、韦楠华：《公共数字文化服务绩效评价现状、问题及对策分析》，《图书情报工作》2019 年第 2 期。

②　孙军：《打造好新时代文明实践中心理论宣讲平台》，《思想政治工作研究》2020 年第 3 期。

③　宋昕松：《打造"小平台"发挥"大作用"基层新时代文明实践中心的建设与完善》，《人民论坛》2020 年第 36 期。

④　王毅：《依托新时代文明实践中心普及社科知识》，《社会主义论坛》2020 年第 9 期。

效管理只是单向的沟通，个人缺乏对整体计划的了解，导致评估只存在于形式中，评估者无法了解目标如何真正地达成。[1] 如果只是从上而下盲目地控制与监督，工作人员的积极性会大幅度减少，评估的效果也大打折扣。因而，需将沟通与反馈贯穿于新时代文明实践中心建设绩效评估的全过程和各环节，鼓励参与绩效评估的人员主动沟通，明晰评估目标和操作流程，做好后续整改落实情况的再评估及实时汇报。

---

[1]　贾佳：《目前事业单位绩效考核存在的问题及完善建议》，《时代金融》2020 年第 7 期。

第六章　以深化拓展新时代文明实践中心建设推进基层治理创新

第一节　创新跨层级跨部门跨功能的整体性文明实践模式

一、增强新时代文明实践的系统性整体性协同性

在纵向层面，应由各级党政一把手担任新时代文明实践中心（所、站）主任，便于统筹协调各层级各部门资源，着力推动文明实践工作全域化建设。新时代文明实践中心建设，要主动融入社会治理创新、文化场馆提档升级、文明城市创建等政府重点工作，以县域为载体推进乡村文明实践一体化建设，实现志愿服务协同供给。特别是以基层治理体系和治理能力现代化为抓手，文明实践所（站）建设纳入社区治理和村务综合服务工作，遵循规划先行、部门联动、服务下沉、试点引领、全面铺开的原则扎实推进；在横向层面，坚持党政主导、做强街镇、夯实社区，在深化县乡政府机构改革、大部制改革、"放管服"改革中，坚持精简、统一、效能原则，把志愿服务管理机构、文化宣传机构、基层社会治理机构等职能相近的部门合并为一个大部门或设立一个专门机构，吸收不同部门与文明实践相关的功能，解决新时代文明中心建设面临的多头领导、分散管理、重复报告等问题。继续探索创新，久久为功，进一步搞好试点示范，从系统性整体性协同性角度增强文明实践的效果。

二、运用"大党委制"助力文明实践跨层级整合

要借助各地探索"大党委制"的有利契机，因地制宜、因事而为，调动辖区

企事业单位、社区党员、群众共建新时代文明实践中心的积极性。一是以党建驱动文明实践，各级党组织将新时代文明实践工作纳入重要议事日程，构建"书记牵头管、班子分块管、干部合力管"的共管格局。二是将新时代文明实践工作作为"书记工程"，各级阵地积极发挥党委书记示范引领作用，通过成立党员志愿服务队，将党员下沉服务表现纳入各级党组织精神文明建设绩效考核内容。要把党建工作与"五社联动"（社区、社会组织、社工、社会资源、社区自治组织）结合起来，实行辖区单位及党员向社区党组织报到制度，加强基层社区治理的有生力量。三是将基层党建贯穿于新时代文明实践中心建设全过程，建立"自上而下"强组织领导与"自下而上"强探索创新的双强互动机制，形成"街道—辖区—社区—楼栋单元"四级党组织协同互动齐抓共管精神文明建设的局面。

三、引入"吹哨报到"机制助力文明实践跨部门整合

以区域统筹、部门联动、资源共享、融合共建为目标，全方位引入"群众吹哨、部门报到"文明实践工作机制，推动基层公共服务供给制度化、精准化、常态化。第一，各级新时代文明实践阵地不仅要在及时获取群众需求基础上，确定文明实践志愿服务的方向、原则及内容，还应鼓励党政领导带头，各部门、各企事业单位、各群团组织、各志愿服务组织等共同参与，推动实践主体从"单一"向"多元"转变、实践时间从"集中"向"经常"转变、实践方式从"单向"向"互动"转变，实现多元社会主体合作共治。第二，注重对接城乡社区网格化体系，组织研发文明实践志愿服务数字化平台，再造全方位服务群众的流程，打破"信息孤岛"现象，实现志愿服务资源互联互通。第三，制定"提前申请—审批备案—网上公示—动态发布"文明实践活动流程，构建中心（所、站）全覆盖、分层级的志愿服务队伍体系。尤其要打通服务群众"最后一公里"，实现部门资源对接，推动"吹哨报到"，助力文明实践跨部门整合。

四、统筹"两个中心"建设助力文明实践跨功能整合

新时代文明实践中心与县级融媒体中心的融合发展，有利于宣传思想工作资源互补、信息共享，更好地助力文明实践跨功能整合。因此有必要从跨功能整合的角度统筹推进新时代文明实践中心与县级融媒体中心建设，提高宣传报道的及

时性、鲜活性，增强精神文明建设的理论高度、实践深度和辐射广度。一是盘活"两个中心"的各自资源，对相关人员、物资、阵地等进行集约配置、统筹使用。强化制度设计与路径规划，通盘考虑、同步谋划，协调推进"两个中心"建设，实现"双心"同频共振、共建共享。二是打破以往各自为政的局面，通过线上线下相结合的"理论+文艺体育+互联网"模式，结合本地特色，扬优成势，让"两个中心"互相借力、互相促进。三是注重总结推广经验，加强"两个中心"人才交流、技术共享、平台共建，建立常态化合作机制，形成共同促进新时代文明实践工作的合力。

第二节　推动新时代文明实践中心有效参与基层社会治理

一、以"党建+文明实践"引领基层社会治理方向

要按照构建"1+1+N"制度体系、推进省域治理现代化要求，坚持党建引领文明实践，促进党建与基层社会治理深度融合。一是推动宣传思想文化工作和精神文明建设向基层延伸。新时代文明实践中心要坚持为民服务主旋律，通过构建把服务送到家门口的"快递式"志愿服务模式，增强同群众的交流、情感、关系，巩固基层党的执政根基，提升群众思想政治工作的本领。二是将新时代文明实践中心建设重点放在贴近群众需求，在服务群众中引导、教育、凝聚群众，让习近平新时代中国特色社会主义思想入脑入耳入心，让党和政府的决策部署成为共同意志和自觉行动，让群众同享物质和精神红利，形成共同的理想信念、价值理念、道德观念。三是发挥社区党建基础性作用，提高"文明实践+网格"管理服务水平，形成居委会、业委会、物业企业自治共治合力，让"党建+文明实践"成为在城乡基层中宣传大政方针、引导教育群众、夯实基层治理、推动高质量发展的动力引擎。完善村党组织领导村级治理机制，加大抓乡（镇）促村力度，围绕党建引领，将文明实践与乡村振兴统筹协调起来，发挥文明实践潜移默化、润物无声的助推力量。

二、以德治为先导夯实基层社会治理思想根基

英模典型是特定时期内最值得学习的英雄和模范人物，是效仿的榜样，具有

时代的导向价值。近年来，我国先后涌现出张富清、李兰娟、钟南山、张桂梅等一大批全国重大先进楷模，他们是新时代文明实践的重要资源，是夯实社会治理思想的道德标杆。要深入挖掘历史人文资源，化虚为实，建设特色道德教育基地，将英雄事迹、感人事件加以整理提炼，以图片、音像、文学等形式刻画再现出来，以此作为文明实践素材，塑造风清气正、文明向上的积极氛围，促使近学榜样、远学英雄，焕发德治魅力。要将目标重点放在"家"上，通过开展"立家风、促家教、助孝亲"等活动，让每个家庭争做文明实践的典范。要完善道德激励约束机制，设立文明积分超市，鼓励以文明积分兑换日常物资，形成"文明实践—积分兑现—褒奖回馈"的道德激励体系。要全面依托新时代文明实践中心，持续开展移风易俗为主题的宣传教育活动，专项整治天价彩礼、奢侈浪费、低俗婚闹、随礼攀比等不良风气。

三、以新时代文明实践为依托构筑基层社会治理格局

一方面，要将自治法治德治"三治融合"文明实践嵌入基层社会治理全过程和各环节。联合法律专家、相关职能部门志愿者，送法律进村文明实践站，提供各类法律咨询及援助服务。强化道德模范的示范引领，定期开展道德模范先进个人等评优活动，加强对青少年正确价值观的引导，激活治理细胞，凝聚向上向善力量。注重发挥村规民约、居民公约的作用，把"村落夜话""乡贤议事""场屋会""楼栋长会"等作为文明实践特色，融入城乡社区民主协商制度化机制。另一方面，构建共建、共治、共享的社会治理文明实践新格局。通过开展文明实践"大调解"活动，形成多元化解基层矛盾服务机制，确保社会和谐稳定。聚焦群众烦心事、操心事、揪心事，配备"互联网+政务服务"村级代办员，对接乡镇便民服务站点，建好"15分钟服务圈"。树立"大党建、大社区、大物业"意识，推广和完善"红色物业"模式，搭建社区党建引领下，居委会、业委会、物业公司、楼栋长、文明实践站"六位一体"基层治理架构，形塑人人有责、人人尽责、人人享有的社区社会治理共同体。

四、以文明实践志愿为抓手助推基层社会治理创新

要发挥文明实践志愿服务行为的互助、教育、净化和凝聚作用，使党和政府

的大政之向、关爱之情、民生之举及时传递给群众，进一步推动社会治理创新。一要聚焦志愿服务资源的整合、配置与优化，组建横向联系各行业系统、纵向覆盖城乡社区的新时代文明实践志愿服务工作体系；二要依托党校、文化活动中心等载体建设志愿者培训基地，加强相关技能培训，锻造一支危急关头"拉得出、顶得住、打得赢"的应急志愿服务先锋军。各级领导要以身作则，带头参加文明实践志愿服务，把党员干部下沉居住地开展志愿服务作为基层党建考核的重要内容，实现"双报到、双报告"制度化常态化；三要立足"党政所想、社会所急、群众所需、志愿者能为"，实施一批面向社区基层、服务社会民生的项目，探索政府购买服务、公益爱心慈善、众筹经费补助等运作方式，形成公共财政托底、多元力量协助的经费运作模式；四要规范志愿者星级评定、信息记录、激励保障等制度，将志愿服务积分与养老护理、信用评级、享受优惠福利、个人荣誉表彰挂钩，引导社会爱心个体和单位回馈志愿者，政社共同建立文明实践长效激励机制。

第三节　打造云网融合的立体式文明实践平台矩阵

一、构建系统化的文明实践空间体系

新时代文明实践中心作为一种物质性的精神文明创建载体，其建设绝不是另起炉灶的形象工程，而是盘活存量，对现有各类阵地进行集约化建设。第一，要在科学规划合理布局的基础上，构建新时代文明实践节点性网格空间，并进行整体性、连续性、开放性的改造，使同一地区、相近功能的空间无缝对接、关联聚合，形成"整体大于部分之和"的文明实践联盟。第二，要将主流意识形态贯穿于新时代文明实践活动开展的全过程、全细节。将新时代文明实践中心与各级党校、爱国主义教育基地、乡情村史陈列室、博物馆、图书馆等文化场所有机结合，发挥集中宣传教育优势，用红色素材、历史故事、特色资源建立起富有"共通感"的空间教育意境，增强主流意识形态的亲近性、体验性、生活性。第三，要利用市场化手段策动文明实践空间建设，以经济关系深化主流意识形态逻辑与价值，将文明实践空间规划与经济规律联系起来，将文明实践打造成社会主义核

心价值高地。再造以文明实践志愿服务为主导的空间载体，破解精神文明与物质文明在志愿活动、休闲娱乐、商业营利等方面的空间矛盾冲突。

二、增强文明实践的视觉符号魅力

要以社会主义核心价值符号、意象、事件为营造手段，增强新时代文明实践中心在精神文明建设中的辐射力、感染力、内驱力。找准聚合点和凝聚点，把爱国、感恩、勤劳、互助、开放、进取、创新、包容、厚德、谦虚、务实、奋进、诚信、务实、兼容、好学、互信、互利、协商、尊重、爱心、公德、平等、平和等中国精神，通过宣传标语、文明故事、符号上墙等形式使之内化为精神追求，外化为自觉行动。文化是一个国家、一个民族的根和魂。新时代文明实践要坚持道路自信和文化自信，从党的十九届六中全会提出的"两个结合"的高度引导群众认同中华民族共同的价值理念，铸牢中华民族共同体意识。重视挖掘中华五千多年文明的精华，弘扬优秀传统文化、革命文化和社会主义先进文化，凝练其意向内涵，挖掘汉语（汉字）、书法、中医中药、长城、五星红旗、国徽、国歌等文化符号资源，将其应用于新时代文明实践中心的视觉形象设计中，唤起人们对精神文明内容及意蕴的共鸣。将新文明实践内容转化为大众化、可视化的符号，运用媒介系统、视觉手段、艺术形式加以生动呈现。例如，充分发挥各地独具特色的德育教化资源，以孝老爱亲为主题，通过 LOGO、壁画海报、标语横幅、楹联、公益广告等宣传正能量，引到群众崇德向善，潜移默化地接受社会主义核心价值观的滋养与熏陶。

三、开展群众喜闻乐见的文明实践活动

建设新时代文明实践中心，关键在于是最大限度激发群众的参与度，增强获得感、幸福感。理论宣讲不仅要走下去，而且要让广大群众坐得下来、听得进去，能够入耳入脑入心。因此，要谋划好文明实践项目，以人民为中心开展志愿服务活动，满足人民群众的多样化需求。一是创新文明实践形式，做到贴近群众、引导群众、因地制宜、就地取材。既善于用从理论中总结提炼实践经验，又要学会立足实践阐释思想理论，加强对宣传人员的政治素养培训，提升其宣讲能力。二是利用重大节庆日、纪念日、农民"春耕""夏管""秋收""冬备"、党

组织"三会一课"、村民大会等有利时机，把文明实践活动送到校园、公司楼宇、厂矿车间、农民家门口等，与青少年、妇女、老年人等群体拉家常、说心声、谈发展、畅聊美好生活，做到"阵地追人"与"人追阵地"相结合。三是让创新的理论飞入寻常百姓家，采取生动有趣的理论宣传方式，以群众乐于接受的形式，鼓励专业文艺工作者创作更多脍炙人口的作品。通过"政治性+专业性+实用性"的方式，把理论宣讲同农民的日常生活有机结合起来。

四、探索建立"互联网+文明实践"新模式

当前，"两微一端"等新媒体，凭借强大的即时性、互动性、便利性，已经成为人们接收和传播信息的主要手段。因此，要善用互联网资源，赋能文明实践活动能量场，确保网络精神文明建设质效同步提升。一是把握新一轮科技革命发展趋势，运用新一代数字技术，依托"中国文明网"平台，打造"新时代文明实践+志愿服务+人工智能"协同联动工作体系，为群众和操作人员提供一个便捷化、人性化、智慧化的新时代文明实践管理工具。二是发挥新闻媒体宣传主渠道作用，加强与《人民日报》、中央电视台等新闻媒体的合作共建，及时跟进文明实践活动开展情况并跟踪报道。三是运用新媒体的话题效应，整合官方优质媒体和民间自媒体资源。加强与"文明"微信公众号、"中国文明网"官方微博对接，组成"网+微"新媒体矩阵，多角度、多频次展示各地文明实践活动的良好风貌，实现线下与云端协同发展，做到文明热点共同关注、文明新风共同弘扬，扩大各地新时代文明实践的传播影响力。

第四节　构建新时代文明实践中心建设绩效评估体系

一、提高对文明实践工作绩效评估的重视程度

首先，强化思想认识。相关地区部门要把握政治方向，按照中央对精神文明建设的总体部署，坚持"省市县分级负责"的原则，立足当地实际高标准开展新时代文明实践中心建设绩效评估工作。其次，精心组织实施。吃透上级文件精神，将本地文明实践工作绩效评估的目标、标准和职责进行细分，完善备忘制

度，明确考核部门、执行人员、完成期限，有效推动综合考核举措精准落地。注重创新载体，结合区域特点，打造一批文明实践品牌，树立崇善向上的氛围，彰显中心（所、站）建设效果。再次，强化监督考核。在共创共建文明城市等活动中深化新时代文明实践中心建设绩效考评，可能的情况之下，将其纳入季度考核排名的参照指标。由县（市、区）文明办进行督导，并进行综合考评，表扬先进、批评后进，对好的经验做法应及时进行报送。最后，加强交流互鉴。在加强各地新时代文明实践中心日常交流与沟通的同时，推动先进单位进行经验分享，引入系统、科学、可操作性强的绩效评估方法，进一步优化新时代文明实践中心建设绩效考核细则。

二、构建基于多元协同的文明实践绩效评估模式

新时代文明实践中心建设绩效评估，需打破以往政府内部评价的局限，在一核多元体系下寻找相关主体的利益平衡点。其一，扩延公众参与形式。要坚持以人民为中心的发展思想，优化制度环境及程序细节，通过设立电话热线、信箱或建立网络"评单"机制，使群众参与文明实践绩效评估变得便捷与有效。其二，赋能企事业单位。把握政企政社共建特点，明确以企业、学校等为载体的新时代文明实践所、站考核范围，将各类目标转化为评估任务，注意提高"用脚投票"能力较强的企业满意度。其三，发挥智库支持作用。我国高等院校云集、科教机构资源丰厚，可以鼓励和允许大学、社科院和智库等专业研究机构自主评估新时代文明实践中心，定期邀请熟悉实际情况、具有较高专业水准的专家，察访核验评估真实性。其四，增强第三方独立评估。引入和培育第三方评估机构，运用专业力量对新时代文明实践中心建设过程中行政权力的运行进行监督、评判。完善信息公开和配套评估制度，将其作为各地市州党委和政府部门精神文明建设的有益补充，构建第三方评估的长效机制，让评估结果更具信服力。

三、完善新时代文明实践综合绩效评估指标

第一，要厘清绩效评估目标。紧扣精神文明建设如何取得更加优异的成绩，以推动高质量发展主题，创设精神文明制度安排，从所站打造、资源聚合、志愿服务召集、组织引领、特色活动开展等方面重塑评估内容。第二，要遴选绩效评

估指标。在指标设置上力求综合全面，覆盖"需要满足""资源整合""主体建设""结构优化""方法创新""手段先进""目标达成"和"成果考核"等八大方面。指标设置既要突出重点，也要注重各个指标之间的内在联系，强化考核对象之间的互鉴互通，采纳宣传、组织、民政、文体等部门建议，精准确定指标名称、考核内容及界定标准。第三，要合理分配指标权重。根据新时代文明实践中心建设各项工作之间的差异性、工作内容的重要程度等赋予相应的分值。第四，要运用多种评估方法。现场考察是深入文明实践中心（所、站）收集任务完成状态数据；在线测评是从网络采集文明实践志愿服务数据及宣传、培训等图片文字资料，作为绩效评估的依据；按时监测是定期在每月固定的时间抽查志愿服务开展数量、活动档案和服务成效，以及公共服务项目闭环管理水平等；问卷调查则具体掌握各县（市、区）文明实践中心（所、站）活动的"一率两度"，即参与率和好评度、满意度。

四、实现文明实践绩效评估结果的应用价值

一方面，要落实激励政策，奖励先进单位及个人。对考核优秀的新时代文明实践中心（所、站）给予政策、项目、专项资金支持；对在实际活动中表现突出、群众反映较好的文明实践工作人员，及时采取各种形式的激励和表彰，并优先兑换信用积分。另一方面，把评估结果作为惩戒的一个标准，发挥其对文明实践工作的监督作用。建立由监察机关牵头，财政、审计、人事等部门联手的监督联席机制，完善综合考核责任制、廉政透明制、群众评单制、时效限定制、负面清单制及义务办理制等制度，形成全面立体、执行有力的问责体系。通过分析考核得分情况，掌握新时代文明实践中心建设不同阶段存在的廉政风险点，以及如何采取相应的监督措施，做到心中有数，带着问题、明确重点开展监督。针对试点工作时间紧、任务重的情况，梳理薄弱环节、短板弱项，逐个制定防控措施，列入主体责任清单。将评估整改范围从县（市、区）文明实践中心向基层社区深入拓展，实现监督全覆盖。采用现场询问、听取汇报、查看台账、廉政谈话等多种方式，全方位评估监督，使廉政风险可防可控，真正做到建成一个、干净一个。

参 考 文 献

一、中文文献

［1］《马克思恩格斯全集》（第 1 卷），人民出版社 2009 年版。

［2］习近平：《论党的宣传思想工作》，中央文献出版社 2020 年版。

［3］习近平：《在会见第一届全国文明家庭代表时的讲话》，人民出版社 2017 年版。

［4］习近平：《习近平谈治国理政》第三卷，外文出版社 2020 年版。

［5］中共中央文献研究室：《习近平关于全面建成小康社会论述摘编》，中央文献出版社 2016 年版。

［6］中共中央文献研究室：《十八大以来重要文献选编》（中），中央文献出版社 2016 年版。

［7］中共中央文献研究室：《习近平关于社会主义文化建设论述摘编》，中央文献出版社 2017 年版。

［8］中共中央文献研究室：《习近平关于协调推进"四个全面"战略布局论述摘编》，中央文献出版社 2015 年版。

［9］中共中央党史和文献研究院：《习近平关于网络强国论述摘编》，中央文献出版社 2021 年版。

［10］中央文明办一局：《建设新时代文明实践中心指导手册》，学习出版社 2020 年版。

［11］全国宣传干部学院：《宣传思想文化工作案列选编（2018）》，学习出版社 2019 年版。

［12］费孝通：《乡土中国》，上海人民出版社 2007 年版。

［13］张康之：《走向合作的社会》，中国人民大学出版社 2015 年版。

［14］方克立：《中国哲学史上的知行观》，人民出版社 1997 年版。

［15］陈晋：《中国道路与文化自信》，学习出版社 2019 年版。

［16］陈冬生、王枫桥：《马克思主义意识形态建设的基础问题探幽》，人民出版社 2019 年版。

［17］周谨平：《国家治理与社会伦理》，湖南大学出版社 2018 年版。

［18］王岩：《新时代中国精神文明建设研究》，中国社会科学出版社 2020 年版。

［19］王列生等：《国家公共文化服务体系论》，文化艺术出版社 2009 年版。

［20］马振清：《国家治理方式的双重维度研究》，中国言实出版社 2015 年版。

［21］谌玉洁：《转型期农村基层党建论》，南京师范大学出版社 2017 年版。

［22］金太军、张振波：《乡村社区治理路径研究：基于苏南、苏中、苏北的比较分析》，北京大学出版社 2016 年版。

［23］魏娜：《志愿服务概论》，中国人民大学出版社 2018 年版。

［24］彭继红、向汉庆：《国家治理与文化伦理》，湖南大学出版社 2018 年版。

［25］孟宪平：《马克思主义文化动力思想及其实践研究》，北京师范大学出版社 2018 年版。

［26］孙迎春：《发达国家整体政府跨部门协同机制研究》，国家行政学院出版社 2014 年版。

［27］王维先、铁省林：《农村社区伦理共同体之建构》，山东大学出版社 2014 年。

［28］何兰萍：《公共空间与文化生活》，中国社会科学出版社 2012 年版。

［29］王茂美：《西南地区公民政治认同的民族伦理基础研究》，人民出版社 2019 年版。

［30］林密：《意识形态、日常生活与空间——西方马克思主义社会再生产理论研究》，中国社会科学出版社 2016 年版。

［31］吴元梁：《精神系统和精神文明建设》，人民出版社 2004 年版。

［32］陈立旭、潘捷军：《乡风文明：新农村文化建设——基于浙江实践的研究》，科学出版社 2009 年版。

［33］颜晓峰：《坚持中国特色社会主义文化》，重庆出版社 2019 年版。

［34］ 郭学旺：《农村主流意识形态宣传机制创新研究》，中国社会科学出版社 2018 年版。

［35］ 陈昌盛、蔡跃洲：《中国政府公共服务：体制变迁与地区综合评估》，中国 社会科学出版社 2007 年版。

［36］ 高清海：《哲学与主体自我意识：论马克思实践观点的思维方式》，北京师 范大学出版社 2017 年版。

［37］ 梁漱溟：《乡村建设理论》，商务印书馆 2015 年版。

［38］ ［美］布劳：《社会生活中的交换与权力》，李国武译，商务印书馆 2008 年 版。

［39］ ［美］约翰·弗雷尔：《跨部门合作治理》，甄杰译，化学工业出版社 2018 年版。

［40］ ［美］尤金·巴达赫：《跨部门合作——管理"巧匠"的理论与实践》，周 志忍、张弦译，北京大学出版社 2011 年版。

［41］ ［美］菲利普·库珀：《合同制治理——公共管理者面临的挑战与机遇》， 竺乾威、卢毅等译，复旦大学出版社 2007 年版。

［42］ ［美］塞缪尔·P. 亨廷顿：《变动社会的政治秩序》，张岱云等译，上海译 文出版社 1989 年版。

［43］ ［美］罗伯特·帕特南：《独自打保龄》，刘波等译，中国政法大学出版社 2018 年版。

［44］ ［英］戴维·米勒、韦农·波格丹诺：《布莱克维尔政治思想百科全书》， 邓正来等译，中国政法大学出版社 2011 年版。

［45］ ［英］雷蒙德·威廉斯：《马克思主义与文学》，王尔勃等译，河南大学出 版社 2008 年版。

［46］ ［德］赫尔曼·哈肯：《协同学：大自然构成的奥秘》，凌复华译，上海译 文出版社 2001 年版。

［47］ ［德］马克斯·韦伯：《社会组织和经济组织理论》，康乐等译，广西师范 大学出版社 2014 年版。

［48］ ［法］布尔迪厄：《文化资本与社会炼金术：布尔迪厄访谈录》，包亚明译， 上海人民出版社 1997 年版。

［49］［加］丹尼尔·亚伦·西尔、［美］特里·尼科尔斯·克拉克：《场景：空间品质如何塑造社会生活》，吴军等译，社会科学文献出版社 2018 年版。

［50］郑琳琳：《马克思文明观的三个维度》，《理论探索》2019 年第 5 期。

［51］刘琳：《党的第三代领导集体对邓小平社会主义精神文明建设理论的丰富和发展》，《南京社会科学》2002 年第 3 期。

［52］周成仓：《论毛泽东的精神文明建设思想》，《攀登》2006 年第 3 期。

［53］赵兴良：《习近平系列讲话对精神文明建设理论的新发展》，《求实》2015 年第 10 期。

［54］陈德玺：《论中国现代国家治理能力建设中的文化精神》，《实事求是》2014 年第 6 期。

［55］浦菲：《新时代文明实践中心建设在农村思想政治工作中的价值与实现方式》，《改革与开放》2019 年第 12 期。

［56］王婕：《中国青年志愿服务项目的现状与对策研究——基于 505 个志愿服务项目的数据调查》，《中国青年研究》2016 年第 6 期。

［57］王珺颖：《社会主义核心价值观情感认同的培育路径》，《思想教育研究》2019 年第 12 期。

［58］周向军：《试论精神文明建设规律的系统结构》，《中共济南市委党校学报》2004 年第 3 期。

［59］师毅：《科技助力新时代文明实践中心建设——海淀区新时代文明实践中心服务管理平台正式上线》，《中关村》2019 年第 11 期。

［60］李秀宏：《创新建设"双中心"高效服务惠群众》，《传媒》2021 年第 6 期。

［61］景跃进：《中国农村基层治理的逻辑转换——国家与乡村社会关系的再思考》，《中共浙江省委党校学报》2018 年第 1 期。

［62］徐向文、李迎生：《志愿服务助力城乡社区自治：主体协同的视角》，《河北学刊》2016 年第 1 期。

［63］张晓慧、刘兴宇、赵新蕊：《新时代文明实践中心建设的"林西模式"》，《实践》2021 年第 2 期。

［64］颜克高、唐婷：《名实分离：城市社区"三社联动"的执行偏差——基于

10 个典型社区的多案例分析》，《湖南大学学报》（社会科学版）2021 年第 2 期。

［65］邓帅：《加强志愿者队伍建设推进新时代文明实践中心有效运行》，《中共青岛市委党校·青岛行政学院学报》2020 年第 3 期。

［66］陈荣卓、唐鸣：《农村基层治理能力与农村民主管理》，《华中师范大学学报》（人文社会科学版）2014 年第 2 期。

［67］付建军、高奇琦：《政府职能转型与社会组织培育：政治嵌入与个案经验的双重路径》，《理论与现代化》2012 年第 2 期。

［68］刘富珍、万佩佩、田戈燕：《农村、农民志愿服务队伍构建的必要性和可行性的调研——以新时代文明实践中心建设为视角》，《广西青年干部学院学报》2020 年第 30 期。

［69］周雪光：《从"黄宗羲定律"到帝国的逻辑：中国国家治理逻辑的历史线索》，《开放时代》2014 年第 4 期。

［70］秦中春：《乡村振兴背景下乡村治理的目标与实现途径》，《管理世界》2020 年第 2 期。

［71］宋昕松：《打造"小平台"发挥"大作用"基层新时代文明实践中心的建设与完善》，《人民论坛》2020 年第 36 期。

［72］朱光磊、张志红：《"职责同构"批判》，《北京大学学报》（哲学社会科学版）2005 年第 1 期。

［73］章寿荣、程俊杰：《推动新时代文明实践中心标准化建设：理论本质与实现路径》，《现代经济探讨》2020 年第 3 期。

［74］吴月：《从分离迈向整合：对政府机构治理形态的反思》，《中共福建省委党校学报》2014 年第 7 期。

［75］汪锦军：《嵌入与自治：社会治理中的政社关系再平衡》，《中国行政管理》2016 年第 6 期。

［76］张继亮：《治理的"立体化"面相：多层级治理的概念、模式及争议》，《行政论坛》2017 年第 3 期。

［77］王润泽、杜恺健：《"两个中心"建设与中华民族共同体意识建构——历史语境与现实意义》，《民族学刊》2021 年第 2 期。

[78] 李超民：《论全媒体环境下宣传思想工作的创新》，《思想理论教育》2019
年第 6 期。

[79] 贺雪峰、田舒彦：《资源下乡背景下城乡基层治理的四个命题》，《社会科
学研究》2020 年第 6 期。

[80] 刘胜梅：《新时代文明实践中传统家风家训传承研究》，《泰山学院学报》
2020 年第 4 期。

[81] 施雪华、禄琼：《当前中国文化治理的意义、进程与思路》，《学术界》
2017 年第 1 期。

[82] 张书琬：《新时代文明实践志愿服务与农村基层治理现代化：参与式治理
的视角——以贵州省龙里县实践为例》，《中国志愿服务研究》2020 年第 2
期。

[83] 刘志刚、陈安国：《乡村振兴视域下城乡文化的冲突、融合与互哺》，《行
政管理改革》2019 年第 12 期。

[84] 王佳星、龙文军：《文化治理视角下的乡风文明建设》，《江南大学学报》
（人文社会科学版）2019 年第 6 期。

[85] 谢钰飞：《多民族地区"新时代文明实践中心"建设探析——以伊犁哈萨
克自治州奎屯市为例》，《中共伊犁州委党校学报》2020 年第 3 期。

[86] 邹胜男、陈世香：《体制内委托经营：公共文化服务设施治理机制创新》，
《图书馆论坛》2019 年第 9 期。

[87] 薛美琴、马超峰：《技术夹层：嵌入基层社会结构中的治理机制》，《学习
与实践》2019 年第 6 期。

[88] 竺乾威：《公共服务的流程再造：从"无缝隙政府"到"网格化管理"》，
《公共行政评论》2015 年第 2 期。

[89] 李玲：《内生发展视角下的县域基层社会治理的新型多元互动模式——以
临海市新时代文明实践中心建设工作为例》，《区域治理》2019 年第 44 期。

[90] 宋香君：《淄博市新时代文明实践中心建设地方经验探析》，《新西部》
2019 年第 35 期。

[91] 杜少华：《两个中心建设的河南样板——新时代文明实践中心、融媒体中
心建设的项城实践》，《城市党报研究》2020 年第 9 期。

［92］ 沈晓红：《构建新时代文明实践志愿服务工作新格局》，《思想政治工作研究》2019 年第 3 期。

［93］ 严奎：《云网融合探索新时代文明实践信息化建设新方向》，《中国有线电视》2021 年第 2 期。

［94］ 马卫红：《以政社同构弥合制度距离：基层治理吹哨改革的效能转化机制分析》，《广西师范大学学报》（哲学社会科学版）2021 年第 1 期。

［95］ 张诚、朱天：《县级融媒体中心嵌入社会治理路径与成效：创造公共价值与矛盾就地化解》，《中国出版》2020 年第 22 期。

［96］ 李玲：《新时代文明实践中心精准化供给的困境与路径——以浙江临海市为例》，《太原城市职业技术学院学报》2021 年第 1 期。

［97］ 陶秀丽：《"国家在场"的社会治理：理念反思与现实观照》，《学习与实践》2019 年第 9 期。

［98］ 雷旭斌：《新时代文明实践中心理论宣讲平台建设的现状、问题与对策研究》，《青年与社会》2020 年第 20 期。

［99］ 王东杰、谢川豫：《多重嵌入：党建引领城市社区治理的实践机制——以 A 省 T 社区为例》，《天津行政学院学报》2020 年第 6 期。

［100］ 肖梓才：《新时代文明实践中心建设的"青原答卷"》，《当代江西》2021 年第 4 期。

［101］ 王思斌：《中国社会工作的嵌入性发展》，《社会科学战线》2011 年第 2 期。

［102］ 戴春：《协同治理视角下新时代文明实践中心参与社区治理问题研究》，《重庆科技学院学报》（社会科学版）2021 年第 1 期。

［103］ 张祖平：《志愿服务如何服务于新时代文明实践中心建设》，《中国社会工作》2019 年第 24 期。

［104］ 陈亮、李元：《去"悬浮化"与有效治理：新时期党建引领基层社会治理的创新逻辑与类型学分析》，《探索》2018 年第 6 期。

［105］ 唐兴军、李定国：《文化嵌入：新时代乡风文明建设的价值取向与现实路径》，《求实》2019 年第 2 期。

［106］ 金绍荣、张应良：《优秀农耕文化嵌入乡村社会治理：图景、困境与路

径》，《探索》2018 年第 4 期。

[107] 胡元姣：《新时代文明实践中心建设背景下乡村志愿服务长效机制研究》，《改革与开放》2019 年第 14 期。

[108] 吴理财、解胜利：《文化治理视角下的乡村文化振兴：价值耦合与体系建构》，《华中农业大学学报》（社会科学版）2019 年第 1 期。

[109] 周彦每：《公共文化治理的价值旨归与建构逻辑》，《湖北社会科学》2016 年第 7 期。

[110] 李文彬、陈晓运：《政府治理能力现代化的评估框架》，《中国行政管理》2015 年第 5 期。

[111] 李彪：《县级融媒体中心建设：发展模式、关键环节与路径选择》，《编辑之友》2019 年第 3 期。

[112] 杨达：《贵州省新时代文明实践中心建设的基层治理探索》，《红旗文稿》2019 年第 24 期。

[113] 吕霞、冀满红：《中国乡村治理中的乡贤文化作用分析：历史与现状》，《中国行政管理》2019 年第 6 期。

[114] 李海、古小东：《乡村振兴背景下广东梅州新时代文明实践中心建设的内涵、路径与经验》，《南方农村》2020 年第 4 期。

[115] 王彦东、李妙然：《志愿服务在构建基层治理新格局中的功能及发展路径》，《齐鲁学刊》2020 年第 6 期。

[116] 孙向荣：《探索新时代文明实践中心建设的新路径——以烟台市芝罘区为例》，《上海城市管理》2019 年第 3 期。

[117] 王力平：《社会工作与基层治理的协同发展》，《甘肃社会科学》2019 年第 5 期。

[118] 吴青熹：《基层社会治理中的政社关系构建与演化逻辑——从网格化管理到网络化服务》，《南京大学学报》（哲学·人文科学·社会科学）2018 年第 6 期。

[119] 曹凌燕：《借助文化软实力推进社会治理现代化的探索与思考》，《科学社会主义》2015 年第 2 期。

[120] 薛来、王晓博：《新时代文明实践中心与融媒体中心融合发展研究》，《新

闻论坛》2021 年第 1 期。

[121] 唐皇凤、王豪：《可控的韧性治理：新时代基层治理现代化的模式选择》，《探索与争鸣》2019 年第 12 期。

[122] 张鹏鹏、李燕：《乡风文明建设中村干部的行动策略研究——以苏南 Y 村乡村大舞台建设为例》，《经济研究导刊》2014 年第 15 期。

[123] 赵宇峰：《城市治理新形态：沟通、参与与共同体》，《中国行政管理》2017 年第 7 期。

[124] 徐若兰：《志愿服务管理机制探索——以福建省为例》，《福建论坛》（人文社会科学版）2016 年第 9 期。

[125] 周剑：《新时代文明实践背景下基层党建创新工作研究》，《农村·农业·农民》2020 年第 12 期。

[126] 高文龙、翟冉：《新时代文明实践中心建设的学校路径初探》，《现代职业教育》2020 年第 15 期。

[127] 吕德文：《乡村治理 70 年：国家治理现代化的视角》，《南京农业大学学报》（社会科学版）2019 年第 4 期。

[128] 杨达：《建设新时代文明实践中心的有益探索》，《红旗文稿》2021 年第 4 期。

[129] 韩广富、刘欢：《新时代农村基层党组织推进乡风文明建设的逻辑理路》，《理论探讨》2020 年第 2 期。

[130] 王海鹏：《新时代文明实践中心引领大学生思想的路径初探》，《青年与社会》2020 年第 27 期。

[131] 关信平：《论当前我国专业社会工作的制度建设》，《国家行政学院学报》2017 年第 5 期。

[132] 姜姝：《乡村振兴背景下"城归"群体的生成机制及其价值实现》，《南京农业大学学报》（社会科学版）2021 年第 3 期。

[133] 张建芳：《南通新时代文明实践中心建设研究》，《合作经济与科技》2020 年第 8 期。

[134] 曹峰：《建好县级融媒体中心和新时代文明实践中心》，《红旗文稿》2019 年第 12 期。

[135] 吴成峡、张彩云：《社区治理主体的角色认知与功能再造》，《江汉论坛》2018 年第 7 期。

[136] 任梅、刘银喜、赵子昕：《基本公共服务可及性体系构建与实现机制——整体性治理视角的分析》，《中国行政管理》2020 年第 12 期。

[137] 布成良：《党建引领基层社会治理的逻辑与路径》，《社会科学》2020 年第 6 期。

[138] 仇景锐：《坚持为民服务强化阵地建设以新时代文明实践助力乡村振兴》，《新长征》2021 年第 3 期。

[139] 邸晓星、黎爽：《基层党建与基层治理的双重变奏——党建引领基层治理创新研究综述》，《中共天津市委党校学报》2021 年第 1 期。

[140] 黄俊尧、魏泽吉：《"党建"与"共建"：形塑基层社会治理格局的双重逻辑——基于杭州市 D 区的考察》，《中共天津市委党校学报》2020 年第 3 期。

[141] 胡振刚：《加强"四德"建设的历史性和实践性》，《湖北社会科学》2011 年第 11 期。

[142] 陈寒非、高其才：《乡规民约在乡村治理中的积极作用实证研究》，《清华法学》2018 年第 1 期。

[143] 顾保国：《论习近平新时代家风建设重要论述的理论逻辑与实践价值》，《马克思主义研究》2020 年第 2 期。

[144] 吉文柱：《新时代文明实践的"金湖模式"》，《中国有线电视》2020 年第 11 期。

[145] 王宁：《乡村振兴战略下乡村文化建设的现状及发展进路——基于浙江农村文化礼堂的实践探索》，《湖北社会科学》2018 年第 9 期。

[146] 宋小霞、王婷婷：《文化振兴是乡村振兴的"根"与"魂"——乡村文化振兴的重要性分析及现状和对策研究》，《山东社会科学》2019 年第 4 期。

[147] 张良：《论国家治理现代化视域中的文化治理》，《社会主义研究》2017 年第 4 期。

[148] 王丽敏：《乡村振兴战略视域下乡村自治、法治、德治"三治融合"的实践探索——基于河南省先进村镇的实证分析》，《领导科学》2019 年

第 14 期。

[149] 周谨平：《社会治理与公共理性》，《马克思主义与现实》2016 年第 1 期。

[150] 范逢春、李晓梅：《农村公共服务多元主体动态协同治理模型研究》，《管理世界》2014 年第 9 期。

[151] 罗云川、李彤：《公共文化资源共享治理策略探析》，《图书馆工作与研究》2016 年第 4 期。

[152] 党秀云：《论志愿服务可持续发展的价值与基础》，《中国行政管理》2019 年第 11 期。

[153] 项继权：《论我国乡村治理中的志愿服务——兼论大学生下农村基层的政策创新》，《社会主义研究》2009 年第 4 期。

[154] 王婕、蒲清平、刘晓云：《新时代志愿服务参与社会治理的逻辑方略》，《重庆大学学报》（社会科学版）2018 年第 5 期。

[155] 冒海波、栾书鹏、袁弼桓、陈杰：《基于"一云六屏一播"架构的新时代文明实践智慧云平台设计及实现》，《广播与电视技术》2021 年第 4 期。

[156] 孙军：《打造好新时代文明实践中心理论宣讲平台》，《思想政治工作研究》2020 年第 3 期。

[157] 唐皇凤、汪燕：《新时代自治、法治、德治相结合的乡村治理模式：生成逻辑与优化路径》，《河南社会科学》2020 年第 6 期。

[158] 熊若愚：《如何提高新时代文明实践中心建设质量研究述要》，《中共宁波市委党校学报》2020 年第 6 期。

[159] 陈波、侯雪言：《公共文化空间与文化参与：基于文化场景理论的实证研究》，《湖南社会科学》2017 年第 2 期。

[160] 余丽蓉：《城市转型更新背景下的城市文化空间创新策略探究——基于场景理论的视角》，《湖北社会科学》2019 年第 11 期。

[161] 张天勇：《文本的意义是作者赋予的》，《新疆师范大学学报》（哲学社会科学版）2004 年第 36 期。

[162] 臧航达、寇垠：《文化场景理论视域下公共图书馆空间建设研究》，《图书馆学研究》2021 年第 2 期。

[163] 李睿莹、张希：《元治理视角下地方政府社会治理主体结构及多元主体角

色定位研究》,《领导科学》2019 年第 4 期。

[164] 张瑜：《网络意识形态的内在逻辑与正确导向》,《马克思主义研究》2021 年第 4 期。

[165] 辛向阳：《习近平新时代中国特色社会主义思想大众化叙事的多维视角》,《北京社会科学》2021 年第 6 期。

[166] 蓝志勇、胡税根：《中国政府绩效评估：理论与实践》,《政治学研究》2008 年第 3 期。

[167] 马玉平：《建设县级融媒体中心，打造基层新型主流媒体》,《传播力研究》2018 年第 2 期。

[168] 韩瑞波：《集体理性、政经分离与乡村治理有效——基于苏南 YL 村的经验研究》,《求实》2020 年第 2 期。

[169] 王毅：《依托新时代文明实践中心普及社科知识》,《社会主义论坛》2020 年第 9 期。

[170] 靳永广、项继权：《权力表征、符号策略与传统公共空间存续》,《华中农业大学学报》2020 年第 3 期。

[171] 周忠丽、周义程：《资源下乡背景下农村基层党组织凝聚力弱化困境及其排解》,《南京农业大学学报》（社会科学版）2018 年第 6 期。

[172] 卢好亮、陈雷：《新时代文明实践活动传播体系构建及其意义研究》,《城市党报研究》2020 年第 5 期。

[173] 刘春湘、邱松伟、陈业勤：《社会组织参与社区公共服务的现实困境与策略选择》,《中州学刊》2011 年第 2 期。

[174] 韦仕祺：《公共精神的失落根源与矫治》,《人民论坛》2019 年第 24 期。

[175] 张知众：《筑牢"六要"基石全力抓好新时代文明实践中心试点建设工作》,《新长征》2020 年第 6 期。

[176] 张勇杰：《多层次整合：基层社会治理中党组织的行动逻辑探析——以北京市党建引领"街乡吹哨、部门报到"改革为例》,《社会主义研究》2019 年第 6 期。

[177] 贺海波：《村民自治的社会动力机制与自治单元——以湖北秭归双层村民自治为例》,《华中农业大学学报》（社会科学版）2018 年第 6 期。

［178］ 李康：《乡村振兴背景下新时代文明实践中心建设面临问题及对策研究——以 W 市为例》，2020 年河南大学学位论文。

［179］ 汤紫媛：《志愿服务制度化研究》，2020 年上海师范大学学位论文。

［180］ 贺诗阳：《新时代"群众空间"品牌化建构研究——以朝阳区新时代文明实践中心为例》，2021 年上海师范大学学位论文。

［181］ 张攀余：《位置媒体、城市空间的再生产与国家认同研究》，2020 年北京交通大学学位论文。

［182］《习近平在全国宣传思想工作会议上强调举旗帜聚民心育新人兴文化展形象更好完成新形势下宣传思想工作使命任务》，《人民日报》2018 年 8 月 23 日。

［183］ 展伟：《新时代文明实践中心的时代价值》，《光明日报》2019 年 11 月 20 日。

［184］ 常凌翀：《推动县级"两个中心"深度融合发展》，《中国社会科学报》2021 年 4 月 8 日。

二、外文文献

［1］ J. Allen Whitt, Sharon Zukin. The Cultures of Cities. *Contemporary Sociology*, 1996（6）：728.

［2］ Edward W. Soja. Third Space：Journeys to LosAngeles and Other Real-and-Imagined Places. *Capital&Class*, 1998（1）：54.

［3］ James Buchanan. A Contractran Paradigm for Applying Economics. *The American Economist*, 1975（2）：225-300.

［4］ Lester M. Salamon. Of Market Failure, Voluntary Failure, and Third-Party Government：Towarda Theory of Government-Nonprofit Relations in the Modern Welfare State. *Nonprofit and Voluntary Sector Quarterly*, 1987（1）：29-49.

［5］ Smith, A. *Wealth of Nations*（1776）. Chicago：University of Chicago Bookstore, 1976：391.

［6］ Perri 6, Dinna Leat, Kimberly Seltzer, Gerry Stoker. *Towards Holistic Governance：TheNew Reform Agenda*. New York：Palgrave, 2002：34.

［7］Fritz W Scharpf. Games Real Actors Could Play: Positiveand Negative Coordination in Embedded Negotiations. *Journal of Theoretical Politics*, 1994 (1).

［8］Perri 6. Joined-up Government in the Western World in Comparative Perspective: A Preliminary Literature Review and Exploration. *Public Administration Research and Theory*, 2004, (1).

［9］Christopher Hood, Ruth Dixon. What We Have to Show for 30 Years of New Public Management: Higher Costs, More Complaints. *Journal of Governance*, 2015, 28 (3) .

［10］Polanyi K. *The Great Transformation: The Political and Economic Origins of Our Time*. Boston, MA: BeaconPress, 1944: 24.

［11］Granovetter. *Economic Action and Social Structure: The Problem of Embeddedness*. The American Journal of Sociology, 1985, 91 (3): 481-510.

后 记

经过课题组全体同仁的共同努力，《基层治理创新与新时代文明实践中心建设》书稿终于"杀青"了。本书是本人主持的 2021 年度湖北省高等学校哲学社会科学研究重大项目"湖北省新时代文明实践中心建设理论与实践研究"（项目编号：21ZD021）的最终成果。自承担项目以来，课题组成员以高度的责任感和严谨求实的态度，全力投入研究，倾注了大量的心血。我们克服疫情及经费不足的困难，牺牲几乎所有节假日休息时间，赴湖北省新时代文明实践中心建设 12 个试点县（市、区）以及武汉市黄陂区、宜昌市夷陵区、恩施州宣恩县、安徽省颍上县等地开展实地调查，跋山涉水，走街串巷，进村入户，大家不仅没有任何怨言，而且精诚团结，乐在其中。从这个角度上讲，本书是集体智慧和辛劳的结晶，承载着大家共同的美好记忆。

党的二十大报告中提出，"统筹推动文明培育、文明实践、文明创建，推动城乡精神文明建设融合发展"，这为中国式现代化进程中不断深化拓展新时代文明实践中心建设指明了方向。本课题研究的创新之处，在于围绕提升新时代文明实践中心的治理能力，从整体性、系统性和协同性视角，探寻"文明实践+基层治理"的内在机理与运作规律。近年来，湖北新时代文明实践在结合"共同缔造"行动、促进融入社会治理等方面取得了丰硕成绩，为"物质文明和精神文明相协调的现代化"贡献了经验。总结湖北经验、讲好湖北故事，亦是本项研究主要目标和重点任务。

课题主持人方堃负责全书的构思、设计、修改及统稿。各章节初稿撰写具体分工情况是：方堃（第一章、第七章）；杨姗姗、刘盟（第二章）；杨赟、阳一绪（第三章）；王子隽（第四章）；张振昌、王妍妍（第五章）；张文杰、杨生蓉（第六章）。房世杰、杨欣（湖北恩施学院）、刘学丹（湖北省图书馆）、苏维

（武汉船舶职业技术学院）等也参与了课题讨论。

调研期间，还得到当地相关部门领导和工作人员的大力支持，在此特向田群（武汉市武昌区委宣传部）、黄朝军（宜昌市夷陵区委宣传部）、向肖櫴（宣恩县委文明办）、杨丽（宜城市刘猴镇党委）、胡杨涛（天门市委统战部）、任国亮（阜阳市颍东区营商办）、姚成杰（恩施市科学技术和经济信息化局）等同志致以衷心谢意。

感谢中南民族大学张瑞敏教授、苏祖勤教授、李红玲教授，华中师范大学冷向明教授、西南大学张琳副教授、湖北大学汪霞副教授对书稿的完善提出的宝贵建议。尤其要特别感谢国务院学位委员会学科评议组成员、教育部"长江学者"、南京师范大学王永贵教授在百忙之中拨冗为本书作序，王老师这种提携后学的做法是对我们最大的支持和鼓励。

二宝以珩的降临，给奋笔疾书的日子平添更多惊喜与愉快，每当文思郁结难抒之时，两个活泼可爱的孩子是我写作的灵感之源。同时，让我能够如此沉浸书斋、安心学术，父母、妻子周锦雯女士所付出的艰辛是言语所无法表达的，只得在这最后的篇幅借用笔墨表示内心的敬意和感激！

限于学识和水平，书中谬误和缺漏在所难免，恳请读者批评指正。

方　堃

2023 年春于武汉南湖之畔